의
꿈

부자가 되는 사람은 무엇이 다른가?

1%
의

DREAMAD

99%의 꿈 ≒ 1%의 삶

2025년 6월 27일 초판 1쇄 인쇄
2025년 7월 7일 초판 1쇄 발행

지은이 홍석민
펴낸이 김평일
펴낸곳 (주)드림애드앤프린팅그룹
디자인 (주)드림애드앤프린팅그룹

등록 2012년 7월 26일 제 2018-000062호
주소 경기도 고양시 일산동구 장항로203-64(가동)
전화 02-2277-1455(代)
팩스 02-2264-1131
이메일 dreamad@hanmail.net
홈페이지 dreamadcom.com

ISBN 979-11-965620-5-2(03120)
값 15,000원

저자와의 합의하에 인지첨부 생략

이 책의 저작권은 저자에게 있습니다.
이 책의 일부 또는 전부를 재사용하려면 반드시 저작권자와 출판사 양측의 동의를 받아야 합니다.
저작권법에 의해 보호를 받는 저작물이므로 저자와 출판사의 허락 없이 무단 전재와 복제를 금합니다.

들어가면서

여러분~ 부자 되세요!

2001년 말 저녁 시간, 집에서 텔레비전을 시청하던 국민들은 눈에 띄는 광고 한 편을 보게 된다. 눈 내리는 마을을 배경으로 빨간색 스웨터와 장갑, 하얀색 치마와 털모자, 목도리로 치장한 신인 여배우가 연신 '부자 되세요'를 외치는 신용카드 광고였다. 예상대로 그녀가 외친 '부자 되세요'는 21세기 벽두에 최고의 유행어가 되었다.

2002년 새해 아침에 기존의 붙박이 덕담인 '새해 복 많이 받으세요'를 압도하는 덕담이 돼버렸다. 단순히 민족 고유의 새해 인사말을 바꾼 것을 넘어 '복'이 아니라 '부자'라는 자극적인 단어를 사용했다는 점에서 국민 의식에 상당한 영향을 끼쳤다. 나 역시 어려서 가난의 고통을 몸소 체험했기에 부자에 대한 동경심은 누구보다 컸다. 반드시 부자가 되겠다고 다짐하면서 20대에는 원양 상선에 승선했고 30대 초반에 사업을 시작했다. 돈을 많이 모아 가난을 물리치고 먹고 싶은 것 마음대로 사 먹고, 갖고 싶은 것 마음대로 구매할 수 있는 부자로 살고 싶었다. 그래서 죽기 살기로 일했고 부자가 되기 위해 열심히 돈을 모았다.

그로부터 20여 년이 흐른 뒤 주위 몇몇 친구들은 황송하게도 나를 부자라고 부른다. 비록 크기는 작지만, 선박을 소유한 해운회사 대표, 그리고 서울 송파구에 아파트를 소유하고 있는 것만으로 그저 TV에서나 나오는 준재벌쯤으로 여기는 사람도 있다. 사실은 부자가 아니라고, 대부분이 빚이라고 항변해도 그들은 내 말에 귀 기울일 생각이 없다. 그러자 나는 고민에 빠졌다. 부자란 누구인가? 부자의 기준이 있는가? 재산만 많으면 부자인가? 그저 부자에 대해 막연히 생각했던 것에 강한 의문이 들었다.

그러던 어느 날 평소 알고 지내던 동료들과 술자리에서 위와 같은 화두를 던진 적이 있다. 그들은 부자에 대한 명확한 기준도 없이 상대적으로 재산이 많은 사람을 부자라 했고 부자가 되는 방법을 정확히 알지 못한 채 부자가 되기를 열망하고 있었다. 그렇게 부자라 불리는 대부분은 '내가 무슨 부자냐?'며 손사래를 치거나 심지어 자신은 가난하다는 사람도 있었다.

그제야 많은 사람이 그토록 바라는 부자를 자세히 알아보기로 했다. 나 역시 지금껏 부자의 기준도, 부자가 되는 방법도 모르면서 부자가 되겠다고 발버둥 치는 모습이 한심스럽게 느껴졌다. 그때부터 부자에 관한 많은 서적을 탐독하고 방송자료를 포함해서 다수의 자료를 읽으며 부자에 대해 본격적으로 공부하기 시작했다. 하지만 서점에서 구한 부자에 관한 서적은 백만장자를 넘어 억만장자를 모델로 하거나 그저 조사 연구한 자료만을 나열한 경우가 많았다. 이때 발견한 몇 가지 사실은 과거나 현재나 많은 사람들이 부자가 되기를 갈망하고 총력을 기울이지만 부자가 된 사람은 극소수에 불과하다는 점이다. 또한 세계적으로 부자반열에 오른 사람들의 실례는 훨씬 파급력이 있고 독자들에게 공감이 갈 테지만 우리가 현실적으로 달성 가능한 부자가 아니라는 점이다. 즉 세계적으로 소문난 억만장자일수록 강한 자극과 관심이 가는 것은 사실이지만 현실 가능한 부자를 꿈꾸는 우리에게 적절한 실례가 되지 못했다.

그래서 먼저 우리가 말하는 사회 통념상 부자가 누구인지, 그 기준은 무엇인지 알아보고 그들이 부자가 되기까지 과정과 방법을 조사하였다. 비록 덜 자극적일지라도 모범사례로 삼을 수 있는 우리 주변의 부자를 만나고 대화하며 얻은 자료와 실례를 바탕으로 부자의 지혜를 파악하는데 집중했다. 또한 사회 통념상 부자의 물질적 재산 기준은 물론 신체적, 정신적 재산을 고루 갖춘 통합적 부자의 개념과 진정한 부자로 사는 방법 등을 고민해 보았다. 또한 물질적 재산만으로 우리가 바라는 부자의 삶을 영위하는 데는 적잖은 시행착오 사례들을 접하면서 단순히 부자보다는 잘 사는 길을 찾는데 많은 노력을 기울였다.

부자가 되는 지름길이나 구체적인 방법을 기대하는 사람이 많을 텐데 이는 시대와 각자 처한 환경에 따라 달라질 수밖에 없는 점을 고려하여 그보다는 돈을 이해하는 능력이나 부자의 조건과 자격 그리고 진정한 부자가 되기 위한 마인드와 습관을 파악하는데 심혈을 기울였다. 또한 우리 주변의 부자 사례뿐만 아니라 나의 경험과 도전 과정에서 깨달은 지혜를 중심으로 전개하였다. 이는 억만장자의 경우보다는 훨씬 밋밋한 사례로 인식될 수 있겠으나 현실적으로 우리에게 더 바람직한 방법임을 깨달았다. 더불어 이 책에서 인용한 통계자료는 수치의 정확도 보다 변화의 흐름을 이해하기 바라며, 일부 반복해서 언급한 문구와 사례들이 있을 수 있으나 이는 그만큼 강조하고자 한 필자의 의도로 이해해 주기 바란다. 무엇보다 단순히 물질적 재산만을 많이 가진 부자보다는 신체적, 정신적 재산도 고루 갖추어 잘 사는 방법을 정리하였으니 아무쪼록 부자를 꿈꾸는 이들에게 작으나마 도움이 되기를 바라는 마음이다.

    마지막으로 부자 연구를 위해 고군분투하는 남편을 이해하고 배려해 준 아내 박지현을 비롯하여 인터뷰와 자료를 허락해 주신 주변 부자들께 깊은 감사의 말씀을 전해드리고 싶다. 또한 편집을 위해 도움을 준 도덕환 해사 변론인, 화담 세무법인의 정상민 공인회계사/세무사, 은퇴 후에도 꾸준히 공부 중인 홍판석 박사, 그리고 부자연구회의 이호정 후배에게 감사드린다.

2025년 5월 문정동 서재에서

부자를 공부하는 이유는
단순히 어떤 부자의 과거를 알고자 하는 것이 아니라
미래에 부자가 될 자신만의 노하우를
개발해 내기 위한 것이다.

목 차

| 들어가면서 | 3 |

1장 | 부자는 누구인가? 14

- 도대체 누가 부자일까?
- 대한민국 상위 1% 부자
- 부자 vs 잘 사는 사람
- 당신도 누군가에게는 부자입니다.

2장 | 왜 부자가 되고 싶은가? 30

- 왜 부자가 되고 싶은지 생각해 본 적이 있는가?
- 누구나 꿈꾸지만 아무나 되지는 않는다.
- 가난의 폭행은 신고할 곳도 받아줄 곳도 없다.
- 부자를 잘 산다고 표현하는 이유
- 가난은 꿈마저 사치였다.
- 동정을 베풀지라도 현실은 냉정했다.
- 유전무죄 무전유죄(有錢無罪 無錢有罪)
- 계획이 없는 꿈은 단지 희망 사항일 뿐이다.

3장 | 부자의 자격　　　　　　　　　　　　56

- 그대 가난한 사람인가?
- 금융 공부는 성벽을 쌓는 일이다.
- 필요충분조건 - 전략적 사고
- 호의에 길들어지면 도전을 멈춘다.
- 부자에게는 특별한 뭔가가 있다.
- 설산을 오르는데 필요한 가이드
- 부자가 되기 위해 갖추어야 할 자격
- 부자에게 관심 가져야 할 것들
- 부자를 공부하는 이유

4장 | 부자의 금융 상식　　　　　　　　　　88

- 우리는 돈(금융)에 대해 얼마나 알고 있을까?
- 국가의 경제정책이 모든 국민을 잘살게 하지는 못한다.
- 금융기관은 부의 조력자가 아니다.
- 보험사는 고객위험이 아닌 위험회피 욕구를 구매한다.
- 주식시장은 투자와 투기가 어우러진 사각링이다.
- 부자의 탁월한 셈법 - 복리

- 외상, 선금, 가불, 차용, 대출, 신용은 모두 같은 친구다.
- 부자들이 갖게 되는 비금융 상식
- 부자가 알려준 사기 피해 예방책
- 거대한 변혁과 부의 이동

5장 | 부자의 세무 상식　　　　　　　　　133

- 부자가 억수로 얄미운 이유
- 최소한 인정과 최대한 배려 - 과세, 비과세 그리고 세금
- 자산 가격의 카멜레온 - 시가, 공시가격, 기준시가 그리고 감정가격
- 웃고 우는 증여세와 망할 놈의 상속세
- 과세 대상이 아닌 재산 - 어디라도 귀염둥이는 있다
- 세금도 열외가 있다 - 공제, 면제 그리고 세액공제
- 정부도 기분 좋을 때는 쪽문을 개방한다.
- 비밀스러운 개인회사와 알쏭달쏭 주식회사
- 대표이사의 착각 안에 갇힌 법인
- 등록이 마무리되지 않은 가수금과 가출 중인 가지급금
- 부모가 안겨준 로또 당첨 - 증여, 사인증여, 유증 그리고 상속
- 당신의 돈의 흐름을 쥐도 새도 알고 있다.
- 전문가를 다루는 전문가

6장 | 부자 습관과 가난 습관　　　　　　　164

- 부자와 빈자의 갈림길 - 습관

- 소년이로 부난성, 일원한푼 불가경
- 고삐 풀린 망아지처럼 붙들어 매기 힘든 가난 습관
- 사탕은 입안에서 사르르 녹지만 단단한 치아를 녹인다.
- 후인(後印) 그리고 후인효과
- 한약처럼 쓰디쓴 부자 습관
- 계획을 수립하는 동안 이미 행복했다.
- 왜 우리는 도전을 망설일까?

7장 | 신체적 부자의 길　　　　　　　　　　　193

- 부자 수업은 언제 시작해야 할까?
- 열악한 환경도 인내하고 극복하면 레버리지가 될 수 있다.
- 헐떡이며 도착한 산 정상에는 미소 짓는 건강이 기다리고 있다.
- 새들도 알을 품기 위해 매년 새로운 둥지를 튼다.
- 미래 설계는 활성제이다.
- 인명재천 건강재아

8장 | 정신적 부자의 길　　　　　　　　　　　212

- 어린 새는 둥지에서 날개짓을 하고 병아리는 어미를 따라 걷는다.
- 저항을 불러일으키는 잔소리보다 순응하는 솔선수범
- 아이들은 꾸중이 두렵고 어른들은 세상이 두렵다.
- 정신적 재산의 따가운 후폭풍
- 결코 바라지도, 바람직하지도 않은 잠재학습 효과
- 배우고자 했을 때 멘토는 가까이 있었다.

9장 | 물질적 부자의 길　　　　　　　　227

- 인생 최초로 무참히 발가벗겨질 때
- 지피지기 백전불태
- 꿈부터 제대로 꿔야 한다.
- 기회는 기다리는 것이 아니라 찾아서 잡는 것이다.
- 최선의 선택? 범상치 않은 말썽꾸러기
- 자식과 돈은 집 나간 순간부터 불안하다.
- 부동산은 막걸리와 베이킹파우더를 섞은 밀가루 반죽이다.
- 특별한 듯 특별하지 않은 부동산 투자 원칙
- 해도 후회, 안 해도 후회하는 주식투자 이야기
- 진정한 주식 투자자는 대표이사

10장 | 부자의 삶　　　　　　　　260

- 부자는 지속성이다.
- 부자는 평생 공부하는 학생이다.
- 부자는 훌륭한 파수꾼이다.
- 부자는 냉철한 철학자다.
- 부자는 셈이 빠른 수학자다.
- 부자는 장거리 운동선수다.
- 부자는 절약의 전략가다.
- 부자는 평생 직업인이다.

11장 | 무엇을 남길 것인가? 274

- 지켜야 할 것과 남겨야 할 것
- 고매하신 선비정신과 이율배반적인 갑질
- 어른들의 일그러진 영웅
- 희극인의 안타까운 사연
- 보장받은 장수, 챙겨야 할 건강한 삶
- 증여해야 할 정신적 재산
- 위대한 지도자와 훌륭한 선수
- 현명한 증여상속의 길
- 남의 일? 우리의 현실

나가면서 293

1장
부자는 누구인가?

세상 사람들은 종종 서로가 부자인지 아닌지를 따지지만, 사실 대부분은 그 둘 사이에 존재한다. 부자가 되고 싶다면, 누가 부자인지를 따지기보다 부자들의 특별한 지혜와 사고방식을 파악해야 한다.

도대체 누가 부자일까?

십여 년 전, '부자란 누구인가?'에 대한 의문이 강하게 들던 시절에 있었던 일이다. 부자가 되겠다는 일념으로 열심히 일하고 절약하며 나름 재산을 모았지만, 어느 정도 재산을 가져야 부자인지 알지 못했다. 그러던 어느 날, 친구들과 함께 저녁 식사를 하던 자리에서 문득 질문을 던졌다.

"부자란 누구를 말할까?"

그러자 한 친구가 생뚱맞다는 듯 나를 쳐다보며 말했다.

"부자가 누구긴 누구야, 바로 자네지."

전혀 생각지도 못한 소리에 나는 반박했다.

"무슨 소리야? 내가 부자라니 나는....."

하지만 그는 곧장 내 말을 끊으며 말했다.

"비록 작은 배를 가지고 있다고 한들 선주잖아? 거기에 서울 시내에 아파트 있고, 그 정도면 우리나라에서 이미 부자네 이 사람아."

전혀 예상치 못한 말에 나는 얼떨떨했다. 우리가 부러워하던 부자라는 대상이 나를 지칭한다니 마음속에 묘한 충동이 일었다.

"모르는 소리 하지 마. 그거 다 빚이야."

"빚도 능력이고 재산이야. 거참 쓸데없는 소리 그만하고 술이나 마시게."

더 이상 어필해 봐야 쉬이 수긍할 분위기가 아니었다. 그래서 포기하고 다른 화제 속으로 빠져들고 말았다. 그날 집으로 돌아와 내가 부자라는 말에 매몰돼 한동안 헤어나지 못했다. 반세기 전 소작농의 아들로 태어나 초가삼간 오두막에 살았던 내가, 20여 년 전만 해도 부산 초량동 반지하 방에 세 들어 살던 내가 지금은 서울 시내에 살며 해운회사 대표가 된 사실을 떠올려 보면 개인적으로는 크게 만족하고 있었다. 그렇다고 해도 성공했다거나 사회 통념상 부자라는 말에는 쉬이 동의할 수가 없었다.

당시 해운회사를 운영한 지 10년이 지났지만, 여전히 갚아야 할 빚이 산더미 같았다. 게다가 사업이란 언제든 한순간에 위기를 맞을 수 있기에, 나는 한 번도 성공했다거나 사회 통념상 부자라고 생각해 본 적이 없었다.

목적지나 방향을 정하지 못한 채 열심히 달리는 사람처럼 답답한 경우가 또 있을까? 그저 열심히 달린다고 해서 원하는 목적지에 도달한다는 보장은 없다. 부자를 정확히 모른 채 부자가 되려고 하는 것도 마찬가지일 것이다. 평소 부자가 되고 싶다는 생각은 늘 하고 있었고 부자를 향해 열심히 달리고 있다고 생각했다. 하지만 그동안 부자가 구체적으로 누구를 말하는지, 어떻게 부자가 될 수 있는지 알지 못했다. 막연히 리서치 기관에서 조사한 내용을 토대로 부자란 얼마의 재산을 가져야 한다는 생각만으로 부자를 추정했을 뿐이다.

그런데 몇 년 전 어느 연구소에서 대한민국 상위 1% 부자는 순자산 약 30억 원 이상을 가진 사람이라고 발표했다. 그동안 막연히 부자를 꿈꾸며 그저 열심히 돈을 모으는 데만 열중했던 자신이 우매하기 짝이 없었다. 방향도 목적도 알지 못한 채 그저 정신없이 달리고 있는 자신을 발견했기 때문이다. 그 후에도 주변에 나와 같이 부자를 갈망하는 사람들에게 묻곤 했다. 부자가 누구인지, 얼마를 가져야 부자인지 아느냐고? 그들 역시 내 생각과 별반 다르지 않았다. 단순히 돈 많은 사람을 부자라 생각할 뿐이었다.

부자(富者)의 사전적 의미는 '재물이 많아 살림이 넉넉한 사람'을 뜻한다. 그렇다 보니 우리는 이런 정의조차 모호하게 받아들이며 재산이 많아 보이는 사람을 단순히 부자라고 불렀다. 어떤 이는 부자란 가진 재산이 얼마인지 모르는 사람이라고 했고, 어떤 이는 마음껏 써도 줄지 않는 재산을 가진 사람이라 했다. 그나마 감 잡을 수 있는 부자는 마치 공부로 치면 전교 1등이나 우리 반 1등이라 했듯이 어느 지역에서 제일 부자라는 정도였다. 그리고 부자를 향해 질투와 시기심을 불태우기도 하지만, 그들을 바라보는 두 눈 속에는 부러움이 가득했다.

농업이 핵심 산업이었던 시대에는 부자를 천석지기, 만석지기라 불렀다. 농지의 면적과 생산량을 기준으로 삼았던 시절이었다. 즉 그만한 농토를 가지고 있다는 의미이며 달리 재산을 평가할 만한 대상이 없었기에 그렇게 불렀다.

부자를 전라도 아이들은 '겁나 부자'라는 표현을 사용했고 경상도 아이들은 '억수로 부자'라는 표현을 썼다. 서울에서는 '건물주, 준재벌, 재벌'이라 불렀다. 하지만 이런 표현들은 가늠하기 힘든 말이다. 구체적으로 얼마의 재산을 가졌는지 전혀 예측할 수 없었다. 다만 말하는 사람의 악센트에 따라서 부자의 정도를 가늠할 뿐이었다.

미국에서는 1700년대부터 부자를 백만장자(Millionaire)라 불렀다. 백만 달러를 가진 사람 또는 부자를 상징적으로 부르는 말이었는데 당시 미국의 금융가에서 사용하던 말로 부동산이나 주식, 부채 등을 뺀 순자산이 100만 달러 이상인 사람을 지칭했다. 1719년 스티브 펜티먼(Steven Fentiman)이 처음 사용하였고 1816년 조지 고든 바이런의 편지에서 영어로 처음 기록한 것으로 알려져 있다.

하지만 당시 백만 달러의 재산을 현재의 가치로 환산하면 상상 이상의 금액이 될 것이다. 비교할 기준이 모호하니 정확히 알 수는 없지만 어떤 이는 수십에서 수백 배에 달한다고 말한다. 단순히 100배라 치면 1억 달러에 달한다. 2024년 현재 우리나라 돈으로 환산하면 대략 1,400억 원에 이른다. 이보다 많은 재산을 가진 사람을 억만장자(Billionaire)라 한다. 한자로는 億萬長者 영어로는 Billionaire로 표현하는데 미화 십억 달러 이상을 가진 사람을 일컫는다. 한국에도 수십 명 이상, 전 세계적으로 수천 명 이상이라고 추측할 뿐 정확한 숫자는 알 수가 없다.

어쨌든 우리는 상대적으로 넉넉한 사람을 부자라 불렀다. 하지만 정작 그들 중 자신을 부자라 생각하는 사람은 거의 없었다. 그역시 상대적으로 더 많은 재산을 가진 사람을 부자라 생각하고 있었다. 설사 최고 부자라도 스스로 부자라 하지 않을 것이다. 그가 진정한 부자라면 겸손한 인성도 가졌을 것이기 때문이다.

부자의 기준은 법적으로 정해져 있지 않았다. 지역마다 사람마다 생각하는 부자의 기준은 모두 달랐다. 즉 얼마의 재산을 가진 사람이 부자라고 다수가 생각하면 그것이 부자 기준이 되었다. 사회 통념상 부자의 기준은 그렇게 정했던 것이다. 하지만 모두가 같은 생각을 갖고 있지는 않았다. 그릇의 크기는 다 다르고 담길 수 있는 양도 다 다르듯 부자는 그런 것이었다.

대한민국 상위 1% 부자

2010년 한길리서치에서 '재산이 얼마나 있어야 부자라 할 수 있는가'라는 질문에 대해 총자산을 기준으로 33억 8,630만 원은 돼야 한다는 여론 조사 결과가 나왔다. 이어 2019년 한국 부자보고서에서는 부자 소리 들으려면 9년 전보다 두 배에 이르는 67억 원은 있어야 한다고 했다. 조사 내용으로만 보면 불과 10여 년 만에 100%의 재산을 불려야 부자의 지위를 유지할 수 있었다.

NH투자증권 100세시대연구소의 'THE100리포트'는 또 다른 관점을 제공하는데, 대한민국 상위 1%로 순자산 33억 원 이상을 부자의 기준으로 제시했다. 이 경우 총자산은 약 61억 원, 평균 부채는 5억 8천만 원 수준으로, 순자산 기준의 상위 계층을 정의한 것이다. 통계청의 자료를 들여다보면 이들 상위 1% 부자의 평균 연령은 64세이고 81.7%가 수도권에 거주한 것으로 나타났다. 또한 이들 가계 자산 구성을 보면 실물자산이 81.1% 금융자산이 18.9%로 나타났다. 특히 부동산이 총자산의 약 80%(79.4%)를 차지하여 여전히 부동산 비중이 절대적임을 알 수 있다. 국세청은 공식적으로 '부자'를 정의하는 명확한 기준을 두고 있지는 않다. 다만, 세무 조사 및 과세 목적으로 금융소득종합과세 대상자, 종합부동산세 대상자, 고소득 전문직 세무조사 대상자 등을 구분하여 관리하고 있으며, 이들을 사회적으로 고소득층 또는 자산가로 인식하는 경향이 있다.

이 외에도 다수의 금융기관들은 일반적으로 PB(Private Banking) 서비스 제공 대상 등을 고려하여 금융자산 10억 원 이상을 부자의 기준으로 통용하는 경향이 있다. 이는 외국계 금융기관들이 금융자산 미화 100만 달러(현재 환율로 약 14억 원 이상)를 기준으로 삼는 것과 유사한 기준으로 보인다. 다음은 최근 금융기관 및 관련 기관별 '부자의 기준'을 정리한 표이다.

표1) 금융기관별 부자의 기준 (2023~2024년 기준)

기관명	부자 기준	비고
KB금융지주 경영연구소	금융자산 10억 원 이상 + 부동산자산 10억 원 이상	2024년 약 46만 1천 명
하나금융경영연구소	금융자산 10억 원 이상	'고액자산가 리포트' 기준
신한PWM / 신한은행	금융자산 10억 원 이상	PWM 대상 자산가 기준
우리금융경영연구소	금융자산 10억 원 이상	고액자산가 금융행태 분석 기준
통계청 (가계금융복지조사)	순자산 33억 원 이상	상위 1% 평균 순자산 기준

부자의 기준은 이렇게 각기 다른 관점이나 생각의 차이가 기준이 된다는 점을 고려했을 때 그럼 부자들 스스로가 생각하는 '부자'의 기준은 무엇일까? KB금융지주 경영연구소의 '2024 한국 부자 보고서'와 하나금융경영연구소의 '대한민국 웰스 리포트' 등 다수의 보고서에서 공통적으로 나타나는 기준은 총자산 100억 원이 가장 자주 언급된다는 점이다. KB금융 보고서에 따르면, 금융자산 10억 원 이상을 보유한 부자들 중 31.3%가 '총자산 100억 원은 있어야 부자'라고 응답하여 가장 높은 비중을 차지했다. 이는 2023년 조사 결과와 동일한 수준으로, 부자들 사이에서 '100억 원'이라는 기준이 어느 정도 컨센서스(Consensus)를 이루고 있음을 시사한다. 하나금융경영연구소의 보고서에서도 부자들이 생각하는 부의 기준이 100억 원이며, 이 기준은 과거에 비해 지속적으로 상승하는 추세라고 했다.

그런데 대한민국 상위 1%가 순자산 33억 원이라고 하면 보통 사람들은 놀란다. 생각했던 액수보다 적다는 것이다. 아마도 부동산의 경우 공시가격을 기준으로 삼았거나 부과된 세금을 기준으로 산정한 것으로 판단된다. 만약 그렇다면 이를 시가로 환산하면 훨씬 높다고 봐야 한다. 어쨌든 이는 통계자료일 뿐 당사자들에게 대한민국 상위 1%에 해당한다는 통보는 하지 않는다. 따라서 누가 상위 1% 안에 들어있는지는 정확히 알려진 바가 없다.

세계 최부국 미국 사람들의 경우는 어떨까? 2021년 미국의 증권사 찰스 스왑(Charles Schwab)이 21세에서 75세까지 1,200명을 대상으로 설문조사를 실시한 결과 순자산 220만 달러, 한화 약 28억 6천만 원 이상을 가져야 부자로 생각한다고 한다. 반면에 한국인들은 미국인들의 부자 기준인 28억 원의 1.6배 정도 되는 46억 원이 넘는 돈을 가지고 있어야 부자라고 생각한다는 조사 결과를 모 방송국 뉴스에서 보도한 바 있다. 1인당 GDP(Gross Domestic Product)는 말할 것도 없고 PPP(Purchasing Power Parity, 구매력평가는 환율과 물가상승률의 관계를 말해주는 개념) 구매력 지수 기준으로 보더라도 미국이 우리나라보다 43% 이상 잘 사는 나라인데도 불구하고 부자에 대한 기준은 생각과 차이가 컸다. 뉴스에 따르면 한국의 경우 집값이 워낙 비싸고 실제 자산의 80% 이상을 부동산으로 소유하고 있기 때문에 실질적인 가처분소득이 많지 않아 그렇다고 결론지었다. 미국 부자들의 자산 비중을 보면 7(금융) 대 3(부동산)으로 금융자산의 비율이 부동산 자산에 비해 월등히 높은 반면 우리나라는 8(부동산) 대 2(금융자산) 정도로 부동산 자산 비중이 월등히 높다고 한다.

참고로 토머스 스탠리(Thomas J. Stanley)가 1996년 발행한 『The Millionaire Next Door』, 크리스 호건의 연구, 금융기관들의 보고서 등을 통해 밝혀진 특징은 다음과 같다. 첫째 평균 연령은 55세에 검소한 소비 습관을 가지고 있다. 명품, 고급 자동차 등 과시를 위한 소비를 하지 않으며 예산을 세우고 지출을 체계적으로 관리한다. 둘째는 높은 저축률과 장기 투자를 한다. 수입보다는 적게 쓰고 장기적인 투자로 복리의 효과를 활용하며 전문가의 의존도가 낮았다. 셋째는 자수성가형이 많다는 것이다. 부의 대물

림보다는 그들 80%가 스스로 부를 일군 자수성가형이었으며 중소기업, 자영업, 부동산 임대업 등 창업과 소규모 사업을 운영하고 있었다. 넷째는 교육에 대한 투자다. 자신은 물론 자녀의 교육에 관심이 높고 평생 학습을 실천하고 있다. 다섯째는 재산보다 시간 관리에 집중한다는 것이다. 효율적인 시간 관리를 중요하게 생각하며 독서, 운동, 명상 등 자기관리에 집중한다. 여섯째는 관계와 인맥 관리를 중요시 한다. 긍정적이고 신뢰받는 인간관계를 유지하려 노력하고 네트워크보다는 주위 평판을 더 중요시 여긴다. 일곱째는 실패를 성장의 일부로 받아들이며 리스크 감수에 수용적인 인식이 강하다. 마지막으로 과시보다 내실 있는 부자를 지향한다는 점이다.

여기서 눈여겨 볼만한 점은 한국의 부자들과 마찬가지로 평균 나이가 60세에 가까웠다는 것이고 지극히 근검절약하는 생활이 백만장자의 핵심 요인이라는 점, 더불어 장기적인 주식투자와 부동산을 통한 복리 효과를 활용하는 똑똑한 투자자라는 점이다. 결국 한국이든 미국이든 부자는 태어나는 것이 아니라 오랜 시간을 두고 만들어지는 것임을 알 수가 있었다.

지금까지 부자에 대해 알아본 바를 종합해 보면 부자는 티끌 모아 태산이라는 대업을 달성한 사람들이었다. 부자는 절약 정신으로 경제활동과 투자를 통해 얻은 수익을 차곡차곡 모아 약 30년 후 사회 통념상 부자가 되었다. 즉 이들은 가난 습관을 줄이고 부자 습관을 꾸준히 쌓아 시드머니(seed money)가 만들어지면 부동산과 주식에 투자한 결과 5~60대에 이르러 부자가 되었다.

부자 vs 잘 사는 사람

우리는 흔히 부자에게 잘 산다는 표현을 사용했고 우리가 누군가에게 '잘 사냐?'하는 질문은 물질적 재산이 많은 부자인가 묻는 것이었다. 엄격히 따지면 잘 산다는 의미는 주위 사람들과 사이좋게 지낸다는 의미라고 한다. 즉 가족부터 이웃 그리고 직장동료나 이해관계가 있는 사람들과 어울려 사이좋게 지낸다는 의미인데 어느 순간부터 부자라는 표현으로 둔갑했다. 아마도 가진 재산이 많으면 여유가 있고 행복지수가 높으니 주위 사람들과 어울려 사이좋게 지내는 사람으로 여겼을 것으로 생각된다. 또한 1970년대 새마을 운동을 펼치던 당시 '잘 살아보세'라는 건전가요의 영향도 있었을 것이다. 「잘 살아보세! 잘 살아보세! 우리도 한번 잘 살아보세 잘 살아보세~」

하지만 사람은 건강하지 않으면 그만큼 생활에 불편을 겪게 되며 상당한 치료비용으로 가진 재산을 잃게 된다. 결국 부실한 건강은 부자의 길을 가로막는 장애물이며 물질적 재산을 모았다고 한들 하고자 하는 일이나, 즐기고자 하는 취미도 할 수 없을뿐더러 부자가 되겠다는 의지마저 앗아가는 최악의 상황을 맞게 될지도 모른다.

정신적 재산 또한 어느 한순간에 이루기 힘든 재산이며 물질적 재산축적에 지대한 영향을 미친다. 자신이 태어날 때부터 부모로부터 음식, 언어, 습관 등 삶의 기본이 되는 정신적 재산을 물려받으며 이후 성장하면서 인간관계를 비롯하여 인의예지, 지식, 철학,

종교 등을 축적해 간다. 이러한 정신적 재산의 특징은 아무리 많이 쌓거나 자식에게 증여상속을 해도 세금이 없으며 마음을 풍요롭게 하고 다채로운 삶을 즐기도록 하며 죽을 때까지 사용해도 줄지 않는 재산이라는 점이다. 다만 불행하게도 부정적인 정신적 재산은 자신의 삶을 옭아맬 수도 있고 죽을 때까지 괴롭힐 수도 있으며 자신이 원치 않는 삶을 영위할 수도 있다.

부자를 조사하면서 첫 번째 깨달은 것은 재산에는 세 가지 즉 신체적, 정신적 그리고 물질적 재산이 있다는 것이다. 신체적 재산은 삶의 길이(양)를 결정한다. 건강한 신체는 부모로부터 받은 첫 번째 재산이며 모든 재산의 근간이 된다. 또한 정신적 재산은 삶의 방향(질)을 결정한다. 긍정적인 마음은 삶을 평화롭게 하고 부정적인 마음은 혼란스럽게 한다. 마지막 물질적 재산은 신체적, 정신적 재산의 훌륭한 보조역할을 한다. 결국 이들은 상호 유기적으로 작용하여 통합적 재산을 형성하며 한 사람의 독특한 인생을 완성한다.

영국의 정치가인 윈스턴 처칠(Winston Churchill)이 말했다. '돈을 잃으면 적게 잃은 것이고 명예를 잃으면 크게 잃은 것이며 용기를 잃으면 전부를 잃은 것이다.' 이를 빗대서 생겨난 말인 듯, '건강을 잃으면 다 잃는 것이다'라는 말이 심심치 않게 인용된다. 사실 맞는 말이긴 하다. 건강을 잃고 행복하긴 어렵고, 하고 싶은 것을 마음껏 즐기기도 어렵다. 재산이 아무리 많은들 무슨 소용이며 꽃피는 계절이 온들 꽃구경이나 갈 수 있을까!

중학교 시절, 어느 날 친구 B의 아버지가 편찮으시다는 소문이 돌았다. 웃음이 많던 친구는 점점 침울했고 가정은 어려운 형편에 직면해 있다는 소리가 들렸다. 친구 어머니는 백방으로 약을 찾으러 다녔고, 그때마다 가진 논과 밭을 처분했다는 소문이 돌았다. 그렇게 2년을 병환으로 고생하던 친구 아버지는 끝내 세상을 떠나셨다. 그 후 친구는 도시에 있는 이모네 곁으로 이사를 갔다. 당시는 의료보험이나 개인보험이 일반화돼 있지 않은 시대였으므로 치료비용은 오롯이 개인이 부담하던 시절이었다.

십여 년 전 모 대학원 최고 경영자과정에서 S 시인의 특강을 들을 기회가 있었다. 예전에 시인의 시집을 읽었던 적이 있던 터라 유명한 시인을 만나는 기대감에 몹시도 설레었다. 시인은 매우 단아한 모습으로 단상에 올라 표정 변화 없이 담담하게 강의를 이어갔다. 현직 교수 신분이기에 역시나 달변이기도 했다. 고개를 끄덕이며 강의에 열중하는데 생각지도 못한 그녀의 가정사를 말해주었다. 남편이 30대 후반에 앓아눕자 홀로 자식들을 키우며 병간호했던 가슴 아픈 과거사였다. 그러면서 그녀는 남편 병수발 3년째가 되자, 소리 안 나는 총이 있다면 그 자리에서 쏴 죽이고 싶은 충동을 느꼈다고 했다. 그 사연이 내게는 얼마나 강한 충격으로 남았던지 그날 다른 강의 내용은 아무것도 생각나지 않는다. 같이 강의를 경청하던 아내를 유심히 바라보면서 드는 생각은 죽도록 사랑하자고 맹세했던 사랑마저 내가 건강을 지키지 못하면 가차 없이 나를 버릴 수 있겠다는 두려움이 엄습했다.

우리가 공부해야 하는 목적은 인생을 살면서 필요한 지식과 정보를 얻는 것 이외에 정신적 재산을 늘리는 방법임을 뒤늦게 깨달았다. 세상의 이치를 깨닫고 사람의 도리는 물론 자연법칙을 이해하며 철학이나 종교적인 정신 수양도 필요함을 알게 되었다. 정신적 재산이 많으면 많을수록 삶의 폭이 넓고 그 깊이도 달랐다. 여행을 가더라도 그곳에 대해 아는 만큼 이해의 폭이나 깊이가 다르듯 우리의 인생 여행도 정신적 재산의 정도에 따라 비례해서 긍정적 효과를 누릴 수 있었다. 대중음악을 비롯해 가곡, 클래식은 물론 뮤지컬, 연극 감상 등 보다 폭넓은 예술 체험과 깊이 있는 문화생활을 즐길 수 있을 것이다.

나중에 정말 나중에 알게 된 사실이지만 불행하게도 우리의 부모님은 이러한 정신적, 문화적 혜택은 거의 누리지 못하셨다. 우리의 부모 세대가 대부분 비슷한 환경이었을 테지만 특히 경제적 이유로 그러한 세상을 누리지 못했다는 현실이 지금도 가슴 아프게 한다. 그보다 충격적인 사실은 이러한 정신적 재산은 부지불식간에 자식들에게 증여되고 있었다. 단순히 어떤 것에 대한 지식, 정보는 물론 인지능력이나 반응형태마저 좋은 습관이든 나쁜 습관이든 관계없이 자녀에게 영향을 미치고 있었다.

당신도 누군가에게는 부자입니다.

물질적 재산이 많으면 많을수록 좋겠지만 신체적 재산은 물론이고 정신적 재산도 그에 못지않게 중요함을 깨달았다. 당장 무엇을 공부하고 무슨 취미를 가져야 하며 어떤 철학적 사고를 해야 하는지 알 수 없었지만, 주위 사람들과 정신적 교감을 나누기 위해서는 많이 배우고 익혀야 한다는 생각만은 공고해졌다.

그렇다면 우리의 표현대로 잘 산다는 것, 즉 진정한 부자는 누구를 말할까? 지금까지 재산에는 크게 세 가지 즉 신체적, 정신적 그리고 물질적 재산으로 구분 지을 수 있었다. 이들 재산의 중요도는 생각에 따라 차이가 있고 가진 정도는 각기 다를 것이다. 그러나 어느 한 가지가 부족하면 결핍의 증상은 다르게 나타나지만, 수반되는 고통은 비슷했다. 반면 어느 재산이든 가진 만큼 그에 걸맞는 만족을 느낄 수 있게 한다. 즉 각각의 재산 소유 정도는 외형적으로 차이가 있지만, 각기 부족할 때 미치는 물리적, 심리적 고통의 강도와 각기 풍족할 때 미치는 만족도는 본질적으로 동일하게 작용한다는 점에서 나는 이를 **재산등가의 법칙**이라고 부르기로 했다.

증여와 상속 관점에서 보더라도 세 가지 모두 실제로 증여와 상속이 이루어지는 재산이다. DNA는 물론 가족력, 생활 습관, 언어, 물질적 재산 등 어느 것 하나 증여받지 않은 것이 없으며 이들 모두가 재산으로써 가치 있는 것들이다. 따라서 이들 세 가지 모두가 부자의 척도가 되어야 함에도 신체적, 정신적 재산은 가늠하기 어려우니 우리는 그저 물질적 재산을 기준으로 부자를 결정한다. 또한 이러한 재산들은 태어나서 죽을 때까지 증여상속이 이루어진다는 점에서 진정한 부자가 된다는 것은 오랜 시간의 필요성에 더하여 비단 혼자만의 노력으로 이루어질 수 없는 것들이다.

따라서 이들 세 가지 재산의 정도는 사람마다 각기 다를 수밖에 없다. 어려서 체력적인 차이가 부러웠고 운동을 잘하는 친구들이 부러웠다. 공부를 잘하는 친구도, 친구들과 잘 어울리는 친구도 부럽기는 마찬가지였다. 또한 나보다 형편이 좋은 친구나 사회에서 승승장구하는 친구들이 부러웠다. 결국 사람들은 상대적 우열 때문에 누군가에게는 서로가 부자로 여겨지고 부러움의 대상이 될 수 있는 것이다.

2024년 현재 사회 통념상 부자 즉 대한민국 상위 1% 부자는 순자산 33억 원 이상 가진 사람으로 밝혀졌지만 정작 이들은 100억 원 이상을 가져야 스스로 부자라고 생각했다. 부자의 기준은 법으로 정해져 있지 않다. 단지 설문조사이거나 통계자료에 불과했다. 더구나 다들 생각하는 기준도 달랐다. 그렇듯 부자의 기준은 각자 생각에 따라 다른 것이었다.

2장

왜 부자가 되고 싶은가?

단지 물질적 재산이 많아 행복하다고 생각하는 부자는 소수에 불과했지만, 가난한 사람은 대다수가 물질적 재산이 부족해서 불행하다고 생각하였다.

'왜 부자가 되고 싶은가?'하는 질문에 사람들은 대개 '하고 싶은 것 다 하고, 갖고 싶은 것 다 갖고 싶어서'라고 대답한다. 하지만 이는 단순히 부자가 아니라 재벌이어야 가능한 일이다. 앞장에서 보았듯이 대한민국 상위 1% 부자는 순자산 30억 원 이상을 가진 사람을 말한다. 30억 원이라고 하면 매우 큰 돈이긴 하지만 대한민국에서 하고 싶은 것 다 할 수 있고, 갖고 싶은 것 다 갖기에는 턱 없이 부족한 금액이다.

일례로 30억 원이면 서울 강남의 왠만한 아파트 한 채 값에 불과하다. 강남에 아파트 한 채를 소유한 사람이라도 일반 직장인이라면 여타 일반인의 삶과 별반 다를 게 없을 것이다. 물론 대한민국 상위 1% 부자에 해당할 수는 있겠지만 결코 사고 싶은 것 다 살 수 있는 만큼은 아니다.

사실 '해 보고 싶은 것 다 해 보거나 갖고 싶은 것 다 갖기 위해서'는 이유가 아니라 부자가 되고 나서 받을 자기 보상이다. 그렇다면 우리가 부자가 되고자 하는 진짜 이유는 무엇일까? 사람들은 특별한 경우를 제외하고는 부자가 되고자 하는 마음은 같을 것이다. 그러나 정작 부자가 되고자 하는 이유는 따져 묻지 않는다. 축구선수가 유럽 프리미어리그에 또는 야구선수가 미국 메이저리그에 진출하고자 하는 이유는 꿈의 무대에서 뛰어보는 것이라고 한다. 언론에서 대서특필하는 막대한 계약금은 그 꿈을 이루었을 때 부차적으로 따르는 보상일 뿐이다.

왜 부자가 되고 싶은지 생각해 본 적이 있는가?

부자가 되고자 하는 이유나 목적을 알지 못하고서는 부자의 길을 찾기 힘들다. 이유를 파악해야 정확한 목적지를 정할 수 있고 그 방향으로 움직일 수 있기 때문이다. 그러니 부자가 되려고 하거든 구체적인 이유나 목적부터 찾아야 한다.

내가 부자가 되고자 했던 이유는 궁핍한 삶을 살고 싶지 않았으며 무엇보다 후손에게 가난을 대물림하고 싶지 않았기 때문이었다. 부자가 되려면 우선 자신이 처한 실체를 파악하고 부자가 되지 못한 원인을 찾아 제거해야 한다. 또한 부자가 되고 싶은 강한 동기가 많아야 그만큼 실천도 강력해진다.

종종 운이나 복이 없다거나 자신에게 부자가 될 기회가 찾아오지 않는다며 낙담하는 경우를 본다. 그러나 우리 주위에는 부자가 될 기회는 널려 있다. 다만 그것을 보지 못하고 그냥 지나치는 우를 범하고 있을 뿐이다. 127개 꿈의 목록을 작성하고 이를 실천하여 미국 「라이프」지에 '꿈을 성취한 미국인'으로 소개된 존 고다드(John Goddard)는 할머니의 평범한 후회의 순간마저 일생일대의 기회로 삼아 탐험가, 모험가, 강연자로 세계적으로 유명 인사가 되었으며 '현대의 가장 위대한 목표 달성가(The World's Greatest Goal Achiever)'라는 별명까지 얻었다.

어려서 가난이 분홍 글씨처럼 내 가슴에 새겨졌다. 누가 봐도 훈련병임을 알 수 있듯이 언뜻 봐도 가난한 집 아들이었다. 학창 시절, 가난이라는 글자의 쇠붙이가 불에 달궈진 채 이마에 찍혔다. 화끈함에 짓눌려 자존감이 한없이 작아졌다. 그리고 사춘기 심장에 가난이라는 피가 돌기 시작하더니 성인이 되자마자 온몸에 퍼져나가 머리를 감싸고 돌아 중독이 돼 버렸다.

가난이 무엇인지 모를 때부터 가난의 억압 속에 살았고 종종 숨쉬기조차 힘들게 하거나 폐부를 찌르는 잔인함을 체험했다. 가난하다는 이유만으로 어디서든 용기를 내기 힘들었고 자존심마저 무너져 내렸다. 가난 속에서 꿈을 갖는 것마저 사치에 불과했고 때론 먹거리를 찾아 헤매는 야생 동물의 신세에 불과했다.

논밭이 있어야 씨앗을 뿌리고 희망을 일굴 텐데 논밭이 없으니 꿈을 일궈낼 희망이 보이지 않았다. 빚쟁이들의 독촉은 늘 주위를 맴돌았고, 가족의 오붓한 시간마저 허락지 않았다. 부모님은 오랜 가난의 폭행으로 삶이 피폐해졌고 늘 주눅 들어 살아야 했으며 어린 자식들에게조차 더 이상 숨길 수 없었다. 아버지는 어찌할 수 없는 처지를 비관하며 울분과 화를 이기지 못해 술을 가까이 하시더니 건강을 잃고 서둘러 하늘나라로 떠나버리셨다. 어머니는 홀로 남아 굳어버린 가난의 허물을 벗겨 내려 무던히도 애를 썼지만, 우리의 형편은 좀체 달라지지 않았다.

어느새 나도 성인이 되어 둥지를 틀고 아버지가 되었다. 어린 시절에 살았던 오두막집이나 현재 살고 있는 반지하 단칸방이나 형편은 별반 다를 게 없었다. 나 역시 그토록 증오했던 가난을 여전히 등에 지고 있었으며, 이를 자식들에게까지 물려준다고 생각하니 끔찍했다. 그제야 내 주변을 둘러보며 가난의 굴레를 벗어나지 못한 원인을 찾기 시작했다.

'태어날 때 가난한 것은 당신의 죄가 아니지만 죽을 때 가난한 것은 당신의 죄이다'라는 말처럼 이제부터 가난은 나의 잘못이었다. 가난은 죄가 아니라지만 제때 이행하지 못한 의무는 죄목으로 바뀌었고 질타의 목소리는 채찍이 되어 온몸을 감싸고 돌았다. 그때마다 쓰라린 상처를 어루만지며 부자가 되겠다고 다짐했다.

부자가 되면 하고 싶은 것, 갖고 싶은 것을 어느 정도 해결할 수 있지만 모두 가능한 것은 아니다. 하지만 중요한 사실은 부자가 되면 생각만큼 돈을 쓰고 싶지 않다는 것이다. 즉 언제든지 쓸 수 있고, 다른 선택을 할 수 있는 여유가 있기 때문이다. 부자라는 지위가 주는 든든함과 언제든 지출이 가능한 재산은 마치 밥을 먹지 않아도 배고프지 않은 것처럼 여유롭다. 소위 가진 자의 여유다.

반면 자신의 앞가림마저 제대로 할 수 없는 처지가 되면 궁색해지고 자신감을 잃는다. 마음은 있으되 돈이 없는 경우 주위로부터 동정은 받을 수 있지만 속으로는 탐탁지 않게 생각했다. 시간이 지날수록 그들 관심에서 점점 멀어지는 것을 느껴야 했다. 마음만은 자연스레 어울리고 싶지만, 경제적인 허들을 넘지 못하면 본인 스스로 주위 사람들과 함께 할 여유를 허락지 않는다. 그렇게 우정도, 친목도, 사회관계도 유유상종의 틀이 형성돼 점차 보이지 않는 담벼락이 생기고 시간이 흐를수록 눈에서 멀어지고 어느 순간 마음에서 사라져 갔다. 상대의 무관심이나 냉대가 아니라 스스로가 그러한 틀 안에 갇히게 되는 것이다.

또한 돈이 없어 책임을 다하지 못하면 비난의 대상이 되고 때론 범죄가 되는 세상이다. 법은 늘 가진 자의 편에 서서 없는 자를 비웃을 뿐 대가가 없는 곳에는 나아가 정의를 실현할 의지가 없다. 간절히 도움을 요청해도 아무리 억울하다고 외쳐도 공정해야 할 법은 느긋하게 법전에 안주하며 노닥거릴 뿐이다. 그런 치사하기 짝이 없는 법을 탓하기 전에 가진 재산이 있어야 문제는 해결된다. 법은 손발이 없기에 그를 불러낼 변호사가 필요하고 그런 변호사의 수고비와 법의 사용료도 지급해야 출동한다. 억울하지만 변호사를 고용하지 못하면 아무리 공평하고 정의로운 법이라도 내 곁에 서질 않는다.

30대 초반 어느 명절, 고향에 내려갔을 때 중학교 선배의 자살 소식을 들었다. 그는 고향에서 꽤 부잣집 아들이었고 학교에서도 꽤 인기 있는 선배였다. 그가 20대를 어떻게 살았는지 알 수 없었으나 30대 초반에 사업을 시작해 중반에 수억 원의 빚을 지게 되었고 그 빚을 감당하기 어려워 안타깝게도 세상을 등졌다고 했다. 불행한 사건은 우리가 소문으로 접했기에 더 이상 자세한 사정을 알 수 없었지만, 시간이 흐를수록 사업을 하는 나의 입장에서는 다른 친구들보다 선명한 추측이 가능했다. 처음에는 그 정도 빚 때문에 목숨을 저버리나 했던 것이 험난한 세상을 지나오면서 그의 죽음은 나의 현실과도 매우 가깝게 느껴지곤 했다. 가끔은 모파상의 소설 「진주목걸이」의 주인공처럼 아마도 빚을 갚기 위해 갖은 고생을 하거나 심지어 장기를 떼 주어야 하는 사태가 올지도 모른다는 불안한 상상을 하곤 했다.

야반도주(夜半逃走)라는 말은 한밤중에 몰래 도망치는 행위를 말한다. 보통 가문의 반대에 부딪힌 연인이 사랑을 이루기 위해 밤새 사라진 경우에도 사용하지만, 현실적으로 야반도주는 사업의 실패나 지인의 빚보증을 서 주었다가 채무독촉에 시달려 더 이상 버티지 못하고 야심한 밤에 남의 눈을 피해 어디론가 사라진 경우에 흔히 쓰인다. IMF 시절 많은 기업이 파산했고, 많은 사람이 자살했던 기억이 난다. 어떤 사람은 야반도주했으나 해외로 도피하지 않는 이상 비좁은 대한민국에서는 머지않아 꼬리가 잡혔다.

한편 2000년대 초반, 많은 중소기업이 높은 임금과 과도한 임대료 때문에 국내에서 더 이상 버티지 못하고 저렴한 인건비와 현지 정부의 든든한 지원을 받을 수 있었던 중국으로 건너갔다. 일정 기간이 지나 중국 정부의 혜택이 줄어들자, 그곳에서도 더 이상 버티지 못하고 일부는 야반도주했다는 소문도 심심치 않게 들려왔다. 부자가 되기 위한 모험은 어느 나라 어느 곳에서도 생사를 가르는 쉽지 않은 현실임을 직접 보고 들었다.

누구나 꿈꾸지만 아무나 되지는 않는다.

부자의 꿈은 마음속에 누구나 간직할 수 있으나 사회 통념상 부자는 한정된 기준이 있고 매번 바뀐다. 즉 상위 1% 부자라는 정해진 범위라도 매번 그들의 재산 범위가 바뀔 수 있다. 따라서 부자의 꿈을 포기하라는 뜻이 아니라 목표를 수정할 필요가 있다는 의미다. 처음부터 사회 통념상 부자의 기준보다 우선 내가 달성 가능한 부자 기준을 정하는 것이다. 1차 목표가 달성되면 다음 목표를 설정하는 것이 좋다.

빈손으로 왔다가 빈손으로 간다는 공수래공수거(空手來空手去)라는 말은 재물과 권세 그리고 명예를 지나치게 탐하지 말고 분수에 맞게 살아가라는 불교의 가르침이다. 그럼에도 불구하고 인간의 욕망은 끝이 없으니 영역 확대 경쟁 속에 사건 사고가 끊이지 않고 온갖 번민과 시기 질투에 시달리게 되는지도 모른다. 또한 '사람은 각자 자기 먹을 것은 가지고 태어난다'는 말로 위로하며 험한 세상을 살아갈 희망의 메시지로 삼는다. 하지만 사람은 태어나면서부터 받은 기저귀와 배냇저고리부터가 빚이다. 또한 자라면서 먹고 쓰는 것들이 모두 채무로 쌓여간다. 즉 신체적, 정신적 그리고 물질적 재산을 부모로부터 끊임없이 증여와 상속을 받으며 살아간다. 쉬운 말로 우리네 인생은 빚을 차곡차곡 쌓아가며 성장했다가 하나씩 갚아나가는 과정이다. 어떤 이는 이를 내리사랑이라고 표현하는데 엄밀히 말하면 갚아야 할 빚이다.

태어나면서 본인의 의지와 상관없이 부모를 만나고 부모의 능력에 따라 신체적, 정신적 그리고 물질적 재산의 증여상속 정도가 천차만별이다. 다행히도 살아가면서 자신의 노력 여하에 따라 그러한 운명은 변화를 거듭하게 되고 누구라도 성공과 부자의 기회를 잡을 수 있으며 각자 재산의 형성은 달라진다. 다만 제때 기회를 잡는 사람이 많지 않고 그래서 물질적으로 부자가 된 사람은 생각보다 많지 않은 것이 현실이다.

내 경험으로는 대개 부자가 되지 못한 이유는 부자가 되는 길을 제대로 모르는 경우와 인내력이 부족해서다. 그동안 나를 포함해서 부자가 되는 방법을 제대로 아는 사람은 많지 않았으며 부자 습관보다 가난 습관을 치렁치렁 온몸에 장착하고서 부자가 되려고 애쓰고 있었다. 심지어 부자 습관과 가난 습관조차 구별하지 못했다. 설사 구별할 수 있다고 해도 당장 가난 습관을 줄이고 부자 습관을 늘릴 의지도 부족해 보였다.

어려서 부모님은 우리의 논밭이 하나도 없는 상황에서 소작농으로 농사를 일구셨다. 추수를 끝내면 우선 수확량의 절반을 땅주인에게 주고 그동안 발생한 농자재비용과 외상값을 치르고 남는 것이 우리 차지였다. 그 결과는 허탈하고 초라했다.

수확한 벼를 햇볕에 말려 방앗간에 싣고 가 방아를 찧으면 비로소 한 끼니 기름기가 좔좔 흐르는 쌀밥을 해 주셨다. 그때 딱 한 끼다. 이후로는 특별한 경우가 아니면 역시나 보리가 90% 이상 들어간 보리밥을 먹는다. 부잣집 아들인 친구의 하얀 도시락을 볼 때면 쌀밥(보리가 30% 미만)이 너무 먹고 싶었다. 그때마다 내가 부잣집 아들이 아니라는 사실을 실감했다.

새마을 운동이 실효를 거두면서 시골 사람들은 먼저 외형 치장으로 지붕개량을 했으며 이어 내부 시설도 달라지기 시작했다. 텔레비전이 들어와 안방 한자리를 차지하더니 선풍기가 앵앵거리며 여름을 시원하게 날려버렸다. 전화기가 할아버지 머리맡에 설치되더니 꼭 필요한 용건만 주고받았다.

몇 년 후 음식을 장기 보관할 수 있고, 여름에도 얼음을 먹을 수 있다는 그러나 전기를 많이 먹는다(?)는 냉장고가 들어오기 시작했다. 전기세 부담이 크다며 불평은 늘었지만 놀라우리만큼 편리함에 가전제품은 점점 늘어만 갔다. 특히 시디신 김치를 너무나도 싫어했던 나는 그 무엇보다도 냉장고가 있었으면 좋겠다고 간절히 애원했다. 하지만 모두 이웃 부잣집 이야기에 불과했다.

처음으로 부모님이 원망스럽게 느껴지기 시작했다. 점차 생활의 불편함은 짜증으로 바뀌었고 고교진학의 기회마저 위태롭게 되자 얼굴이 굳어졌다. 그렇듯 가난은 우리 여섯 가족의 어깨를 감싸고 발목을 잡더니 어느새 심장을 옥죄고 들었다.

가난의 폭행은 신고할 곳도 받아줄 곳도 없다

설날이면 어머니는 봄에 캐서 말린 쑥을 쌀가루와 함께 버무려 쑥떡을 만드셨다. 찹쌀을 일부 섞어 만들기는 해도 인절미보다는 훨씬 맛이 떨어졌다. 옆집에서는 찰진 떡판에 노란 콩고물을 듬뿍 덧씌운 맛깔 나는 인절미를 준비했다. 그것을 보고 나니 이제껏 설 명절부터 정월 대보름까지 재워두고 먹었던 쑥떡을 먹고 싶지 않았다. 가난은 어린 아이의 입맛조차 씁쓸하게 만들었다.

명절이면 초등학교를 마치고 기술을 배운다며 서울에 간 두 형들이 밤새 완행열차를 타고 명절 새벽에야 도착해 엄마를 눈물짓게 했다. 어린 나는 이를 빼꼼히 지켜보다 형들 손에 들린 종합선물세트를 낚아채듯 받아 들었다. 형들은 잠시 쉬었다가 차례를 지내고 친척을 만나고 저녁이면 또다시 완행열차를 타고 떠났다. 그렇게 어린 아들을 떠나보낸 엄마는 마을에서 형들만 중학교에 진학 못한 사실을 되새기며 복받친 눈물을 훔치셨다. 그때마다 잠을 설치던 나는 자는 척 숨죽여야 했다.

밤이면 천장으로 쥐들이 뛰어다녔다. 그 소리에 잠을 설치기도 하고 쥐의 모습을 상상하면 무섭기도 했다. 밤나무 열매 가시로 쥐구멍을 막기도 하고 오일장에서 산 끈끈이를 길목에 놓아두었지만, 별 효과가 없었다. 기와집이었다면 쥐가 집안으로 들어오지 못할 텐데, 흙담집이라 쥐들은 여기저기 요새를 만들어 놓고 언제든 들락날락했다.

우리의 학비를 대느라 이웃집에서 빌린 돈을 제때 갚지 못하자 빚 갚으라는 독촉이 심해졌다. 부모님은 자주 다투시다가 급기야 밥상을 엎고 몸싸움까지 벌이셨다. 그토록 우리 가족을 괴롭히는 가난을 당장 요절내고 싶었다. 그러나 마음뿐이었다.

부모님은 무능했지만, 우리를 지키고 가르치려 최선을 다 하셨다. 하지만 부자가 되기 위한 전략적 사고를 갖지 못하고 늘 예전과 동일한 방법으로 세상을 살아가셨다. 학습은 학교에서만 할 수 있는 것이 아니었다. 살아가면서 어깨너머로도 배울 수 있다. 자신과 타인의 실수를 통해서도 반면교사로 삼을 수 있었다. 하지만 우리는 주어진 현실에 순응하며 자책만 할 뿐 가난의 DNA를 털어버릴 생각도 해결 방안도 찾지 못한 채 오랫동안 가난과 어울리다 보니 서로 친숙해져 있었다.

중학교에 진학하니 여러 초등학교 졸업생이 함께 입학해 친구가 되었다. 까까머리를 하고 까만 교복을 입은 모습이 다소 생경한 분위기를 연출했지만, 우리는 곧 친해졌다. 같은 교복 차림이라 누가 부잣집 자식이고 누가 가난한 집 자식인지 분간하기 힘들었다. 아니 굳이 식별할 필요가 없었다. 그런 것에는 다들 관심 없었으니까.

두어 달이 지나자, 학교에서 학생들 성장발육을 위해 필요하다고 판단했는지 원하는 학생들에게 일괄 우유를 주문해 2교시가 끝나는 시점에 배달되었다. 대략 학생의 1/3 정도가 주문했던 것으로 기억한다. 물론 나는 집에 이야기조차 꺼내지 못했다.

우유는 그때나 지금이나 고소하고 맛있다. 어떤 친구는 친한 친구에게 조금 남겨주기도 했다. 어느 날 나는 고소한 우유가 마시고 싶어 그 우유를 낚아채 얼른 마셔버렸다. 순간 그 친구가 내 책상에 있던 책을 찢어버리는 게 아닌가. 우유를 마신 내가 잘못했으니, 항변도 못하고 찢긴 책을 보니 억울해 눈물이 왈칵 쏟아졌다. 그 이후 다시는 우유 마시는 친구들을 쳐다보지도 않았다. 가난의 설움이 이런 것이구나! 어린 마음에 큰 상처를 입었다. 보이스카우트를 모집 했을 때도 전혀 관심 밖이었다. 대도시에 기술을 배우러 간 형들을 생각하면 학교에 다니는 것만으로 다행이었고, 한편으로 슬프기도 했다. 가난은 어린 가슴에 치유되지 않을 깊은 상처를 여럿 남겼다.

중학교 1학년 초가을, 태풍은 우리가 의지하고 살았던 초가집을 쓰러뜨렸다. 초라하고 불편하다고 불만이었던 오두막이었지만 이마저 쓰러지자, 비닐하우스에 기거해야 했다. 곧 쓰러질 듯 형편없었던 집이었지만 그동안 비바람을 막아주고 편히 잘 수 있게 해주었다니 얼마나 고마운 존재인지 그제야 깨달았다.

그렇게 쓰러진 초가는 부모님을 연상시켰다. 능력 없는 부모님이라고 불만이 많았지만 그런 부모님이라도 늘 우리를 보호해 주시는 든든한 버팀목임을 깨달았다. 그때까지 부모님께 가졌던 불평과 원망을 거두기로 했다. 우선 가난을 나누어 짊어지기로 하고 최대한 서둘러 벗어던지기로 마음먹었다. 그런들 내게는 해결할 아무런 힘이 없었다.

아버지는 빚을 얻어 근처에 비어있는 집을 매입했다. 슬레이트 집이었지만 내부는 초가집과 별반 다를 게 없었다. 여전히 밤이 되면 쥐들이 천장을 운동장 삼아 뛰어다녔고 단열이 되지 않아 겨울에 춥고 여름에 무덥기는 마찬가지였다. 다만 장마철에 빗물이 새는 경우와 늦가을이면 이엉을 엮어 올리던 행사는 사라졌다.

내가 중학교를 마칠 시기가 되자 부모님은 깊은 시름에 빠졌다. 시간이 지나도 가난은 우리 집에 진을 치고 떠날 기미가 없었고 또다시 자식의 고등학교 진학 포기를 지켜봐야 하는 상황에 이른 것이다. 나 역시 갈등에 빠졌다. 도시 소재 고등학교에 진학을 희망했으나 부모님께는 커다란 짐이 될 수밖에 없었고 서울에 간 형들은 아직 자리를 잡지 못한 상태라 가족 전체가 나의 고교진학 비용 부담에 대해 난감한 처지였다.

하지만 막내라는 특권은 통했다. 막내 하나 남았으니 고등학교까지 마치게 하자는 결정이 났고 우여곡절 끝에 광주에 있는 고등학교에 진학하게 되었다. 이렇듯 우리는 가난을 떨쳐내는 일을 도모하기보다는 가난을 옆에 두고서 당장 코앞의 현실 문제에만 매달리고 있었다. 가난은 우리가 나서서 물리치지 않으면 스스로 자리를 뜰 생각이 전혀 없었다.

부자를 잘 산다고 표현하는 이유

큰형과 둘째 형은 초등학교를 졸업하고 친구들이 까만 교복을 입은 모습을 보기도 전에 서울로 올라가야 했다. 어린 자식들을 서울로 보내시던 어머니는 눈물을 훔치셨고 어린 나는 무슨 상황인지도 모른 채 울먹였다.

우리는 분기별 납부금을 제때 내지 못하면 담임선생님께 벌을 받아야 했고 심지어 뺨을 맞거나 매를 맞았다. 하굣길에 친구들에게 얻어먹는 달콤한 사탕도 횟수가 늘자 부담되었다. 수업 준비물을 가져가지 못하면 미술 선생님은 성난 얼굴로 째려보았다. 그렇게 70년대 말부터 80년대 초, 경제성장이 온 나라를 휩쓸고 있는 동안에도 우리 집은 여전히 변함이 없었다. 우리는 때 되면 상급학교에 진학해야 했고 형들은 작은 돈이나마 집에 보태야 했다.

아버지는 고교진학을 앞둔 나를 광주 시내 기찻길 옆 작은 집 구석방으로 데려가셨다. 곰팡이 핀 방을 청소하며 비지땀을 흘리면서도 공부를 할 수 있다는 생각에 즐겁기만 했다. 하지만 참고서와 문제집 구입은 엄두도 못 냈고 30분 거리에 있는 친구 집에 들러 빌려 읽곤 했다. 그런 수고마저 기쁘기만 했다. 하지만 고등학교 3학년 여름 자취방 계약기간 만료가 임박했음에도 부모님은 더 이상 방세를 지급할 능력이 없다고 하셨다. 친절하기만 하던 집주인 역시 돈 문제에는 관용을 베풀지 않았다. 아니 그분들도 베풀 여유가 없었다.

거취할 방이 없으니 길거리에 나앉을 신세가 될 판이었다. 자취하는 친구들을 물색해 비집고 들어갈 틈이 있는지 알아보았다. 하지만 여의치 않았다. 그런 나를 유심히 지켜보던 한 친구가 자기 집으로 초대했다. 친구 집은 시내에서 가장 크고 화려한 아파트였다. 당시 프로야구 감독이 살던 아파트 단지이기도 했다. 너무나 당황스러운 제안이었지만 선택의 여지가 없으니, 그곳에 머무르기로 했다. 눈치 없는 처사였으나 더 이상 머뭇거릴 여유가 없었다. 인생 처음으로 진짜 부잣집 생활을 직접 목격했다.

그들 가족의 일원이 되어 밥을 같이 먹고, 잠을 자고 가끔 쉬는 시간도 함께 했다. 부자들은 냉정하고 이해관계가 명확할 것이라는 예상과 달리 친구 부모님은 무척이나 친절했고 나를 따뜻하게 대해 주셨다. 그분들은 부자들에 대한 평소 나의 선입견을 단번에 바로 잡아주셨다. 친구 부모님은 대화중에도 상대를 배려하는 모습이 역력했다. 자식들에게는 엄하셨지만 인자하셨다. 우리 집에서 매일 목격하던 전쟁 같았던 부부싸움도 그곳에서는 찾아볼 수 없었다. 이래서 부자들에게 '잘 산다는 표현을 하는구나!'하는 생각이 들었다. 단순히 물질적 풍요가 아니라 주위의 인정과 존경 그리고 부러움을 받는 그분들을 보면서 더욱 부자가 되어야겠다는 결심이 확고해졌다.

가난은 꿈마저 사치였다.

초중학교 시절, 선생님이 꿈이었다. 고등학교에 진학하면서 꿈은 군인으로 바뀌었다. 하지만 선생님이 되려면 사범대나 교육대에 진학해야 했고 군인이 되려면 사관학교나 일반대학에 진학해 학군단에 편입해야 가능한 일이었다. 가난한 학생에게는 꿈마저 사치였다.

나에게 대학은 이미 굳게 닫혀 있었다. 사관학교 신체검사에서 불합격한 나에게 대학은 영국의 굳게 닫힌 성문처럼 느껴졌다. 하지만 절대 열리지 않을 것처럼 굳건하던 성문을 나는 발악을 하며 빈대처럼 비집고 들어갔다. 절박한 마음은 앞뒤 가릴 겨를도 없이 부모님을 닦달하고 형님들에게 떼를 써 비록 전문대학이지만 졸업만 하면 취업도 잘 되고 곧바로 돈을 벌 수 있다는 소문에 빨려 들어갔다. 대학이라기보다는 군대에 가까운 해양대학에서 매일 기합 받고 **빠따**를 맞아야 마음 편히 잠들 수 있었지만, 반면 대학생이라는 신분이 너무나 행복했다.

서둘러 대학을 졸업하고 바다에 나가 가난을 떨쳐내는 것이 절대 사명이었다. 그토록 집요하게 우리와 인연을 맺었던 가난을 떨쳐내야 했다. 부모님 허리를 졸라매고 옥죄었던 가난을 확 풀어내야 했다. 중학교 진학마저 포기하고 사회에 나아가 힘들게 번 돈을 나에게 투자한 형님들에게도 보상해야 했다.

아버지는 가난에 발목 잡혀 육체적 노동에 시달리며, 자식들의 학비 부담에 짓눌려 죄인처럼 주눅 들어 사시다가 끝내 회갑을 넘기지 못하고 하늘나라로 떠나셨다. 아버지는 최선을 다해 노력했지만, 운이 따라주지 않았고 돈을 모으는데 특별한 재주도 없었다.

6.25전쟁 때 양다리에 입은 상처에도 불구하고 과한 농사일에 체력은 고갈되었고, 도전했던 일마다 성과를 내지 못하고 빚이 쌓여가자 답답한 마음에 종종 과음하셨다. 자식들은 커 가는데 남들 다 보내는 중학교마저 보내지 못한 죄책감은 더욱 심신을 지치게 했을 것이다. 50세가 되기도 전에 건강은 망가졌고 상당 기간 부실한 체력에 독한 알코올이 더해지자 60세를 넘기지 못하셨다.

1995년 초여름, 아버지가 위독하다는 소식을 듣고 부산에서 급히 광주 J 대학병원으로 달려갔다. 평소 술을 많이 드신 탓도 있지만 삶의 의욕을 잃은 아버지는 이미 기력이 쇠하셨다. 내가 병원에 도착했을 때 나를 알아보지 못할 만큼 심각한 상태였다. 응급실에 누워 계신 아버지의 손을 잡았으나 별 반응이 없으셨다. 우리 형제들은 난감한 상황에서 어떠한 대안도 찾지 못한 채 치료도 제대로 해드리지 못하고 아버지를 떠나보내야 했다.

병원에서 가망이 없다는 의사의 소견이 있었지만, 우리의 가정 형편이 좋았더라면 방법이 전혀 없지 않았다는 후문이 들렸다. 아무리 사람의 목숨이 먼저라지만 어느 병원 어느 의사라도 진료비 없이는 선뜻 나서지 않았다. 국가나 사회의 의료보장이 거의 없던 시절이었다. 건강을 지키기 위해, 생명을 지키기 위해서도 돈이 필요했다.

시골집에 가족들이 모여 아버지 염(殮)과 입관을 마쳤다. 나는 선택의 여지가 없는 세상이 원망스러워 주체할 수 없는 눈물을 흘리며 반드시 부자가 되기로 마음먹었다. 요즘도 병원에서는 응급조치 후 치료비가 많이 발생할 것 같으면 본격적인 치료를 시작하기 전에 가족이 이를 감당할 수 있는지부터 확인한다.

동정을 베풀지라도 현실은 냉정했다.

결혼 상대를 소개하면 부모들은 가장 먼저 양친의 생존 여부를 묻는다. 장수 집안인지를 확인하는 것이다. 여기서 장수 집안이란 8~90세까지 누리는 삶이 아니라 적어도 자식을 결혼시킬 때까지는 건강한 삶을 의미한다. 물론 이후에도 자식들과 함께 행복한 시간을 보낸다면 더욱 좋을 테다.

이는 일찍이 편부모가 되면 어떤 일들이 벌어지는지 주위에서 많이 봐왔기 때문이다. 질병이든 사고든 어느 한쪽이 일찍 떠나고 나면 남은 자식들을 키우느라 그만큼 고생할 게 뻔하고 행여 있을 가족력이 염려되었던 것이다. 또한 편부모하에서는 제대로 교육과 사랑을 받지 못했을 것이라는 선입견 때문에 '에미 없는 자식' 또는 '애비 없는 자식'이라 무시하기도 했다. 그러면 안 되는 일이지만 무엇보다도 신체적, 정신적 재산의 결핍을 염려한 현실적 인식에서 나온 사회현상들이었다.

하지만 질병은 이제 의학의 발달로 더 이상 심각한 문제가 되지 않는 세상이 되었다. 더구나 의료보험이나 개인보험 가입으로 설사 가족 중 누군가 중병에 걸린다고 하더라도 치료하는 과정에서 집안이 망하거나 재산이 거덜 나는 사례는 거의 없다. 그래서 이제는 신체적 재산에 관한 질문은 이제 후순위가 되거나 중요도가 극히 낮아졌다.

그다음으로 정신적 재산의 근간이 되는 아버지 직업을 묻는다. 아버지의 직업이 곧 집안 분위기와 가정교육의 척도가 되기 때문이다. 특히 의사, 판검사는 제쳐두고 교육자 집안이거나 공무원 직업을 가진 부모라면 당연히 자녀들에게 가정교육을 통해 훌륭한 인성을 증여했을 것이라고 믿었다.

마지막으로 물질적 재산을 따져 묻는다. 즉 가진 재산이나 사는 형편을 묻는다. 물론 자식의 인생 파트너가 될 사람의 직업을 묻는 것도 같은 맥락이다. 상대적으로 형편이 어려우면 어딜 감히 넘보나 하는 눈초리가 매서웠다. 가난한 자에게 동정을 베풀지 몰라도 현실은 냉정했다. 즉 물질적 재산의 정도를 파악하는 것인데 세속적이라 탓할지 모르겠으나 부모의 마음은 그런 것이었다. 가족력이 없는 건강한 신체적 재산, 사랑이 넘치는 화목한 가정 즉 건전한 정신적 재산 그리고 먹고 살 걱정 없는 물질적 재산을 두루 갖춘 집안의 자녀를 배우자로 선택해 주고 싶었던 것이다.

그저 사람만 좋으면 된다는 고정관념은 생각보다 오래가지 못한다. 자신이 건강하지 못하면 배우자가 가족 전체를 책임져야 하고 그에 수반되는 고통을 떠안아야 한다. 또한 사랑받지 못한 사람은 사랑에 인색할 수 있음에 염려가 되고 어려운 가정형편은 떠나지 않는 걱정과 적잖은 불편을 동반하기 때문에 그렇다.

취업할 때 신체적 재산과 정신적 재산에 대해서만 심사를 받는다면 결혼할 때는 신체적, 정신적 재산은 물론 물질적 재산과 경제 능력까지 발가벗겨지기에 인생 최대, 최고의 시험대에 오르게 된다. 무엇보다 가난은 둘만의 고통에 그치지 않고 자식에게 대물림된다는 염려까지 얹어지니 부담은 더욱 커지고 섣불리 결혼을 허락지 않는 것이다. 이때 젊은 사람들은 각자가 가진 재산이 든든한 배경이라는 것을 통렬히 깨닫게 된다. 그리고 그것들은 곧 능력을 의미한다. 그래서 결혼을 하기 위해서 이들 재산은 필요충분조건이었다.

유전무죄 무전유죄(有錢無罪 無錢有罪)

1988년 10월 8일, 영등포교도소에서 공주교도소로 이송되던 25명 중 12명이 교도관을 흉기로 위협해 탈주하여 서울 시내로 잠입한다. 그 속에는 지강헌이 포함돼 있었는데 사회보호법에 의한 보호감호 때문에 징역형을 마치고도 보호감호를 받아야 한다는 것과, 560만 원을 절도한 자신은 무려 17년을 살아야 하지만 70여억 원을 횡령한 전두환의 동생 전경환은 겨우 7년 선고에 그마저도 2년 만에 풀려난 사실에 불만을 품고 탈출했던 사건이다.

지강헌을 포함해 4명은 경찰의 검문을 피해 일주일 뒤 서대문구 북가좌동 어느 주택에 잠입해서 가족을 인질로 잡는다. 인질극은 TV로 생중계되었으며, 이를 시청하던 국민들에게 엄청난 충격을 주었다. 그때 그는 유전무죄 무전유죄를 외치며 돈 있고 권력 있는 자는 특혜를 받고, 돈 없고 뒷배경 없으면 중형을 받는 대한민국의 불평등한 현실에 분노를 표시했다. 뒤에 이 사건을 주제로 양윤호 감독이 『홀리데이』라는 영화를 만들어 상영되기도 했다.

그때 사건의 핵심 인물인 지강헌은 당시 사망했고 문제가 되었던 사회보호법은 몇 년 뒤 사라졌지만, 우리가 주목할 사항은 유전무죄 무전유죄는 아직도 건재하다는 사실이다. 단언컨대 대한민국이 사라지기 전에는 이런 행태는 사라지지 않을 것이다.

대한민국에서 인간답게 살아가려면 권력과 재산은 필수품이다. 권력을 갖지 못하면 재산이라도 있어야 한다. 취미생활이나 동호회 모임에 나가려면 부담할 회비라도 있어야 하고, 소송 문제에 휘말리면 변호사의 도움을 받을 계약금이라도 있어야 한다. 옥탑방이라도 얻을 돈이 있어야 도시에 둥지를 틀 수 있고 치료비가 있어야 병원에서 수술이 가능하다. 쉽지 않을지라도 별정직이나 말단 공무원은 고사하고 동장 또는 이장과 친해야 사는 게 좀 낫다.

계획이 없는 꿈은 단지 희망 사항일 뿐이다.

부산의 작은 회사에 취직했을 때 초량동 비탈진 곳, 반지하에 있는 방을 얻었다. 나 혼자 살기에는 크게 불편하지 않았다. 얼마 지나지 않아 지금의 아내를 만나 결혼했다. 당장 새집을 구할 수 없어 그곳에 신혼살림을 차렸다. 그동안 초가집, 식당방, 기숙사, 원룸 등 다양한 곳에서 생활해 본 경험이 있는 나에게는 신혼집으로 크게 불편하지 않다고 느꼈다.

다음 해에 아이가 생겼다. 아이는 피부가 약해 짓무르기 시작했다. 햇빛이 들지 않는 방, 곰팡이가 피는 곳에서 아이는 고통스러워했다. 이를 지켜보는 아비의 마음이 요동치기 시작했다. 며칠 뒤 주택은행에 달려가 양지바른 곳에 집을 구할 수 있는지 알아보았다. 회사에서 다소 먼 거리였지만 다대포에 분양 중인 대단위 소형 아파트 단지를 소개해 주었다.

당시 집값의 50%에 이르는 대출금을 받아 햇볕 잘 드는 집을 매입해 이사했다. 오래지 않아 아이의 피부는 씻은 듯 나았다. 아이에게 햇볕이 잘 들고 공기 좋은 집은 건강을 선사했다. 건강한 환경은 불필요한 병원비용을 줄이고 웃음을 안겨주었다. 그리고 가족의 건강은 곧 미래의 굳건한 재산이 될 것이었다.

사실 아파트를 구매하면서 스스로 놀라고 있었다. 아파트를 마련할 생각은 오래전부터 가지고 있었지만, 고가라 내 능력으로는 매입하기 힘든 재산이라고 생각했었다. 막상 은행을 찾아가 상담 후 예상과 달리 쉽게 내 집 마련이 이루어졌기 때문이다. 그때부터 내가 하고자 했던 일들에 대해 단지 상상에 그치지 않고 구체적인 계획을 세워 가능한 것부터 실행에 옮기게 되었다. 그리고 시간이 지날수록 점점 현실이 된다는 것을 실감했다. 곰곰이 생각해 보니 늘 생각만 했지 구체적인 계획은 수립하지 않았다. 부자가 되겠다고 마음먹었던 적이 많았지만, 그것은 막연히 이루어지길 기대하는 희망 사항에 불과했다. 하물며 3일짜리 패키지 여행도 정확한 일정이 만들어진다. 그런데 수개월 걸리는 자격증부터 수십 년이 필요한 인생 목표까지 아무런 계획이 없었다. 계획은 새로운 도전을 위한 것인 만큼 당연히 변수가 많고 예측하기 힘든 일이다. 그렇지만 가능한 일부터 계획을 세우고 도전하는 과정에 수정 보완하면 되는 것이었다. 어떤 희망 사항이라도 구체적인 실행계획을 세워야 실현가능한 꿈이 되고 계획을 실천에 옮겨야 꿈은 비로소 현실이 되었다.

과장대리 시절, 오전 8시면 사무실에 출근했다. 10시 반쯤 되면 사장은 사무실 문을 열고 들어온다. 임원을 불러 이것저것 점검하더니 10분이 채 되지 않아 업무점검이 끝난다. 곧이어 연배가 비슷한 후배들이 들어온다. 여직원이 커피를 제공하고 잠시 왁자지껄하더니 점심 식사하러 우르르 나간다. 나중에 알게 된 사실이지만 우리가 일 년에 한 번쯤 가볼까 말까 하는 일식집이나 소문난 맛집을 찾아 이동 거리와 시간을 따지지 않고 찾아다닌다고 했다. 한번은 추어탕을 먹으러 본거지인 남원까지 갔다 왔다는 말에 충격을 받았다.

차량은 고급 자가용을 소유하고 있었고 종종 여행을 가거나 출장을 빌미로 사무실을 비웠다. 사장이 어디를 갔는지 어떤 일에 바쁜지보다 사무실을 비우기 위해 아무런 절차가 필요치 않다는 것이 부러웠다. 사장이 하는 일이나 비용은 아무런 기안이나 결재 과정이 필요 없었고 어떠한 허가 절차도 없었다. 어쩌면 회사에는 두 개의 큰 도로가 있었다. 직원은 사규대로를 이용했고 사장은 제맘대로를 이용했다. 사규대로는 신호등이 많은 시내도로 였고 제맘대로는 뻥 뚫린 고속도로 였다.

급여는 당연히 가장 많았을 테고 접대비용을 명목으로 얼마든지 회사자금 사용이 가능할 것이었다. 그가 움직이는 모든 활동은 회사를 위한 일이었고 비용은 회사경비로 처리되었다. 무엇보다 정년이나 퇴직 대상이 아니었으며 건강하기만 하면 언제까지나 직위를 유지하며 필요할 때마다 휴식을 즐길 수 있는 자리였다. 가장 부러운 점은 재산이 많은 부자라는 것이다. 본인이 밝힌 것은 아니지만 대충 회사의 수익 현황을 알고 있었고 임원을 통해 가진 재산 정도를 흘려들었기 때문이다. 한번은 집에 직원들을 초대해 가 볼 기회가 있었는데 해변 근처 대형 아파트 단지 내에 가장 큰 평형의 아파트였다. 그때 그 사장이 젊어서 어떤 고생을 했는지, 부자가 되기 위해 어떤 노력을 했는지 알 수 없었지만, 당시 나의 눈에 비친 사장의 모습에 현혹되기에 충분했다. 될 수만 있다면 당장이라도 사장이 되고 싶었다.

그제야 나는 부자가 되고 싶은 이유를 파악하고 101가지 목표를 설정했다. 그리고 '꼭 이루어야 할 꿈 이야기'라는 제목을 붙였다. 늘 부자가 되어야겠다는 마음만 품고 있다가 드디어 부자가 되기 위한 첫발을 내딛는 순간이었다. 사람들은 흔히 꿈은 크게 가지라고 조언하는데 우리 어려서 대통령, 장군의 꿈을 가졌고 머지않아 꿈은 천덕꾸러기가 된 경험이 있다. 누구든 대기업가, 장군, 대통령 등의 꿈을 가질 수 있지만 그에 대한 실천 계획은 전무했고 계획을 수립했다고 하더라도 얼마나 무모한 일인지 오래지 않아 깨닫게 되었다. 이제야 선명하게 깨닫는 것이지만 우리 인생에서 대한민국 상위 1% 부자의 꿈도 매우 크다.

우리는 그저 부자가 되고 싶은 마음만 차고 넘칠 뿐 왜 부자가 되어야 하는지 구체적 이유를 찾는데 등한시했고 부자가 되는 길을 찾는 노력이 부족한 것이 일반적이었다. 지나고 보니 부자의 길은 주위에 널려 있었다. 다만 그 길을 인지하지 못하고 지나쳐 왔을 뿐이다. 그 길을 찾기 위해 가장 먼저 기본적인 돈(금융) 공부를 해야 하고 부자의 지혜를 탐구해야 했다. 부자와 친해지라고 하는 이유는 단순히 그와 친목을 가지라는 것이 아니다. 그가 사는 모습을 옆에서 지켜보며 부자가 되는 방법을 배우라는 의미다.

영국의 정치경제학자인 애덤 스미스(Adam Smith)는 도덕 감정론에서 사람들이 부자가 되려고 하는 가장 큰 이유가 과시라고 했다. 또한 미국의 사회학자인 소스타인 베블런(Thorstein Bunde Veblen)은 가격이 올라가면 수요가 준다는 고전 경제학을 뒤엎고 가격이 올라갈수록 잘 팔리는 상품이 있다고 주장했다. 즉 보석이나 귀중품 등이 그렇다는 것이다. 그 배경에는 과시욕이 자리하고 있다는 것이다. 우리나라의 경우 상대적 빈곤감이 강남 아파트값을 올린다고 한다. 결국 우리를 괴롭히는 것은 절대적인 빈곤이 아니라 상대적인 빈곤이다.

그러나 내가 만난 부자는 과시나 상대적 빈곤이 부자가 되려는 이유는 아니었다. 과거 가난했던 그들은 매 순간 삶의 불편함을 감수해야 했으며 차별과 무시를 당해야 했다. 그 과정에서 부자가 되어야겠다고 다짐한 이유는 자식들에게 배움의 기회를 마음껏 주고 싶었고 가난을 세습하고 싶지 않은 마음이 컸기 때문이었다고 한다. 가난이 주는 불편함을 자신은 감당할 수 있다지만 자녀들에게 넘겨주는 것은 결코 바람직하지 않은 일이라 여겼다. 따라서 우선 양육해야 할 자녀 수를 줄였으며 부자 만들기 위한 증여 전략은 갈수록 지능화되고 있다.

   부자가 되지 못한다면 어쩌면 평생 가난하게 살아야 할지 모른다. 부자 되기가 무척 힘들다고 생각하겠지만 가난하게 사는 것은 그보다 몇 배나 힘들다. 부자가 되는 데는 30년 동안 자신과의 싸움이지만 가난하면 평생을 빈곤과 사투를 벌여야 한다. 죽는 날까지 빈곤하게 살거나 빚의 고통에서 벗어나지 못할 수도 있고 인간으로서 의무를 다하지 못한 죄인으로 살아야 할지도 모른다. 가진 자의 등쌀과 무시를 평생 견뎌야만 할 테고 믿었던 가족들에게조차 버림받을지 모른다.

3장

부자의 자격

무릇 돈은 사람을 일으켜 세우지만, 망가뜨리거나 허물기도 한다. 건강을 지키는 것은 활기찬 혈액순환이고 생활을 지탱하는 것은 원활한 금융 순환이다. 혈액순환이 원활하지 않으면 건강을 잃듯 금융 순환이 잘되지 않으면 삶이 피폐해진다.

가을이면 열매를 가득 맺은 옆집 밤, 감나무를 보며 부러워했을 뿐 초봄이면 우리 집 마당에 과실나무를 심을 생각은 하지 못했다. 친구의 새로 산 운동화를 부러운 눈으로 쳐다봤을 뿐 그가 방과 후 토끼를 키워 얻은 돈으로 샀다는 것을 전혀 눈치 채지 못했다. 스스로 돈을 벌어 해결하겠다는 생각은 하지 못했고 그저 부잣집 자식이기를 바라는 마음뿐이었다.

부자를 막연히 부러워하지는 말자. 부자는 부자인 이유가 있을 것이다. 또한 단지 재산이 많기에 잘 산다거나 행복할 거라는 생각은 더더욱 하지 말자. 만약 부자면서 행복하게 잘 산다면 그만한 노력과 희생도 있었으리라. 특히 부잣집 자식을 부러워하지 말자. 그들은 부잣집 자식이지 부자가 아니다. 그들과 우리도 부자가 될 기회는 똑같이 있으며 행복의 기회마저 똑같다. 단지 현재 가진 재산이 부족하다고 해서 불행하거나 부자 될 기회가 사라지는 것이 아니다. 혹여 가진 재산이 부족해서 불행하다고 생각한다면 스스로 불행의 틀에 갇힌 것뿐이다. 그러니 부러워하지만 말고 부자가 되기 위한 조건과 자격부터 갖추자. 부자는 하루아침에 이루어지지 않으며 노력 없이 만들어지지 않는다. 즉 부자는 선천적으로 태어나는 것이 아니라 후천적으로 만들어지는 것이다. 그래서 누구나 부자가 될 기회는 있는 것이다.

그대 가난한 사람인가?

대한민국 상위 1%를 사회 통념상 부자라고 규정한다면 그럼 가난한 사람은 어떻게 규정할 것인가? 대한민국 최하위 1%가 가난한 사람인가? 아니면 상위 1%를 제외하고 다들 가난한 사람인가? 중국 알리바바 그룹의 창시자인 마윈(馬雲) 회장은 '35살이 될 때까지 가난하다면 그건 네 탓이다'라며 젊은이들에게 일침을 놓았다. 35세 이후에도 가난하거나 인생에서 별다른 성과를 내지 못한다면 오롯이 자기 자신의 책임이라는 것이다. 그러면서 사람들은 인생의 기회에 대해 근시안적으로 접근하고 기회를 소홀히 취급하며 기회를 알아채도 행동으로 옮기지 못한다고 꼬집었다. 그는 부자를 꿈꾸는 젊은 세대에게 포기하는 게 가장 큰 실패라며 절대 포기하지 말라고 주문한다. 그러면서 어려움이나 슬픔, 실망에 직면했을 때 자신의 역량이 어느 정도인지 확인할 수 있다고 했다.

그는 가난한 사람을 싫어하는데 그 이유는 세상에서 가장 같이 일하기 힘든 사람들이라고 했다. 그들은 자유를 주면 함정이라 얘기하고, 작은 비즈니스를 얘기하면 돈을 별로 못 번다고 얘기하고, 큰 비즈니스를 얘기하면 돈이 없다고 하고, 새로운 것을 시도하자고 하면 경험이 없다고 하고, 전통적인 비즈니스라고 하면 어렵다고 하고, 새로운 비즈니스 모델이라고 하면 다단계라고 하고, 상점을 같이 운영하자고 하면 자유가 없다고 하고, 새로운 사업을 시작하자고 하면 전문가가 없다고 변명만 늘어놓는다고 했다.

그들에게 공통점이 있는데 구글이나 포털에 질문하기를 좋아하고, 희망이 없는 친구들에게 의견 듣는 것을 좋아하고, 자신들은 대학교 교수보다 더 많은 생각을 하지만 장님보다 더 적은 일을 한다고 단언했다. 그는 심장이 빨리 뛰는 대신 행동을 더 빨리하고, 그것에 대해서 생각해 보는 대신 무언가를 그냥 하라고 한다. 그러면서 가난한 사람들은 공통적인 한 가지 행동 때문에 실패한다고 했다. 그들의 인생은 기다리다가 끝이 난다는 것이다.

그는 누구보다도 가난한 사람을 정확히 꿰뚫고 있었다. 그의 말에 누가 가난한 사람인가에 대한 정확한 답이 들어 있다. 부자가 되기를 희망한다면 위와 같이 자신이 가난한 사람의 특성을 얼마나 가졌는지 우선 따져볼 일이다.

실패는 반드시 원인이 있다. 원인을 파악해 해결하는 사람은 다음 기회를 살려낼 것이고 원인 파악이 되지 않는 경우 실패를 반복하게 될 것이다. 안타깝게도 어떤 사람들은 실패의 원인을 운에서 찾거나 주위를 탓하는 사람들이 있다. 살다 보면 실패는 불가피하다. 어쩌면 우리가 부자가 되지 못한 이유는 과도한 실패비용 때문인지도 모른다. 같은 실수를 반복함으로써 실패비용의 누적으로 인해 부자가 될 기회를 잃게 되는 것이다. 사실 부자 되는 법은 간단하다. 돈을 벌고 이를 지키고 불리면 된다. 너무나 당연한 말에 비웃을지 모르지만 얼마나 많은 실패비용이 있었는지 자신을 뒤돌아보라. 그동안 빌려주고 못 받은 돈, 과도한 음주와 흡연으로 허비한 돈, 남아서 버려진 음식비용, 구매 후 사용하지 않는 운동기구, 보이스피싱이나 다단계 등 사기 피해 비용, 제때 내지 않아 추가로 낸 가산세, 보증으로 날린 돈, 되돌려 받지 못한 전세자금이나 월세, 중복으로 가입한 보험료, 사고나 과실로 인한 배상금 등 그것도 평생 동안 얼마나 많은 시행착오가 반복되었는가?

우리는 자신의 과오를 서둘러 지워버리거나 잊고 싶어 한다. 하지만 혹시라도 자신의 실수에 패배감과 자격지심을 갖고 있다면 세상 누구든 실수한다는 것을 상기할 필요가 있다. 앞으로도 실수와 실패는 경험하게 될 테지만 이를 반복하지 않으려면 서둘러 숨기거나 잊으려는 노력보다 어떻게 개선하느냐가 필요하다. 즉 그러한 실수를 기억하고 되풀이하지 않을 때 약이 된다. 약이 쓰다고 뱉어버리면 아무런 효과를 볼 수 없다. 쓴 약을 참고 삼킬 때 비로소 효과가 나타날 것이다.

우리에게 실패비용이 없었다면 작게는 주식 투자금을 마련할 수 있거나 크게는 내 집 마련의 기회를 갖게 됐을지도 모를 일이다. 거기에 지금까지 발생했을 투자수익을 고려하면 지금보다 꽤 많은 사람들이 사회 통념상 부자가 됐을 것이다. 이쯤 되니 부자는 '티끌 모아 태산'이라는 말에 딱 들어맞는다. 우리가 젊었을 때 작은 것을 무시하다가 부모 나이가 되고서야 작은 것 하나라도 아끼려고 노력한다. 부모들은 살면서 '티끌 모아 태산'이라는 것을 누누이 체험하며 깨달았기 때문이며 자식들은 아직 체험하지 못했거나 깨닫지 못했기 때문일 것이다. 비록 아직 체험하지 못했거나 깨닫지 못했다고 하더라도 가장 유사하게 닮을 부모님의 삶을 지켜보면서 부자의 길을 터득한다면 그만큼 부자 될 가능성이 커진다. 결국 부자가 되는 문제는 순전히 자신에게 달린 문제다. 그리고 문제의 해결책은 항상 자신에게 있다.

많은 경우 친구나 지인들에게 돈을 빌려주고 못 받은 금액 또한 꽤나 큰 금액에 이를 것이다. 안타까운 점은 빌려준 돈뿐만 아니라 사람마저 잃게 된다는 것을 체험해 보고야 깨닫는다. 꼭 찍어 맛을 보고서야 똥인지 된장인지 알아내는 우매한 자신이 부끄러울 때도 있다. 또한 내가 인지하지 못하고 좋은 기회를 놓쳤을 것으로 추측된 경우가 몇 있다. 과음하고 난 뒤 부적절한 행동으로 인해서 신규 계약이나 사업연대 기회를 놓쳤다고 생각되는 사례도 있다.

돈만 있으면 만사 행복할 것만 같은 생각도 가난한 생각임을 깨달았다. 돈만 있으면 다 될 것 같은 착각에 빠진 사람들은 돈을 벌기 위해 수단과 방법을 가리지 않게 되고 결국 축록자불견산(逐鹿者不見山) 확금자불견인(攫金者不見人)의 우를 범할 가능성이 크다. 또한 가진 재산이 적다는 이유만으로 행복한 방법을 찾지 못하고 스스로 불행하다는 생각에 사로잡혀 있을 가능성이 높다. 그리고 주위 사람들과 어울려 잘 사는 기회마저 놓칠 가능성이 크다. 돈으로 세상 모든 일을 해결할 수 있다고 생각하는 사람도 마찬가지다. **어떤 사람들은 명품을 사려고 돈을 모을지 모르지만, 명품을 많이 가졌다고 부자가 되지는 않는다. 부자는 부자가 되고 난 이후 자기 보상으로 명품을 구매하지만 어떤 사람들은 과시를 위해 명품부터 구매했다. 부자들은 상대가 명품이 없다는 이유로 무시하지 않는다. 상대의 손에 든 명품부터 따지는 사람은 진정한 부자가 아니었다.**

부자가 되고자 한다면 부자가 될 조건과 자격부터 갖추어야 한다. 부는 마치 손님과 같아서 들어올 때 반갑게 맞아주고 편안하게 대해야 오래 머무른다. 우선 손님의 취향을 파악해야 그가 편하게 지낼 수 있도록 배려해 주고 안전하게 보호해 줄 수 있다. 그렇게 손님이 오래 머무르면 동거인이 되고 마침내 가족이 될 것이다. 우리가 아직 부자가 되지 못했다면 부자라는 손님을 맞을 준비가 돼 있지 않기 때문일 것이다.

금융 공부는 성벽을 쌓는 일이다.

부자가 되려면 무엇보다 경제와 금융 지식을 갖추어야 한다는 것이 경제전문가들의 첫 번째 조언이다. 즉 자본주의를 이해하고 돈의 흐름을 파악하는 능력을 갖추어야 한다고 말한다. 또한 재산의 수집 능력과 유지능력 더불어 관리능력도 갖추어야 한다고 강조한다. 그렇다면 과연 어떤 경제와 금융 지식을 배우고 익혀야 하며 돈의 흐름을 어떻게 파악할 것인가? 또한 물질적 재산을 어떻게 불리고 어떻게 계속해서 유지할 것인가?

우리는 경제에 호기심을 갖기 시작하면서 경제학 원론이나 자본주의 기초지식부터 공부한다. 점차 금융 관련 지식 그리고 주식투자에도 관심 갖고 서점에서 돈에 대한 베스트셀러를 구해 읽기 시작한다. 최근에는 돈에 대한 직접적인 언급으로 부자 되는 방법을 나열한 책들이 많다. 사실 경제학이나 금융 지식은 일반인들에게 까다로운 용어와 복잡한 이론들이 얽혀 독학으로 이해하기는 어렵다. 다행인 것은 이를 풀어쓴 경제학 서적이나 금융기법을 소개한 책들을 쉽게 찾을 수 있다. 다만 이들은 우리가 쉬이 넘볼 수 없는 부자(억만장자)들을 샘플로 소개했다는 것이 여전히 아쉬움으로 남는다.

또한 SNS를 통해 다양한 금융 지식이나 세무 상식이 소개되고 있다. 그럼에도 여전히 자신에게 딱 맞는 지식과 정보를 얻기에는 적잖은 시간과 노력이 필요하다. 그래서 금융이나 세무 전문가와 친하게 지낼 필요가 있다. 우선 관련 책자나 SNS를 통해 기초적인 금융과 세무 지식을 공부한 다음 이들에게 질의해야 보다 쉽게 자신의 궁금한 점이나 문제를 파악하고 해결책을 얻을 수 있을 것이다. 공부에는 왕도가 없다. 마찬가지로 경제와 금융 지식도 꾸준히 평생 동안 배우고 익혀야 한다.

경제와 금융에 대한 지식은 많으면 많을수록 좋고 자본주의와 돈의 흐름은 체험할수록 도움이 된다. 하지만 현실적으로 경제를 제대로 이해하는데 어려움이 많고 현실 체험은 한계가 있다. 그러니 보통은 경제 흐름을 파악하고 금융 프레임을 이해할 수 있으면 충분하다. 또한 경제와 금융에 대한 지식이 높다고 해서, 현실 체험을 많이 했다고 해서 반드시 부의 축적에 비례한다고 볼 수는 없다. 기본적인 경제 흐름을 이해할 수 있도록 부자들의 금융과 세무 상식은 4장과 5장에서 정리하였다.

'부자 삼대 못 간다.'는 말이 있다. 그만큼 부자 지위를 유지하기가 어렵다는 의미다. 하지만 부자를 유지하는 기술이 점점 발달해 부자가 더욱 부자가 되는 양상이 뚜렷해졌다. 부자들은 더욱 큰 부자가 되는 방법을 연구하면서 부자의 삶을 누리다가 이를 자식들에게 가르치고 전수하고 있다. 특히나 어떤 사람들은 금융기법이 우리보다 앞선 서구 선진국에 나가 이를 배우고 익혀 재산관리 능력이 탁월해졌다.

우리의 아버지 세대는 전략적 사고 없이 그냥 열심히만 하면 부자가 되는 줄 알았다. 다행히도 돈이 모이면 자식들 공부에 최우선으로 투자했고 남는 것이 있을 때 부동산에 투자했다. 결국 어렵게 번 돈을 자식 공부에 대부분 투자하면서 부를 늘리는 데는 투자 여유가 없었다. 대여섯 명에 이르는 자식들을 먹여 살리고 공부시키느라 바빴다. 그저 자식이 잘된 것만으로 다행이라 여겼다.

한편 가난을 면치 못한 사람들은 운이 없어서 그랬다고 위안을 삼았다. 자식이 학교에서 우수한 성적을 거두지 못하고 원하던 일류대학에 진학하지 못해도 참으로 착하고 열심히 했는데 운이 없는 것으로 치부했다. 공부하는 방법을 달리하거나 공부보다는 다른 재능이 있는지 찾아볼 생각은 하지 못했다. 원인을 찾아 해결하지 않고는 늘 위험에 노출될 수밖에 없다.

우리가 금융 지식을 장착하는 이유는 부자가 되기 위해서라기보다는 우선 금융위험에 노출되지 않기 위함이다. 마치 물놀이하면서 라이프재킷(구명동의)을 입는 것은 수면 위를 걷기 위함이 아니고 수면 아래로 가라앉지 않기 위함이듯 금융 지식은 현재 재정 상태를 유지하기 위해 반드시 필요한 라이프재킷이다. 다음으로 현재의 자산을 불려 갈 수 있는 능력을 기르기 위함이다. 즉 소득을 늘리고 축적된 재산의 유지와 투자 능력을 기르기 위함이며 현명한 수입과 지출을 하기 위함이다.

우리가 살아오면서 흔히 하는 실수들은 잘 몰라서였다. 그러나 법을 몰라서 법을 어겼으니 봐달라는 것이나 문제를 예상치 못했으니 계약을 무효화 하자는 말은 통하지 않는 세상이다. **학교 교육은 사회생활을 가능하게 하고 금융교육은 사회생존을 가능하게 한다.** 자본주의 사회에서 생존하려면 반드시 금융 공부는 필요충분조건이 돼버렸다.

돈은 돌고 돈다. 유행도 매번 바뀐다. 그럼에도 우리가 유행에 뒤처지거나 돈을 벌지 못하는 근본적인 이유가 있을 것이다. 어쩌면 할아버지 때부터 가난을 물려받았고 아버지를 거쳐 우리도 습관처럼 가난을 후손에게 증여하려 하는지도 모른다. 오랫동안 가난에 젖어있다 보니 익숙한 옷이 돼 버렸고 이를 벗어던지려 하지 않는 타성에 젖어버렸는지도 모른다. 가난을 물리치기 위해서는 우선 원인을 파악해야 하고 그 원인을 제거하는 방법을 알아야 하는데 그러자니 금융에 대한 이해가 필요한 것이었다. 마치 적의 침입을 막기 위해 성벽을 쌓듯 금융 공부는 가난을 막고 가진 재산을 지키는 성벽인 셈이다.

필요충분조건 - 전략적 사고

전략적 사고의 사전적 의미는 특정한 목적을 달성하는데 필요한 방법, 기술, 책략 따위에 대한 생각이나 계획을 말한다. 특정한 목적 즉 부자가 되기 위해 필요한 방법이나 기술에 대한 생각이나 계획이 전략적 사고다.

우리는 돈에 있어서 종종 되돌이표에 갇혀 산다. 돈을 모았다면 꼭 쓸 일이 생긴다. 목돈을 모았다 싶으면 결혼자금으로 몽땅 써야 하고 또 모았다 싶은데 차량이나 집을 구매하고, 열심히 모았다가 자식 교육비용으로, 장기 적금 만기가 도래하니 자식 결혼, 이제부터 모아 노후 준비하려니 은퇴나이다. 이마저도 먼저 빌려 쓰고 나중에 이를 갚아나가는 경우라면 빚꾸러기 인생이다. 즉 빚내서 결혼하고 이를 갚아나가고, 빚내서 집 사고 평생 갚아나가고, 빚내서 자식 결혼자금 지원하는 삶은 그야말로 평생 채무 인생이다. 결국 열심히 산 인생의 말년에 노후 파산이라는 복병이 버젓이 기다리고 있다. 이는 전략적 사고에 의한 계획과 준비가 없었기 때문이다. 부모나 선배들의 인생을 통해 목돈이 필요한 길목을 충분히 예상할 수 있었음에도 불구하고 적절히 대비할 생각을 못했다.

사람들은 누구나 부자를 꿈꾼다. 또한 자식도 돈 걱정하지 않는 부자가 되기를 바란다. 하지만 현실은 그렇지 못한 경우가 대부분이다. 비가 오기만을 기다렸지 둑을 막을 생각은 하지 못했다. 아니 둑을 막을 방도를 찾지 못했다. 자신이 모르니 자식들에게도 가르쳐주지 못한다.

요즘 대학에 특강을 가면 과거와 달리 주식투자를 하고 있거나 주택청약통장을 가진 학생이 상당수 있다. 자신이 금융 공부를 하고 난 뒤 시작한 경우보다는 부모의 가이드에 따라 이뤄진 경우가 대부분이다. 부자를 위한 부모들의 노력이 시작된 것이다. 그런 학생들은 선행학습으로 부모들의 증여 전략에 따라 부자 지위에 한 걸음 더 다가서 있었다.

※ 눈에 넣어도 안 아플 딸이 초등학교에 입학하자 아버지는 20년 뒤에 시집갈 자금을 마련하기로 했다. 고심 끝에 미성년 자녀에게 증여세가 붙지 않은 2천만 원을 증여하고 딸 명의로 유망한 주식에 묻어두었다. 20여 년이 지나 딸이 결혼한다고 했을 때 초기 투자 금액의 열 배로 불어나 있었다고 한다.

※ K군의 아버지는 서산에서 땅 부자로 알려져 있었다. 선대로부터 물려받은 땅이 있었지만, 아버지는 돈이 모이면 곧바로 땅을 늘려나갔다고 한다. 대외적으로 피도 눈물도 없는 사람이라는 소문이 돌 정도였고 재산에 있어서는 자식에게도 냉철했다. 자식들은 그런 아버지에게 순종하며 언젠가는 땅을 물려받기를 희망하고 있었다. 그러나 누구에게 얼마만큼 물려줄지 아버지의 의중을 알 수 없었다.

막내아들이었던 K군은 군대에서 사병 월급을 모으고 모아 제대하는 날 우시장에 들러 송아지 한 마리를 사서 끌고 집에 들어갔다. 그리고 자신은 대형 목장을 일구겠노라 아버지에게 포부를 말씀드렸다. 아버지는 별다른 말도 없이 막내아들에게 넓은 땅을 떼어줬다고 한다.

※ 시골에 살면서 전답이 없던 친구 아버지는 겨울에 이웃집 휴경 논지를 무상 임차하여 보리를 심었다. 겨울철이면 대부분 논을 비워두었기 때문에 가능했다. 다음 해 5월이면 많은 양의 보리를 수확해 상당한 자금을 마련할 수 있었다. 쌀보다는 가격이 낮

지만, 수확량이 많아서 적잖은 돈을 확보할 수 있었다. 그 돈은 오롯이 전답을 구입하는데 사용했다. 몇 해를 그렇게 반복했고 어느덧 수천 평의 경작지를 확보했다. 세월이 흘러 경작지 가격은 수십 배 상승했다.

※ 부산의 김 사장은 협력업체 일을 하다가 울산의 산업단지에서 석유화학단지가 늘어남을 보고서 석유화학제품운반선을 한 척 도입한다. 그는 울산 공장의 출하 담당을 소개받아 그에게 매달렸으나 이제 갓 선박을 도입한 신생 회사에 쉬이 화물 운송을 맡겨줄 리 만무했다. 김사장은 매일 아침 일찍 울산 공장 앞에 나가 출하 담당자가 출근할 때 꾸벅 인사했다. 그렇게 한 달이 지나고 두 달째 접어들자 변함없이 출근길에 서 있는 김사장을 보고 출하 담당자는 그를 믿고 맡겨도 되겠다는 결심이 섰다고 한다.

호의에 길들어지면 도전을 멈춘다

야생 동물이 길들어지면 가축이나 애완동물이 되고 인간이 길들어지면 도전 의식이 점차 퇴화 된다. 길들어진다는 것은 주기적으로 제공되는 것에 안주하거나 만족한 상태를 뜻한다. 타인에 의해 길들어지는 순간 스스로 본성을 포기하거나 자존심을 버리고 주어진 현실에 안주해 버린다. 야생 동물이 야성을 잃지 않으려면 인간의 손길에 길들어지면 안 된다. 인간도 도전 의식을 잃지 않으려면 타인의 도움이나 사회복지에 길들어지면 안 된다.

아프리카의 누는 푸른 초원을 찾아가기 위해서는 유속이 빠른 강물에 거침없이 뛰어들어야 한다. 강물은 목숨을 앗아갈 수도 있고 악어를 숨기고 있을지도 모른다. 또한 어린 새는 때가 됐다고 판단되면 날기 위해 높은 둥지에서 과감히 뛰어내린다. 어린 새가 날기 위해서는 수백 번 날갯짓을 한 뒤 날아오를 테지만 자칫 잘못하면 떨어져 죽을 수도 있다. 사자가 사냥에 성공할 확률은 20% 미만이라고 한다. 그래도 사자는 생명을 유지하며 살아간다. 더욱 많은 먹잇감을 얻으려면 도전을 늘리면 될 것이다. 즉 도전하면 할수록 성공 확률이 같은 20%라 하더라도 더욱 많은 고기를 얻을 것이다.

경영학의 석학 피터 드러커(Peter Ferdinand Drucker)교수의 성공 비결 중 하나는 새로운 것에 끊임없이 도전했기 때문이라고 한다. 그는 3년에 한 번씩 새로운 분야에 도전하는 것을 삶의 모토로 삼았다. 또한 현대그룹의 창업자 정주영 회장도 도전의 아이콘이 되었다. 그의 "이봐 해봤어?"라는 말은 전설적인 어록으로 전해지고 있다. 1972년 당시, 세계 최대의 조선소를 짓겠다는 그의 계획에 다들 미쳤다는 반응이었는데 그때마다 정회장은 입버릇처럼 '이봐 해봤어?'라고 소리쳤다. 또한 정주영 회장은 '무슨 일이든 할 수 있다고 생각하는 사람은 해내는 법이다. 의심하면 의심하는 만큼밖에는 못 하고, 할 수 없다고 생각하면 할 수 없는 것이다'라며 도전정신을 강조했다고 한다.

해양대학을 졸업하고 가난을 물리치기 위해 거친 바다에 나갔다. 그러나 첫 승선부터 퇴선 사고와 세 번째 선박에서 좌초 사고를 경험하자 계획보다 이른 하선을 결정했다. 사고의 충격이 크기도 했지만 바다가 두려워 다시는 바다와 관련된 일을 하고 싶지 않았다. 그래서 공무원 시험공부와 몇 곳 회사에 입사서류를 제출했지만, 번번이 실패하고서 쫓기듯 부산으로 되돌아가 선원관리회사에 취직했다. 하지만 선원관리 업무에 쉬이 정을 붙이지 못하고 세 번의 이직 끝에 경영 컨설팅업에 도전했다. 1997년 서른한 살의 나이로 컨설팅회사를 설립한 것이다. 그것이 돈이 되리라는 생각보다도 오직 내 사업을 해야 한다는 생각뿐이었다. 그리고 무엇보다 초기 투자 자본 없이도 할 수 있는 사업을 선택했던 것이다. 그러나 2년 뒤 대부분 선박회사들이 안전경영시스템 인증심사에 통과하면서 수요는 급감했고 다른 일거리를 찾아야 했다.

컨설팅을 제공했던 곳이 대부분 해운 관련 회사인지라 그들의 협조를 얻어 선박 안전관리업에 뛰어들었다. 시작은 미미했으나 불씨를 살려 점차 안전관리, 선박관리, 선박검사 등 사업영역을 확대해 나갔다. 그리고 오래지 않아 선주의 꿈을 갖게 되었다. 선박을 매입할 여건은 많이 부족했지만 선주의 꿈을 실현해 보기로 결심했다. 그로부터 불과 3년 후 바라는 대로 선주가 될 기회가 찾아왔다.

당시 내가 LPG 선박을 선택한 데는 몇 가지 이유가 있었다. 우선 LPG 선박은 벌크선이나 석유화학제품운반선과 달리 희소가치가 있었고 가스 운송 사업은 이동장벽이 꽤 높은 분야였다. 둘째는 모든 산업의 필수적인 에너지 즉 액화가스를 운송한다는 점이다. 셋째 위험도가 높은 탱커선이지만, 그만큼 안전 규정이 강화돼 충분한 안전설비를 갖추고 있다는 점, 넷째 다른 선종에 비해 상대적으로 선원 노동의 강도가 낮다는 점 마지막으로 석유화학제품운반선이 통상 25년을 운항할 수 있는 반면, LPG선은 30년(경우에 따라 35년) 장기간 사용이 가능하다는 점이었다.

처음 컨설팅업을 하겠다고 했을 때부터 매번 새로운 일에 도전할 때마다 주위에서 만류가 있었다. 하지만 나는 3~4년을 주기로 안전관리, 선원 관리, 선박 관리, 운항, 영업, 선박회사 등 새로운 업무에 도전했다. 새로운 업무에 도전할 수밖에 없는 여건이었지만 도전했기에 살아남을 수 있었다.

※ P 선배는 해양대학을 졸업하고 외항선에서 8년 동안 승선 근무 후 외국적 선박회사 사무실에서 근무하게 되었다. 머지않아 싱가포르 지사 근무를 발령받고 그곳에서 3년을 일하면서 느낀 점은 자신의 영어 실력이 부족하다는 것이었다. 나름 영어 실력이 출중하다고 생각했는데 외국인들과 소통에 여전히 어려움을 느꼈던 것이다. 그는 30대 중반에 과감히 사표를 제출하고 영국으로 어학연수를 떠났다. 국제적인 업무를 하려면 막힘없는 어학 실력이 필수라고 생각한 나머지 미래를 위해 과감한 결단을 내린 것이었다.

영국에서 2년의 어학연수를 마치고 돌아와 선박 및 화물중개업을 시작했는데 영국에서 맺은 인맥과 유창한 영어 실력을 기반으로 큰돈을 벌 수 있었다. 또한 건물과 다수의 오피스텔, 주식에 투자하여 고수익을 창출했다. 그는 자신의 모교에 장학금과 발전기금을 기부하는 등 사회적 역할도 적극적이었다.

　정부 정책을 추진하기 위해서는 사전에 충분한 설명과 홍보를 해야 하고 기업도 생산한 제품을 팔기 위해 광고를 한다. 그러자면 비용이 발생한다. 개인도 마찬가지다. 사람들 앞에 자랑을 했다면 마음이 뿌듯할 테고 상대의 부러움을 샀으니 이에 대한 비용을 지불해야 한다. 특히나 상대가 박수를 보내거나 진정으로 축하하는 수고에 대한 비용이기도 하다. 또한 상대가 나를 칭찬했을 때, 그가 대가를 바라고 칭찬을 한 것은 아니지만 겸손한 마음으로 답례한다면 앞으로도 더욱더 잘되기를 바라게 될 것이다. 그럴 경우 우주의 기운이 발동하게 될 것이다. **우주의 기운이란 어떤 일을 할 때 신묘하게 주변 여건이 딱딱 맞아떨어지며 잘 풀리는 상황을 묘사하는 말이다. 아무런 근거 없이 우주의 기운이 오지 않는다.**
　반면 자랑만 하고 아무런 비용을 지불하지 않으면 시기 질투심을 받게 되고 이런 상황이 반복되면 점차 주위 사람들의 반감을 사게 되며, 심하면 악감정을 품게 되고 오히려 잘못되기를 기원하게 된다. 본의 아니게 마음의 적을 만드는 셈이 된다. 마음의 적은 이해관계가 없지만 적의를 품게 되는 경우다. 흔히 '주는 것 없이 미운 사람'이라고 표현한다. 그런 입장이 되면 주위에서 그가 잘되기를 바라지도 않겠지만 누군가 그와 그의 가족에 대해 질문했을 때 좋은 말을 해주지 않을 것이며 어딘가에 추천해야 할 경우라면 망설이거나 거절할지도 모른다. 결국 우주의 기운이 돌아서고 그는 영문도 모른 채 불이익을 당하게 될 수도 있다.

※ K대 최고 경영자 과정에서 만난 S 회장은 원우들의 모임이 있을 때마다 즐거운 마음으로 밥값을 치른다. 그는 주위 사람들에게 밥을 사면 자신은 복을 받는다는 생각에서다. 주위 사람들은 그를 종종 칭찬했으며 그가 베푼 식사에 진정 감사하는 마음을 표현하였다. 그리고 사람들은 그가 앞으로도 승승장구하기를 진심으로 기원했다.

※ K 기관장이 선박에서 연료유를 수급받는 과정에서 금품을 수수한 부정행위가 발각되자 윤사장은 그를 해고하는 선에서 사건을 마무리 지었다. 그로부터 두어 달 뒤, 선원관리업을 하는 후배가 K 기관장의 입사 면접을 마친 뒤, 윤사장에게 K 기관장의 해고 사유를 물었다. 윤사장은 사실대로 말해주었고 K 기관장은 아무런 영문도 모른 채, 불합격 통보를 받아야 했다.

부자에게는 특별한 뭔가가 있다

『리더에게는 특별한 뭔가가 있다』는 PHP 연구소 대표이사 에구치 가쓰히코가 쓴 책의 제목이다. 저자는 리더에게는 다음과 같은 특징이 있다고 한다. '리더는 꿈을 심어주고 진심으로 칭찬한다. 열정을 높이 평가하는가 하면 타고난 재능을 끌어낸다. 경청을 하고 믿고 일을 맡긴다. 차별하지 않으며 능력을 구별할 줄 안다.

자기보다 뛰어난 인재를 키우고 꾸짖은 뒤는 다독거린다. 먼저 행동하고 정보를 투명하게 공개한다. 얼굴을 보고 말하고 지시할 때는 이유를 설명한다. 감사하는 마음을 갖고 긍정적으로 생각한다.'
사실 알고 보면 아주 특별한 것도 아닌 듯한데 막상 실천하려고 하면 특별하게 느껴진다.

마찬가지로 부자에게도 특별한 뭔가가 있다. 자기만의 절약 방법이라든지 자기만의 소비에 대한 특별한 원칙이라든지 신체적, 정신적 그리고 물질적 재산에 대한 마음의 중심을 잡을 자기 기준이 있다. 그것이 다소 고전적이거나 촌스럽다거나 또는 우스꽝스러울지라도 분명 부자의 기틀을 형성하는데 중요 역할을 했다. 예를 들면 지인과는 절대 돈거래를 하지 않는다든지, 목표한 이익이 발생해야 외식을 한다든지, 옷은 이월상품만을 구매한다든지 참으로 특별한 듯 특별하지 않는 습관이 있다.

선박이 항해를 함에 있어 갖추어야 할 능력을 감항성이라고 한다. 이는 선박이 기관(機關)·조타장치(操舵裝置)·배수설비(排水設備) 등을 적정하게 갖추어 통상의 위험을 견디고, 안전한 항해를 할 수 있는 선박의 물적 능력(物的 能力)을 말한다. 이와 같이 선박이 바다에 나가기 위해 필요한 것이 감항성이라면 인생을 살아가는데 갖추어야 할 능력을 감생성(堪生性)이라 부르기로 했다. 즉 평생을 살아가는데 필요한 건강, 정신, 물질적인 재산을 갖추어 인생의 보편적인 생활을 영위함과 동시에 닥쳐올 시련과 고통을 감당할 수 있는 능력을 말한다. 즉 인생이라는 바다에서 안전하게 항해하기 위해서는 기본적인 조건과 더불어 상해, 질병, 사고, 결핍 등 인생 고유의 위험을 견디고 극복할 수 있는 능력을 갖추어야 한다. 더불어 부자가 되려면 경제와 금융에 대한 남다른 능력과 특별한 부자 습관을 길러야만 한다.

이때 남다른 능력이란 인내력이나 지구력을 포함해서 잘 웃는다든지, 어려운 일을 맡아도 화를 내지 않는다든지, 친화력을 바탕으로 영업력이 뛰어나든지 하는 것들이다. 이렇듯 특별한 부자 습관은 일을 하는 동안은 절대 술을 먹지 않는다든지, 위험한 작업에는 반드시 안전 장비를 갖추었는지 확인 후 작업하는 습관 등 특별한 듯 특별하지 않은 습관을 말한다. 그런데 놀랍게도 특별할 것 없는 이러한 습관을 가진 사람에게 주위 사람들은 호감을 갖고 믿고 따르게 되며 그와 친하게 지내고 싶어 한다. 결정적으로 이러한 습관들은 부지불식간에 재산을 쌓을 기회뿐만 아니라 가진 재산을 잃지 않는 기회가 되고 있다. 부자 습관과 가난 습관에 대해 자세한 사항은 6장에서 살펴보도록 하겠다.

※ 대기업에서 임원으로 근무하던 시절, K 부사장은 술자리 기회가 많았고 실제로 많은 술을 마셨다. 그렇지만 15년 동안 매일 새벽이면 회사에 나가 헬스로 건강을 지켰다. 저 위치에 가면 누구나 그렇게 할 수 있을 것 같지만, 결코 쉽지 않은 일이다.

※ 최근까지 농협 계열사 대표를 지내고 은퇴한 지인은 나이가 70인데도 불구하고 책을 놓지 않는다. 외국어 공부도 하고 역사,

지리 공부도 한다. 서울 근교를 함께 여행할 때면 역사 해설가 버금가는 설명으로 우리를 놀라게 한다. 점점 퇴화하는 기억력을 유지하기 위해 많은 노력을 하고 있었다.

이익을 얻기 위해 어떤 일이나 사업에 자본, 시간을 쏟는 행위를 투자라고 한다. 반면 생산적인 활동 없이 기회를 틈타 큰 이익을 노리는 행위는 투기라고 한다. 경제가 광범위해지고 다양해지는 현시대에는 투자와 투기를 명확히 구분 짓기는 힘들다. 전문가들마저 투자와 투기는 한집 식구라고 말한다. 그러므로 스스로 투자와 투기의 명확한 기준을 설정해 두고 자신을 위험에 빠뜨리는 우를 범하지 말아야 한다. 단적인 예로 한 끼 식사를 구걸하는 사람이 복권을 사는 행위는 투기다. 급여생활자가 가끔 복권을 산다면 투자다. 그러나 급여생활자라도 매주 상당량 복권을 사는 행위는 가난 습관이다(6장 가난 습관 참조). 재벌이 복권을 사면 아마도 재미 삼아 하는 심심풀이 땅콩쯤으로 여길 테다.

주식에 투자할 때는 적어도 주식에 대한 기본지식을 가지고 투자할 기업에 대한 정보를 분석하고 자신의 투자 여력을 고려하여 매입한다면 투자라고 하겠고, 주식에 대한 별다른 지식과 정보도 없이 주위 사람이 많은 이익을 얻었다고 하니 막무가내로 따라 하거나 빚을 내서 들어가는 것은 투기다. 투자는 결과에 대해 일희일비하지 않을 것이며 잃을 확률보다 얻을 확률이 높다. 만약 잃는다 하더라도 자신의 경제 여건에 위험한 영향을 미치지 않을 것이며 투자에 대한 정보 즉 학습효과를 얻게 될 것이다. 투기는 기대가 큰 만큼 결과에 대해 마음의 심한 변화가 예상되며 잃을 확률이 얻을 확률보다 높다. 만약 잃는다면 상당한 경제적 타격을 입을 것이며 심리적 타격도 크게 받을 가능성이 높다. 반대로 막대한 이익을 얻는다 해도 거대한 홍수는 많은 것을 쓸어가듯 이를 감당치 못할 수도 있다. 투자를 권장하고 투기를 말리는 이유다.

인생은 단거리 경기가 아니라 장거리 경기다. 일주일마다 신기루처럼 사라지는 돈벼락의 환상이나, 망아지처럼 널뛰는 주식시장에서 흥분하는 사람보다는 장기간 자리 지키는 채권이나 부동산을 선호하는 사람들이 부자에 가까웠다. 무엇보다도 땀의 의미와 노동의 진심을 아는 사람들이 모은 재산을 아끼고 관리하는데 열의가 있었다.

계란은 스스로 부화하지 못한다. 부화하기 전까지는 스스로 성장하거나 변화하지 못한다. 병아리가 돼야 여기저기 먹이를 찾아 돌아다니며 성장하여 어미 닭으로 자란다. 그러니 병아리로 부화할 때까지는 24시간 품어 안고 지키는 수밖에 없다.

돈도 마찬가지다. 큰돈을 만들려면 어떻게든 시드머니부터 만들어야 한다. 그때까지는 참고 감내해야 한다. 정말 지독하다는 말을 들을 각오를 해야 한다. 전략이 따로 없다. 샐 곳을 단단히 틀어막아야 한다. 의식주를 제외하고는 차량, 외식, 문화 등 비계획적인 소비를 비롯하여 분실, 범칙금 등 부주의로 인한 지출, 이자, 신용카드 사용에 따른 금융상각비(자연 감소분) 등 발생 원인을 차단

해야 한다. 또한 주위 사람들의 어떠한 놀림이나 비웃음도 감수할 각오가 돼 있어야 한다.

시드머니가 만들어지고 보다 큰 재산을 만들기 위해서는 여기에 관리기능을 탑재해야 한다. **돈은 어디에 저장하느냐에 따라 변화의 정도가 다르다. 지갑에 들면 언제든지 나갈 준비가 돼 있다. 집 금고에 갇히면 겨울잠을 자게 되고 은행 금고에 갇히면 극히 제한된 활동을 하는가 하면 증권시장이나 사채시장에 나가면 마구 쏘다닌다.** 주인의 결정에 따라 성실한 하인이 될지 아니면 활동비를 요구하는 말썽꾸러기가 될지 판가름 난다.

설산을 오르는데 필요한 가이드

고산을 오르기 위해서는 사전에 철저한 준비가 필요하다. 필요한 물품과 의복을 준비하고 베이스캠프에 도착하면 셰르파가 그들을 안내한다. 전문 산악인들마저 현지 가이드의 도움이 필요하다. 부자라는 설산에 오르기 위해서도 마찬가지다. 시드머니를 만드는 데는 오롯이 자신의 몫이다. 그 후 더 높은 곳에 오르려면 전문가의 도움을 받아야 한다. 자신이 전문가를 자청하고 혼자서 고산을 오르는 일은 매우 위험한 일이다.

다만 전문가의 조언이 항상 맞거나 변하지 않는 진리는 아니라는 점이다. 전문가는 체계화된 지식을 가지고 외부에 드러난 현상을 직간접 경험에서 관찰하고 문제를 빨리 해결할 수 있는 사람을 말한다. 그래서 그들의 전문성을 인정하여 상황에 걸맞은 조언을 구하고 그들에게 수수료를 지불한다. 그러나 전문가가 뛰어난 수행 능력을 보이는 경우는 그 문제가 전문가의 지식 구조와 행동 특성에 부합할 경우이다. 즉 자신이 가진 지식과 경험으로 충분히 예측이 가능한 상황에서 전문가는 뛰어난 능력을 발휘한다. 그러나 예상치 못한 환경이 전개되거나 기존의 지식으로 판단이 불가하면 전문성은 소용이 없으며, 여러 가지 변수에 의한 오류는 언제든 발생할 수 있고, 아무리 전문가라 하더라도 예측 불가한 미래의 돌발 변수를 파악해 내기는 어려운 일이다.

스탠퍼드 대학의 파멜라 힌즈(Pamela J. Hinds) 교수는 이를 전문가의 저주(The curse of expertise, 1999)라고 했다. 그녀의 연구에 따르면 작업성과를 예측하는 실험에 있어서 전문가 집단은 지식이 일천한 신참자보다 못한 예측 결과를 보였고, 과업의 완료 시간을 추정할 때 정확도가 가장 떨어졌으며, 새로운 대안을 생각하는 일에도 저항하는 태도를 보였다. 특이한 일은 중간 정도의 지식을 가지고 있는 일반인이 가장 정확한 예측을 했다고 한다.

역시 부자들은 이러한 상황을 정확히 인지하고 있었다. 전문가의 전문성을 인정하되 그의 해결책이나 예측이 타당하다고 판단되면 적극 받아들이지만 그렇지 않다고 생각되면 참고만 할 뿐이다. 즉 부자는 전문가의 예측이나 조언의 타당성을 판단할 능력을 가지고 있었으며 어떤 이는 전문가에 버금가는 지식과 정보를 가지고 있었다. 부자는 전문가의 정보에 귀 기울이지만 그의 말에 따르는 데는 신중했다. 물론 전면적으로 따르지 않아 놓친 이익도 있었지만 한편 이익이 다소 낮더라도 보다 안전한 쪽을 선택했다. 결론적으로 현명한 부자는 전문가의 의견을 경청하고 존경했으며 자신의 의사결정에 반영했지만, 온전히 자신의 판단하에 의사결정을 하였고 그 결과에 대해서도 책임을 통감했다.

부자들이 금융 공부를 특별히 많이 했다거나 남들보다 금융 지식이 월등히 높다는 증거는 없다. 또한 남달리 금융정보가 많아서 부자가 됐다는 증거도 없다. 하지만 부자들은 금융 공부를 게을리 하지 않는다. 또한 자신의 금융 지식의 부족함을 깨달았을 때 전문가의 조언을 구하는데 주저하지 않는다. 금융전문가의 지식과 경험을 자주 빌리다 보니 전문가를 이용하는데 전문가가 돼 있었다. 즉 부자들은 금융전문가의 지식 레버리지를 이용할 줄 아는 전문가이다.

부자가 되기 위해 갖추어야 할 자격

부자가 되고 싶다면 사회 통념상 부자든 자신이 희망하는 부자든 목적지를 정확히 설정해야 하고 그러한 부자가 되겠다는 의지가 있어야 한다. 목표와 방향을 정하지 못하면 구체적인 계획을 수립할 수 없고 그에 걸맞은 실천도 하지 못할 테니 그곳에 이르기는 불가능하다. 부자가 되겠다는 의지만으로 부자가 되는 것은 아니지만 의지가 없는 사람은 부자 될 기회조차 갖지 못할 것이다. 절대자인 신도 부자가 되겠다는 의지나 목표가 없는 사람을 부자로 만들지는 못한다. 부자가 되겠다는 목표와 의지를 가지고 부자가 갖추어야 하는 조건을 갖추면서 한 계단 한 계단 올라서는 사람에게 동정심이 발동하고 격려를 하게 될 것이다. 내 경험상 신은 뭔가 실제적인 부탁의 기도는 받아주시지 않는다. 시험합격이나 복권 당첨 기도는 특히 무시하신다. 신도 부담되는 부탁은 싫어하신다. 다만 노력하고 도전하는데 자신감과 용기를 잃지 않도록 기도하는 마음은 받아주신다.

매일 밤 복권에 당첨되게 해 달라고 신에게 기도한 사람이 있었다. 매번 복권 당첨을 기도하는 그가 답답해서 어느 날 꿈에 신이 나타나 그의 뒤통수를 치며 '복권부터 사라'고 소리쳤다는 우스갯소리가 있다. 부자를 갈망하는 마음만으로는 아무것도 달라질 게 없다.

부자가 되기 위해서는 다음의 자격이 필요하다는 결론을 얻었다.

첫째, 건강, 긍정마인드 그리고 지혜를 가져야 한다. 부자가 되기 위해서는 신체적, 정신적 조건을 두루 갖추어야 부자의 지위에 이르러서도 이를 관리하고 유지하는 능력을 갖게 된다.

둘째, 금융 지식을 갖추어야 한다. 금융의 주체가 금융기관에서 개인으로 전환된 시대이므로 자신의 자산관리를 위해서는 금융에 대한 기초지식이 필요하다. 자산관리에 대한 정보해석은 물론 전문가의 조언도 이해할 수 있어야 최종적으로 합리적인 의사결정이 가능하다.

셋째, 전략적 사고가 필요하다. 무조건 열심히 일한다고 부자가 되는 것은 아니었다. 일은 교환의 수단으로 이루어지는데 교환할 가치가 무엇인가에 따라 수익은 크게 달라진다. 단순 노동 제공보다는 기술, 정보, 유명세 그리고 명예 등 자신의 몸값을 높이기 위해 노력해야 하고, 보다 이익이 많은 일이나 사업을 선택해야 하며 수익이 높은 곳에 투자해야 한다.

넷째, 도전 의식이 강해야 한다. 누구나 부자가 될 수 있으나 아무나 되지는 않는다. 즉 꿈은 마음속에 누구나 가질 수 있으나 그에 걸맞은 도전은 아무나 하지 않기 때문이다. 부자는 목표를 정하고 끊임없이 나아갈 방향을 찾고 그쪽으로 움직이도록 단련되어 있었다.

다섯째, 가난 습관은 줄이고 부자 습관을 늘려야 한다. 한국 부자와 미국 부자의 공통점은 근검절약 정신을 가진 평균나이 60대 초반이라는 점을 미루어 보면 대부분 동감할 것이다. 20대 사회생활을 시작해 30여 년을 근검절약 정신으로 재산을 모으고 건실한 투자를 통해 재산을 불리는 과정을 거쳐 마침내 부자가 된 것이다.

우리는 자라면서 자연스럽게 부자 습관과 가난 습관을 함께 가지게 되는데 이러한 습관들이 부자를 만드는 결정적인 역할을 한다. 가난 습관이 수십 년 반복되면 유출된 재산은 생각보다 훨씬 클 것이다. 단지 가난 습관을 줄이는 것만으로도 부자가 될 사람은 많았다.

여섯째, 자신만의 특별한 노하우를 개발해야 한다. 가난한 사람들은 공통된 몇 가지 습관 때문에 가난하지만, 부자는 각각의 특별한 부자 습관을 가지고 있었다. 즉 가난을 물리치고 부자가 된 자신만의 특별한 노하우를 가지고 있었다. 같은 기간, 같은 종목에 투자를 해도 이익은 천차만별이었으며 결국 부자의 자리는 소수만 차지하였다.

일곱째, 전문가를 다룰 줄 아는 전문가가 되어야 한다. 금융공부를 한다지만 한계가 있고 전문가를 뛰어넘기는 어렵다. 전문가의 의견을 존중할 줄 알며 어떻게 받아들이고 어떤 판단을 해야 할지도 중요하다. 부는 전문가의 정보나 지식의 산유물이 아니라 그것을 이용할 줄 아는 지혜의 결과다.

부자에게 관심 가져야 할 것들

처음부터 부자로 태어난 사람은 없다. 태어나면서부터 부자로 낙점 받은 사람도 없다. 아무리 경제 호황기라도, 많은 사람들이 투자에 뛰어들어도 부자의 기회는 극히 일부 사람들에게만 돌아갔다. 미국의 투자자인 워렛 버핏(Warren Edward Buffett)도 마찬가지다. 당시 많은 투자자가 있었지만 워렛 버핏이 최상위 자리에 앉았다. 그리고 그가 억만장자가 된 것에 세상 사람들은 무척이나 열광하며 관심을 갖는다. 부자가 되고 난 뒤 과거 어떤 투자와 사업을 했는지에 관심이 쏟아진다. 즉 사람들은 누군가 부자가 된 후에야 관심을 갖는다는 것이다. 그러니 시대별로 사람별로 부자가 되는 길은 각기 다른데 그리고 이미 지나왔는데 뒤늦게야 그가 부자가 된 길을 답습하려고 한다. 그러나 이미 늦었다. 그와 똑같이 해서는 이제 통하지 않는다. 즉 부자는 만들어지는 것이지 태어난 것이 아니다. 만들어진다는 것은 어느 시대 어떤 상황을 막론하고 전략적 사고와 도전 의식 등 기본적인 자격에 더하여 자신만의 특별한 부자 노하우를 가지고 부자 습관을 실천해야 미래에 부자가 된다는 뜻이다.

특히 자기 목표를 종이에 쓴 뒤 잘 보이는 곳에 게시하여 두고 매일 100번씩 100일을 써보라는 성공인도 있었고 꿈을 무조건 크게 가지라는 사람도 있다. 하지만 그렇게 한다고 모두 성공하지는 못한다. 물론 똑같이 실행하기도 쉽지 않겠지만 실행한다 해도 목표를 달성한다는 보장이 없다. 그 사람의 의도는 이해한다. 반복해 적으면서 뇌리에 각인이 되면 의지가 강해지고 도전 의식이 일어 그쪽으로 점차 실행하는 자신을 발견할 수 있을 것이며 어느 정도 결과는 나오겠지만 문제는 그것만으로는 성공의 핵심 요인에 근접하지 못한다는 것이 문제다.

각인(의지) - 도전 - 실행을 반복하다 보면 성공할 가능성은 있겠지만 성공인과 환경이 다르고 능력과 의지 그리고 열정이 다를 텐데 그와 같은 결과가 나온다는 보장은 어렵다. 분명 성공한 사람들은 핵심 성공 요인이 따로 있다. 개인적인 능력과 주위 환경 그리고 절박함이 다르거나 전략적 사고의 차이, 도전과 부자 습관에 더하여 뜻하지 않은 행운이 따랐을 수도 있다. 따라서 **우리가 관심 가져야 할 것은 그가 부자가 된 결과가 아니라 그의 열정이나 지혜 그리고 도전 의식이다.** 어머니는 어머니 친구 아들이 공부를 잘해서 S대에 합격했다는 소식을 긴 한숨과 함께 말씀하신다. 하지만 어머니 친구가 어떤 교육환경을 조성했는지, 친구 아들이 어떤 마인드로 공부했는지 전혀 눈치채지 못했다.

부자를 공부하는 이유

부자의 재산은 오래전부터 축적된 재산이다. 일순간 고인 물이 아니다. 통계상으로 보면 대략 30년 동안 신체적으로 건강하고 긍정적인 정신자세로 근면 성실하게 일하고 절약하며 건실한 투자로 형성된 것이다. 어느 날, 50대 후반인 친구가 건강검진에서 고혈압과 고지혈증, 당뇨가 발견됐다며 충격을 받았다지만 이는 50여 년 동안 그만의 특별한 생활 습관에서 축적된 결과물이다. 재산도 그와 마찬가지다.

다시 말하지만, 부자의 과거 방법을 그대로 따라 한다고 하더라도 반드시 성공한다는 보장은 없다. 그들만의 신념, 절약, 도전, 노하우, 전략적 사고 – 즉 비법이 있다. 우리는 그들이 성공 비결을 말해준다면서 나는 이렇게 했다는 방법만을 설파하는데 먼저 그의 주위환경과 역량, 전략적 사고 그리고 도전방식부터 살펴봐야 한다.

대표적으로 어머니 음식이 그렇다. 어머니는 어떻게 맛있는 음식을 만드는지 물으면 이것저것 넣고 버무리면 된다든지, 기껏해야 아끼지 말고 양념을 듬뿍 넣으라고 하신다. 하지만 엄마의 말씀처럼 따라 해도 그 맛을 내기가 힘들다. 우리는 이를 엄마의 손맛이라고 하지만 사실은 비법이 있다. 엄마만의 황금비율이 그것이고 양념을 만드는 비법으로는 고추만 하더라도 빨간 고추 또는 파란 고추를 넣을 건가, 일반고추 또는 청양고추 아니면 고춧가루를 넣을 건가, 풋고추를 갈아서 넣을 건가, 갈 때 믹서나 절구통을 이용하는지에 따라 맛은 달라진다. 장의 경우도 집에서 만든 간장 또는 양조간장 아니면 이를 얼마의 비율로 섞을 것인가 등등 다양하다. 마늘도 썰어서 넣을 건지, 빻아서 넣을 건지, 통마늘을 사용할 건지에 따라 맛은 달라진다.

우리가 부자를 공부하는 이유는 단순히 어떤 부자의 과거를 알고자 하는 것이 아니라 미래에 부자가 될 자신만의 노하우를 개발해 내기 위한 것이다. 지금의 부자 연구는 현재 부자에 대한 연구이고 미래의 부자는 현재 진행 중이거나 아직 밝혀지지 않은 남다른 노하우와 부자 습관이 부자를 만들어 낼 때 조명을 받을 것이다. 그러니 부자가 되려고 한다면 온고지신(溫故知新), 현재의 부자를 통해서 스스로 부자가 되기 위한 자신만의 노하우와 특별한 부자 습관을 찾아야만 한다.

중국 춘추전국시대 전략가 손무(孫武)는 이겨놓고 싸우라고 했다. 먼저 부자가 될 조건을 만들어 놓고 도전하면 그 가능성은 훨씬 커질 것이다. 또한 지피지기 백전불태(知彼知己 百戰不殆)라고 했다. 자신을 알고 부자를 알면 부자가 되는 과정에서 결코 위태롭지 않을 것이다.

**부자들이 특별한 DNA를 갖고 태어난다는 증거는 없다. 재벌은 하늘이 내린다지만 이 또한 근거 있는 말은 아니다. 또한 거대한 경제이론을 독파하거나 어려운 경제 용어를 이해하거나 복잡한 금융시스템을 꿰뚫어야만 부자가 되는 것은 아니었다. 부자는 누구나 알 수 있는 경제와 금융 상식만으로 독자적인 부자의 길을 파악하여 전략적 사고를 가지고 그 길을 따라 자신만의 부자 습관을 늘려가며 쉼 없이 걸어가고 있었다. 부자의 조건을 조사하고 이해하는 데는 많은 시간이 걸렸지만, 생각보다 훨씬 간단했다.

4장
부자의 금융 상식

부자에게 돈은 손님이지만, 어떤 사람들에게 돈은 도둑이
손님은 미리 약속을 정하고 선물을 가지고 오지만,
도둑은 소리 소문 없이 왔다가 고가의 물건을 들고 사라지기 때문이다.
손님은 기쁜 마음으로 맞을 수 있지만, 도둑은 두려운 대상일 뿐이다.
그런데 중요한 점은 손님이냐, 도둑이냐는 집주인이 결정한다.

우리는 돈(금융)에 대해 얼마나 알고 있을까?

부모님과 함께 생활하니까 부모님에 대해 잘 알 것처럼 착각하지만 어느 날 부모님의 비밀을 알게 된 순간 모르는 사실이 더 많다는 자책을 하게 되듯 돈도 마찬가지다. 우리가 매일 품고 사는 그래서 너무나도 잘(?) 알고 있는 돈의 정체는 어디까지 일까?

예금과 대출을 맡고 있는 은행, 투자금을 모으는 펀드, 필요한 자금을 차입하는 채권, 자산을 쪼개 사고 파는 주식, 부동산과 보석, 원자재 즉 실물자산의 매매 등에 반드시 필요한 돈은 각각의 포인트마다 필요한 절차와 특별한 용어를 사용한다. 돈은 누구든 가리지 않지만, 그러한 절차와 용어를 이해하지 못하면 따돌렸고 상대해 주지도 않는다.

사람들이 돈을 찾기 위해 열광할수록 그가 거주하는 곳은 점점 다양해졌다. 작은 지갑에서부터 봉투, 골프 가방, 사과 박스, 철제 금고, 은행 금고에 들어가 살거나 어떤 경우는 마늘밭에 숨어 지내기도 했다. 그마저 불편하면 바이러스처럼 통장, 카드에 들어가 숫자로 대신한다. 돈은 각각의 이름표를 달고 다니며 표정이나 얼굴빛도 다르다. 심지어 실체가 없는 것들도 생겨났다. 정확한 이름을 불러야 응답했고 코드가 맞아야 따라나섰다. 처음에는 물건을 교환할 때 끼여들더니 보이지 않는 것을 사고 팔 때도 그리고 부탁할 때도 먼저 나선다. 다양한 사업에 관여할 때면 역할과 직책이 부여되었고 그에 걸맞는 예우를 해야만 돈은 움직였다. 그를 알아봐 주지 않거나 극진히 예우하지 않으면 어느 순간 사라지고 없었다.

돈과 평생을 함께 하면서 제법 그를 안다고 생각했는데 예상치 못한 곳에서 뒤통수를 맞았다. 돈을 모아 은행에 맡겼더니 컵에 물을 담아 놓고 시간이 지나면 수위가 점점 낮아지듯 자연 증발이 생겼다. 첫째 이자율보다 물가상승률이 높아 생긴 현상이다. 둘째는 실물가격은 상승하고 돈의 가치는 하락하는 인플레이션 현상 때문이다. 마지막으로 환율이 변동하기 때문이다. 미화, 엔화에 비해 환율이 떨어지면 그만큼 사라져 버렸다. 여러 곳에서 조금씩 자기 자산이 하락하고 있는데 이를 인지하지 못하고 있고 그에 대한 대안도 없다. 자연 증발만큼 투자 이익을 만들어야 현상 유지할 수 있을 텐데, 남들보다 더 많은 수익을 내야 부자가 될 텐데 열심히 일만 한다고 해서 해결될 일은 아니다.

어느 날, 대출이 있는 아파트 가격이 급락하자 은행에서 연락이 왔다. 아파트로는 담보 능력이 부족하다고 담보 능력을 보완하라는 요청이었다. 살면서 꼭 필요한 보험이라고 해서 여기저기 가입했는데 막상 보상받을 때는 중복보험이라서 손해 범위에 한 해 비율적으로 보상한다고 했다. 분명 사두면 돈이 된다고 해서 달러와 금에 꾸준히 투자했는데 어느 순간 투기꾼이 돼 있었다. 돈은 마치 다가서면 그만큼 멀어지고 잡으려면 저만치 달아나는 단단히 마음 상한 반려동물 같았다.

해양대학에 진학한 이유는 가정형편이 어려웠기 때문이었다. 학비와 군 면제, 피복 지급, 기숙사 무료 등 파격적인 조건이었다. 그런데 가입교를 하자마자 군대처럼 엄격하고 규칙적인 생활을 강요하더니 어기면 가차 없이 빠따를 치고 기합을 주었다. 이런 곳이 대학이라니! 당황스러웠지만 참았다. 다음날 어떤 학생들은 가방을 챙겨 떠나버렸다. 아무도 말리거나 잡는 이가 없었다.

선배들은 전혀 개의치 않고 후배들을 더욱 열심히 지도(?)했다. 갈수록 심해지는 선배들의 지도에 나도 그곳을 벗어나고 싶은 마음이 굴뚝같았지만, 선택의 여지가 없었다. 그러던 어느 날 이곳을 졸업하고 해기사가 되어 바다에 나가면 돈을 많이 벌 수 있다는 소문을 들었다. 그때부터 어떠한 구타와 기합도 이겨낼 수 있었다. 별로 아프지 않았다. 아니 아무리 아파도 참을 수 있었다. 세상은 공짜가 없음을 처음으로 실감했다.

그렇게 해양대학을 졸업하고 바다에 나갔으나 바다는 나를 쉬이 받아주지 않았다. 승선만 하면 머지않아 통장에 돈이 쌓이고 곧바로 어렵던 경제 문제가 해결될 줄 알았다. 통장에 돈은 쌓였지만, 결코 기대했던 만큼은 아니었다. 불행하게도 첫 번째 선박에서 퇴선 사고를 경험했고 세 번째 선박에서도 좌초 사고를 겪었다. 그 외 작은 사고도 수차례 경험하면서 심한 불안감을 느꼈다. 더 이상 바다에서 버틸 수 없었다. 아마도 신은 순탄하게 배를 타고 돈을 모아 가난을 벗어날 기회를 허락지 않은 모양이다. 그때 인생은 정답이 없다는 것을 깨달았다. 수학 공식처럼 차례차례 풀리는 삶은 존재하지 않았다.

군 특례기간을 마치자마자 서둘러 하선했다. 그때까지도 우리 집에 눌러앉은 가난은 좀체 떠날 기미가 보이지 않았다. 두 형님은 오래전부터 서울에 가 일을 했고 부모님도 평생 열심히 일했지만,

가난을 물리치는 데는 속수무책이었다. 가난은 단지 열심히 일을 한다고 해결되는 문제가 아니었다. 당시 우리의 노력에도 변하지 않는 현실을 원망만 했을 뿐 가난의 원인을 찾아 해결할 생각은 하지 못했다. 뒤늦게 대학원에서 경영과 금융 공부를 하고 난 뒤에야 **우리가 가난을 해결하지 못한 원인은 금융 지식의 부족과 전략적 사고의 부재임을 깨달았다. 그리고 더 근본적인 원인은 기본적인 경제와 금융 교육 기회조차 갖지 못했다는 것이었다.**

부모님은 평생 죽기 살기로 일하셨지만, 돈이 되는 일을 찾지 못했고 그저 숙명처럼 주어진 현실에 순응하며 사셨다. 겨울에 빈 논을 빌려 보리를 재배해 시드머니를 만들 생각도, 농한기에 도시에 나가 일할 방법도 찾지 못하셨다. 하선 후 첫째 형님이 하시는 목공 일을 도운 적이 있었다. 형님은 그때까지 20여 년을 목공업에 종사했지만, 모은 재산이 거의 없었다. 급기야 회의감, 그리고 고된 육체노동에도 변하지 않는 삶에 대한 실의와 타성에 젖어있었다.

무엇이 문제였을까? 형님은 목재를 구입하면서 꼬박꼬박 현금을 지불했고 노동 인력을 부리면 곧바로 인건비를 지급했다. 하지만 제품을 납품하고 받아야 할 결제 대금은 외상이 일반화돼 있었고 그마저 시간 지나면 유야무야 되는 분위기였다. 더구나 계약서나 차용증서 등 구체적인 증거가 없었다. 심지어 수년 동안 받지 못한 결제 대금도 있다고 했다. 참다못해 내가 그들을 찾아 나섰다. 어린 동생이 찾아가자, 그들도 난감했는지 조만간 갚겠다고 약속했다. 그러고도 두세 달 뒤에 3개월짜리 어음을 발행해 주었다. 몇몇은 끝내 공사대금을 주지 않고 잠적해 버렸다.

형님은 받을 돈은 악착같이 먼저 받고 줄 돈은 나중에 천천히 줘야 하는 센스마저 갖고 있지 않았다. 자금 사정이 여의치 않아 다음 공사를 시작하는데 많은 지장을 초래했고 다른 곳에 투자하거나 이자 수입의 기회마저 놓치고 있었다. 아버지와 형님은 근면 성실하게 일을 하면서도 재산을 모을 기회를 놓치고 있었고 무엇이 원인인지 그리고 그 해결책이 무엇인지 찾으려 하지도 않았다. 어쩌면 알면서도 습관처럼 지나치고 있었는지 모른다. 더구나 허리가 휘는 노력에도 변치 않는 현실을 비관하며 자책만 할 뿐 자식이나 동생들에게 동일한 시행착오를 겪지 않도록 필요한 조언마저 해주지 못했다.

2008년 미국 서브프라임모기지(비우량 주택담보대출) 부실로 글로벌 금융 위기가 터졌을 때 앨런 그린스펀 전 미국 연방준비제도(Fed) 의장은 '문맹은 생활을 불편하게 하지만 금융 문맹은 생존을 불가능하게 만든다.'고 말한 바 있다. **우리가 공부를 하는 이유 중 하나는 아는 것을 이용해 다른 사람들 위에 군림하기 위해서가 아니다. 다른 사람들에게 헛된 군림을 당하지 않기 위해서다.**

사람답게 살려면 사람 공부부터 해야 한다. 사람과 어울려 사는 데는 사람들이 정한 규범이 있다. 규범을 어겼을 때 우리는 열외 되고 심하면 제재나 격리당할 수 있다. 이성 친구를 사귀려면 이성 친구를 알아야 한다. 여자든 남자든 관심을 갖지 않으면 상대에 대해 제대로 아는 것이 별로 없다. 모르고 접근하면 거절당하기 쉽다. 돈도 마찬가지다. 부자가 되려면 돈(금융) 공부부터 해야 한다. 돈을 알아야 돈과 친해질 수 있다.

금융 공부를 많이 하면 부자가 된다거나 돈을 많이 벌 수 있다는 얘기가 아니다. 금융 공부를 함으로써 많은 돈을 벌고 부자가 될 수도 있겠지만 그보다 먼저 금융 지식이 부족하면 당할 수 있는 사기 피해를 예방하는 차원이다. 더구나 금융소득 기회를 놓칠 가능성이 높다. 예를 들면 보이스피싱이나 폰지 사기를 당하거나 자신에게 불리한 계약을 할 수 있다. 또한 금융 혜택을 주겠다고 설명해도 모르면 그냥 지나치게 될 테다. 즉 하루만 넣어도 적금 이자에 해당하는 이자를 지급하는 통장 즉 파킹통장이나 다양한 마일리지와 포인트 그리고 인센티브 적립과 사용을 놓치게 될 것이다. 또한 정부에서 지원하는 전세자금 대출을 비롯하여 세액공제 혜택이 큰 연금저축펀드, ISA(개인종합관리자산)계좌 등 다양한 혜택을 누리지 못할 수도 있다.

예전처럼 느긋하게 있다가는 점점 자신의 금융자산이 뒷걸음질 치게 된다. 대표적으로 이자 수익률보다 물가상승률이 더 높기 때문이다. 자신의 신용이 좋아졌다면 은행을 찾아가 대출 이자율을 조정해야 하고, 보다 수익성 있는 금융상품이나 절세형 보험 상품에 가입해야 한다. 단순히 예적금만 하는 재테크보다 주식, 채권, 부동산 등에 투자를 하는 것이 물가상승률을 따라잡는 시대가 되었다. 다른 한편으로 금융정보에 손 놓고 있다가는 전혀 예상치 못한 시행착오를 경험할 수도 있다. 고수익의 유혹에 주식형 투자 상품에 가입했다가 적자를 보기도 하고, 덮어놓고 은행원의 말을 믿고 파생결합증권(DLS)에 투자했다가 원금도 회수하지 못한 경우도 있기 때문이다. 모르면 바로 눈앞에서도 코 베어가는 세상은 여전히 계속되고 있다.

미래에 현재보다 가난해지거나 경제적 파탄에 이르지 않기 위해서도 기본적인 금융 지식을 갖추어야 하는 시대다. 금융 지식 없이 경제활동에 참여하는 것은 준비운동 없이 물에 뛰어드는 것과 같다. 즉 금융 지식을 제대로 알지 못하면 불이익을 당하기 쉽고 이익을 얻을 기회를 놓칠 수도 있다. **금융기관에 돈을 맡겨만 놔도 불어나는 저축 시대와 달리 투자의 시대에는 금융의 주체가 금융기관에서 개개인에게 이전되었기 때문이다.** 즉 자신이 금융과 경제 상황을 판단해 스스로 금융자산을 관리하고 책임져야 하는 시대이기 때문에 금융 공부는 필수사항이 된 것이다.

빚의 사전적 의미는 꾸어 쓴 돈이나 외상값 따위를 말하고 부채는 남에게 갚아야 할 재화나 용역 그리고 레버리지는 개인이나 기업이 타인의 자본을 지렛대처럼 이용하여 자기자본 이익률을 높이는 것을 말한다. 평생 모을 돈이 정해져 있다고 하더라도, 그 재산을 먼저 모아놓고 사용하면 부자로 살겠지만, 먼저 빌려 쓰고 이를 갚아나가면 가난하게 살게 된다.

흔히 빚을 일반 소매점에서는 외상이라고 하며 카드업체에서는 신용이라고 표현한다. 개인에게 빌리면 차용이라 하고 대부업체에서 빌리면 사채라고 하며 금융기관에서 빌리면 대출이라고 한다. 개인에게 소액을 빌리는 경우 대개 구두상으로 이루어지며 통상 이자를 지불하지 않는다. 대부업체는 복잡한 절차 없이 차용증서만으로 바로 빌릴 수 있는 대신 일반적으로 은행 이자보다 훨씬 높은 이자를 요구한다. 반면 금융기관에서는 신용조사와 더불어 절차가 까다로운 대신 비교적 저렴한 이자가 붙는다. 빚을 낼 때는 기본적으로 빌리는 사람의 신용에 따라 금액이나 이자가 정해진다. 신용이 높을수록 빌릴 수 있는 금액은 커지며 이자율은 낮아진다.

외상은 이자 없이 약속한 기간에 원금을 갚으면 된다. 하지만 약속은 종종 지켜지지 못해 다수의 분쟁을 일으켰다. 이를 유심히 지켜보던 신용카드 회사가 둘 사이에 끼어들어 해결책을 제시했다. 이제 외상은 신용카드가 그 역할을 대신하고 있다. 외상이라는 개념보다는 사후 결제라는 개념으로 자리 잡았다. 사채는 급전을 간단한 차용증서만으로 단기간 비교적 높은 이자를 지불하는 형태다. 금융기관은 담보나 신용을 전제로 장기간에 걸쳐 원하는 금액을 빌려주고 매월 원리금을 받는 형태가 일반적이다. 레버리지는 사업이나 투자의 목적으로 부동산 매입이나 사업자금으로 이용하기 위해 금융기관에서 차입하는 경우다.

이들은 투자나 투기냐의 문제처럼 미래에 긍정적 효과를 얻으면 좋은 빚이며 부정적인 결과를 낳으면 나쁜 빚이 된다. 즉 빚을 이용해 이득을 얻게 되면 착한 빚이지만 빚으로 빚을 더하게 되는 상황이 되면 곤란을 겪게 된다. 부자는 빚을 좋아하지 않지만, 사업을 하거나 부동산 등에 투자할 때 레버리지를 이용한다. 즉 부자는 이익을 수반하는 착한 빚을 선호한다.

국가의 경제정책이 모든 국민을 잘살게 하지는 못한다.

국가 예산이 늘어난다는 것은 세금이 늘어난다는 것이고 이는 국민의 부담 역시 매년 그만큼 늘어나게 된다. 따라서 국민을 부유하게 만들겠다는 국가정책 과제와는 별개로 개인의 재산은 상대적으로 점점 줄어들 수 있으며 빚은 비례하여 늘어날 수 있다.

과거 전세나 월세 사는 사람들이 많았으나 빚은 소액이었다. 대단위 주택공급이 이뤄지면서 사람들은 집을 구매했으나 은행 대출은 그만큼 늘었다. 대출 없이 집을 산 사람들은 흔치 않다. 시간이 흐를수록 신규주택 분양 가격은 더욱 뛰어올랐다. 인플레이션에 따른 현상이 반복된 것이다. 사람들은 더욱 많은 빚을 얻어 부동산을 구매했고 늘어난 재산에 행복해했다. 대출금액도 커지고 재산세도 그만큼 늘었다. 하지만 제때 내 집 마련을 하지 못한 사람들은 큰 실의에 빠졌다.

국민연금은 국민의 생활 안정과 복지증진을 목적으로 시작했고 이 목적은 변함이 없다. 하지만 연금이 가까운 미래에 바닥을 들어내는 상황이 예측되면서 목표는 수정될 수밖에 없다. 즉 연금보험료율은 올리고 소득대체율을 조정하는 개혁을 해야 한다. 정부는 기금 소진 시점이 점차 빨라지면서 1988년 도입 이후 그동안 세 번의 개혁을 단행했다. 결국 국민 부담은 늘고, 보장받을 기회가 점점 줄어들거나 보장 내용이 축소될 수밖에 없다.

　의료보험 역시 예기치 못한 사고를 대비해 국민의 생활 안정과 건강 유지를 도모할 목적은 변함없으나 이를 달성하기 위해서 보험료율을 계속해서 올릴 수밖에 없다. 출생 인구는 급격히 줄고 있지만 보다 많은 의료서비스가 필요한 노년층이 상대적으로 늘어남에 따라 보험료율을 훨씬 가파르게 올려야 약속한 의료서비스를 제공할 수 있을 것이다.

　세상에 자원은 유한하니 원자재 가격은 시간이 지날수록 오를 수밖에 없다. 더구나 가까이에서 비교적 쉽게 채굴하던 자원이 바닥나면 더 멀리 더 깊숙이 파고 들어가야 하니 비용은 늘어나고 당연히 소비자 가격은 상승할 수밖에 없다. 또한 최저임금 상승, 노동시간 단축으로 노동 비용도 해가 갈수록 상승할 수밖에 없다. 즉 최저임금 상승으로 노동 임금은 동반 상승하겠지만 노동시간 단축으로 노동자의 수입은 생각만큼 늘지 못한다. 결국 개인 수입의 증감과는 상관없이 사회적 비용은 계속해서 증가할 수밖에 없다.

　생활비용과 공과금 부담은 늘어나는데 급여의 상승폭이 점차 줄어든다면 재산도 점차 줄어든다는 것을 의미한다. 복지를 늘리겠다고 호언장담하는 정치인이나 복지를 책임진다는 국가만 믿고 있다가는 점점 가난해진다는 것을 깨달아야 한다. 목적이 아무리 좋아도 매번 목표가 국민에게 부담을 지우는 방향으로 흐르게 되면 결국 파탄지경에 이르게 된다. 어떠한 내용이든 목적에 부합하게 맞추어 갈 수 있다면 약속된 혜택을 누리겠지만 과정에서 벗어나면 세부적인 목표를 수정하게 되고 그 결과는 전혀 엉뚱하게 나타날 수 있다. 지구상 어느 나라도 모든 국민을 다 잘 살게 하는 국가는 없다. 정치인들은 모든 국민을 잘 살도록 하겠다고 큰소리 치지만 헛된 구호가 된 경우가 비일비재하고 막상 주어진 혜택이라도 최저 생계유지나 기본적인 의료, 복지 서비스에 그치고 만다. 결코 어떠한 복지정책도 풍족한 생활을 보장하지는 못한다. 더구나 그러한 복지정책에 이끌리다 보면 최하층에 머물러 국가지원에 안주해 버린다. 좀체 차상위층으로 오르려 하지 않는 자신을 발견하게 될 것이다. 벌레의 세계에서도 변태는 스스로 해야 한다. 누군가 옆에서 도와주는 법이 없다. 그렇듯 가난의 굴레를 벗겨줄 사람은 오직 자신뿐이다. 결국 잘 사는 것은 오롯이 자신의 문제지 국가의 문제가 아니다.

1929년 대공황 시절에는 시중에 풀린 돈이 너무 적어서 문제였고 지금은 너무 많아서 문제다. 오늘날 우리를 괴롭히는 인플레이션은 대공황의 디플레이션 경험 때문에 발생한 것이라고 할 수 있다. 대공황 당시 영국의 경제학자 케인스(Keynes)는 불경기를 벗어나기 위해 중요한 것은 지출이라고 주장했다. 만약 민간 부분의 투자나 소비가 완전고용을 이룰 수 있을 정도로 충분하지 않다면 정부가 나서서 지출을 늘려야 한다는 경기부양이론을 내놓았다.

대공황 이후 세계는 경기부양이론에 따라 양적완화를 늘려가며 경기를 계속 부양하는데 온 힘을 쏟았고 상당한 효과를 보았다. 그래서 좀체 긴축정책은 쓰지 않는다. 결국 세계 경제는 계속해서 인플레이션 상태를 유지할 수밖에 없는 상황으로 가고 있는 것이다. 하지만 인플레이션의 후유증도 만만치 않다. 통화가치 하락과 구매력의 약화 현상을 비롯하여, 투자 및 저축 의욕을 떨어뜨릴 수 있고 물가 급등에 대비하여 생필품을 사재기함에 따라 시중에 물자 부족 현상이 발생할 수도 있다.

이러한 문제점을 줄이기 위해 최근에 제기된 주장은 펠드스타인 이론이다. 미국의 경제학자 마틴 펠드스타인(Martin Feldstein) 교수가 주장한 펠드스타인 이론은 세율 인하와 정부지출 증가를 통해 총수요를 늘리는 정책이다. 즉 세금 감면을 통해 가계나 기업들의 소비 및 투자를 촉진시켜 침체된 경기를 활성화하겠다는 의도다. 결국 정부는 후퇴하는 경기보다는 어떻게든 시장을 살리는 정책을 강구하게 된다. 이는 인플레이션이 필연적으로 동반되는 상황으로 이어지고 업다운은 있겠지만 향후에도 경기를 우상향으로 이끌 것이다.

결국 인플레이션은 현금보다 현물자산인 부동산이나 금을 보유하는 것이 훨씬 미래가치가 높다는 것을 의미한다. 더구나 레버리지를 이용한 현물자산에 투자하는 경우 투자수익은 급격히 늘어날 수밖에 없는 환경이다. 다만 감당하지 못할 이자 비용이나 급격한 경기 하락 위험은 항상 대비해야 한다.

미국의 제15대 대통령 제임스 뷰캐넌(James Buchanan Jr.)은 정치인이나 고위 공무원이 입으로는 거창하게 나라와 국민을 위한 정책을 편다고 말하는데 실제 속셈은 다 자기 잇속 챙기기에 바쁘다고 주장했다. 정치인이나 고위 공무원도 인간이고 그래서 이기적으로 행동한다는 공공선택론(Public choice theory)을 말한 바 있다.

우리나라의 정책 입안을 보더라도 처음에는 공공의 논리에 따라 정책이나 입법 초안이 만들어진다. 점차 차상위 권력자의 검토가 이루어지면서 이권이 개입 된다. 정책이나 법안 결정권자에게 가면 밥그릇 챙기기에 여념이 없다. 결국 새로운 정책이나 법률은 기형적인 형태로 국민 앞에 놓인다. 그러니 일반 국민보다는 공무원이나 자본가에게 유리한 구조가 만들어진다. 수요와 공급의 불균형을 교묘히 파고들어 이익을 챙기는 사람들 때문이다. 또한 정치인이나 공무원들은 그사이를 비집고 자신의 밥그릇을 챙긴다. 결국 부동산은 가만히 앉은 채로 몸값을 불리는 재주가 뛰어나다. 또한 영국의 경제학자 데이비드 리카도(David Ricardo)의 차액지 대론이 아니라도 인구의 증가는 수요의 증가로 이어지면서 개발이라는 호재를 만나면 상상할 수 없는 가격폭등을 불러온다.

우리나라 전통 부자는 대부분 부동산 부자라고 한다. 단순히 저축을 통해 부자가 되는 경우는 찾아보기 힘들며 시드머니를 만들고 부동산에 투자하여 가격급등에 따라 부자가 된 경우가 대부분이었다. 반면 신흥 부자는 금융투자를 통해 재산을 불린 경우가 많다고 한다. 즉 시드머니를 만들어 주식, 채권, 실물자산, 가상화폐 등 단기간에 많은 수익을 낼 수 있는 곳에 투자하여 부를 이룬 경우다. 부동산 투자는 초기 투자 자본이 크고 오랜 시간이 필요한 반면 금융 투자는 초기 투자 자본이 소액이고 비교적 단시간 내에 높은 성과를 나타낼 수 있다는 점이 특징이다.

자본주의 특성상 인플레이션은 여름이면 찾아오는 태풍처럼 주기적으로 나타나는 자연스러운 현상이다. 부동산 가격의 주요 상승 요인은 인구 증가, 원자재 가격과 인건비 상승이다. 인구 증가는 다소 더디거나 감소할 수 있으나 원자재 가격과 인건비 상승은 계속될 수밖에 없다. 그러니 당연히 부동산 가격은 상승할 것이다. 다만 금융위기(IMF 사태와 서브프라임모기지 사태) 때를 제외하고 전반적으로 우상향 했으며 매년 일정 비율로 상승하기보다 특정 시기나 특정 변수에 따라 급등하는 경향이 강하다. 적당한 빚(레버리지)을 이용하여 부동산에 투자해야 할 이유다. 적당한 빚이란 이자를 감당할 능력이 있는 빚을 말한다. 감당하지 못할 채무는 오히려 파탄을 몰고 올 수도 있다.

한편 수십 년 동안 복리가 적용되는 저축을 통해 재산을 불리면 비교적 큰돈이 되겠지만, 물가상승률을 반영하면 그리 큰돈이라 할 수도 없으며 부동산 가격 상승분에도 크게 미치지 못하고 있다. 즉 복리를 적용한다고 하더라도 그동안 부동산의 가격상승이 월등히 높았기 때문이다. 예를 들어 자장면은 1965년 60원이었는데 반해 50년 후인 지금은 7,500원으로 125배 상승했고 같은 기간 부동산은 통상적으로 수십 배 내지 수백 배가 상승했다. 그러나 예금이자의 경우 최근 30년 동안 평균 예금금리는 연 4.68%였다. 만약 1,000만 원을 예금하고 30년 동안 같은 이율(복리)로

계산하면,

$A = P \times (1+r)^n$

$A = 10,000,000 \times (1+0.0468)^{30}$

$A = 39,100,000$

원금의 네 배에 미치지 못하는 3,910만 원이다.

더구나 같은 기간 연평균 물가상승률은 약 2.6%였다. 이를 고려하여 계산하면,

미래가치 = 현재가치 × $(1+인플레이션율)^n$

= $10,000,000 \times (1+0.026)^{30}$

= $21,100,000$

즉 구매력은 약 2,110만 원에 해당한다. 예금으로 30년 뒤 3,910만 원을 만든다 해도 실질 구매력으로 보면 약 1,850만 원(3,910/2.11) 수준이 되는 셈이다.

아무리 복리의 수익이 높다고 하더라도 부동산 가격상승을 따라잡지 못했다. 미래에도 상승이 반복될지 예단할 수 없으나 자원의 유한성이나 인건비 상승만으로도 부동산 가격상승은 불가피하다. 최대한 빠른 시일 내에 시드머니를 만들고 이를 부동산으로 갈아타야 하는 이유다. 물론 부동산 투자에 가진 금융자산의 어느 비율로 어느 시기가 적당한가 결정은 오롯이 자신의 몫이다. 다시 언급하지만, 시중에 떠도는 투자 방법은 모두가 '만약에 몇 %의 수익률과 몇 십 년을 투자한다면'이라는 전제조건이 붙은 것이고 미래의 금융환경과 각자 가진 능력은 다르기 때문이다. 그래서 금융 공부가 필요하고 자신만의 최적의 투자 방법을 찾아야만 한다.

한 가지 분명한 사실은 생활에 필요한 최소한의 부동산 재산은 무리가 따르더라도 투자할 가치가 있다. 거처할 집이 그렇고 사업을 시작할 때 사무실이나 사업 부지 등이 그렇다. 월세나 임대료는 단기적으로는 저렴하게 느껴지지만 따져보면 은행 대출이자까지 포함된 최고의 사용료이다. 즉 임대인의 투자 금액, 투자수익, 은행 이자까지 포함된 가장 비싼 가격을 지불하고 있는 셈이다. 다만 단기간이라는 요소에 속고 있을 뿐이다.

그러니 거주할 주택이나 장기적으로 사업을 영위할 목적의 부동산은 매입하여 사용하는 것이 유리하다. 비록 은행 이자가 임대 비용만큼 발생하더라도 자본주의 특성상 부동산 가격이 오른다는 철칙 때문에 시간은 이를 충분히 보상해 왔다. 다만 조금 비싸더라도 좋은 입지에 구매해야 한다는 것이 전문가들의 조언이다. 좋은 입지란 가격이 오를 가능성이 있는 곳으로 관공서나 지하철역 부근, 교통요지, 개발 호재가 있는 곳 등을 말한다.

또한 전문가들은 부동산은 발품을 판만큼 좋은 물건을 찾을 수 있다고 조언한다. 인터넷이나 부동산업자가 주는 정보는 누구나 다 아는 정보에 그치고 만다. 특히 사진으로 보는 것과 막상 찾아가서 보면 현격한 차이를 느낄 수 있다. 구입하고자 하는 물건도 중요하지만, 주위 여건도 만만치 않게 중요하기 때문에 더욱 가봐야 한다. 흔히 펜션 예약을 해 본 사람이라면 홈페이지의 사진과 실제 현장의 모습과는 현격한 차이가 있다는 것에 동감할 것이다. 사진은 초기 럭셔리한 모습을 그대로 담고 있으나 오래된 펜션은 낡고 냄새나는 형편없는 경우가 있다. 심지어 바로 옆에 축사가 있는 경우도 있다.

☞ 2000년대 초반, S그룹에 근무했던 C 과장은 고양시 일산에 살면서 매주 주말이면 서울 시내에 나가 아파트를 조사하러 다녔고 서울 외곽의 토지를 보러 다녔다. 3년 동안 거의 매주 다닌 결과 부동산에 대한 남다른 안목이 생겼고 서울 시내 입지가 좋은 곳에 가진 재산으로 가장 저렴한 아파트를 구매할 수 있었다. 또한 주말 나들이 겸 서울 외곽으로 나가 토지를 조사하러 다닌 지 5년째에 양평 시내에 투자가치가 높은 토지를 매입했다. 그는 40세가 되기 전에 이미 부자가 돼 있었다.

☞ 목포의 H 회장은 대학 졸업 후 광주에 있는 종묘회사에 취업했다. 많지 않은 월급이라 부업거리를 찾으려 노력했다. 그러다 근무 중 유망한 유종을 알게 되었고 해남 고향에 있는 부모님의 작은 땅을 빌려 종자를 심고 매주 주말이면 아내와 함께 내려가 이를 정성껏 관리했다. 예상대로 몇 년 뒤 묘목은 적잖은 시드머니를 만들어 주었고 지금은 수만 평에 이르는 묘목단지를 소유하고 있다.

금융기관은 부의 조력자가 아니다.

금융기관은 엄밀히 말하면 예금과 대출을 통해 마진을 챙기는 곳이지 고객의 부를 늘리기 위해 노력하는 곳이 아니다. 그들은 낮은 이자를 주는 예금을 받아 더 높은 이자를 받고 빌려주는 일이 주요 임무다. 근본적으로 자신의 영업이익을 위해 일하지, 고객의 재산을 불려주기 위해 일하지 않는다. 물론 고객의 이익이 곧 자신의 이익을 가져오는 바람직한 일이긴 해도 자신이 속해있는 금융기관의 이익이 먼저인 것이다.

비가 올 것을 대비해 우산을 빌려준다지만 막상 장대비가 내리면 모든 것을 쓸어가는 홍수를 두려워해 우산마저 거두어 간다. 고객의 여건이 좋을 때는 우대금리를 적용해 주지만 경기 상황이 바뀌거나 정책이 바뀌면 시중금리를 적용해 마진을 챙긴다. 과거에는 꺾기를 이용해 편취하기도 했고 가끔 인기 없는 방카슈랑스(Bancassurance)를 떠넘기기도 한다.

다시 말하면 고객을 위해 일하지 않는다는 것이 아니라 고객을 위해 일한다는 것이 곧 자신의 회사를 위해 일하는 것을 의미한다. 따라서 금융기관 직원들도 자신과 자신이 근무하는 회사의 이익이 우선이다. 고객의 손해나 투자 손실을 껴안을 생각은 추호도 없다. 그들은 자신의 투자금이 될 예적금은 언제든 환영하지만, 대출은 매우 까다롭게 군다. 대출의 경우 신용정보회사로부터 정보를 받아내 자기들이 정한 기준에 합당한 개인이나 회사에 대출을 해주며 거기에도 신용도에 따라 적용하는 이율의 편차는 생각보다 크다. 아무리 높은 예적금의 이자라도 대출이자보다는 항상 낮다.

개인대출의 경우 신용정보는 NICE, KCB 등 개인신용평가회사를 통해 신용평가 점수를 확인한다. 참고로 개인신용평점이란 개인신용평가회사가 개인에 대한 신용정보를 수집한 후 이를 통계적 방법으로 분석하여 향후 1년 내 90일 이상 장기 연체 등 신용위험이 발생할 가능성을 수치화하여 제공하는 지표다. 이러한 개인신용평점은 금융회사 등이 개인의 신용을 바탕으로 의사결정이 필요한 경우 또는 신용거래를 설정하거나 유지하고자 할 때 참고 지표로 활용한다.

또한 담보 없이 신용대출을 신청하는 개인 고객들의 정보를 입력해 자동으로 평점을 산출, 평점 결과에 따라 즉석에서 대출 여부 및 금액을 알 수 있도록 하는 선진국형 대출 심사 제도 즉 개인신용평가시스템(Credit Scoring System)도 있다. 해당 금융기관은 이러한 개인신용평가 제도를 토대로 금융기관이 가진 자료를 참고로 의뢰인의 최종 신용등급을 결정한다.

기업 대출의 경우 KoDATA(한국평가데이터)가 기업 신용조사 등을 통해 구축한 국내 최대의 기업 신용정보, 벤처기업 정보, 소비자 신용정보, 각종 경제정보 등을 제공하는 인터넷 기반의 신용조회 서비스를 통해 원하는 기업정보를 얻는다. 신용보증기관의 필요에 의해 만들어진 신용정보 플랫폼으로 금융기관이 필요로 하는 정보를 성실히 제공한다. 기업이든 개인이든 정보 공개 동의서에 서명을 하면서 이러한 자료들이 모두 신용정보 업체에 제공된다. 즉 금융기관은 고객과 거래를 해야 할 때 한 푼이라도 이익을 얻기 위해 노력한다. 또한 가장 낮은 이자율을 적용한다거나 원하는 자금을 대출해 주겠다고 하지만 고객의 신용이 기준 이하로 낮거나 담보가 없을 경우 고객으로 취급하지 않는다. 즉 돈을 빌려

주지 않거나 자리를 피해버린다.

또한 대출을 해주고 나면 금융기관은 반대급부를 원한다. 지금이야 많이 사라졌지만 꺾기 관행이 그것이며 방카슈랑스 가입을 권유한다. 방카슈랑스는 그럴듯해 보이지만 보험사에서 고객 유치가 어려운 상품이다 보니 은행에 떠맡기는 것이다. 또한 정기적금을 들도록 하거나 세금 납부나 신규 통장개설을 요구한다. 또한 금리인하 요인이 발생해도 고객에게 서둘러 알려주지 않는다. 즉 그들은 소속 금융기관의 이익을 위해 최선을 다할 뿐이다. 따라서 부자들은 자신의 신용관리에 최선을 다하며 예금을 할 때는 한 푼이라도 이자를 더 주는 곳을 찾는다. 반면 대출이 필요할 때는 자신의 신용을 최대한 활용하여 대출이자가 더 낮은 곳을 찾는 노력을 아끼지 않는다. 분명 돈은 관심 갖는 사람에게 가깝고 챙겨주는 사람을 따른다.

보험사는 고객위험이 아닌 위험회피 욕구를 구매한다

국민소득이 미화 2만 달러를 넘어서자, 보험회사와 보험 상품이 우후죽순으로 생겨났다. 우선 국가에서 제공하는 사회보험부터 강제화하였다. 우리가 흔히 4대 보험이라고 하면 국민연금, 건강 보험, 고용 보험, 산재 보험이 그것인데 한때 중소기업에서 채용광고를 낼 때 '4대 보험 보장'이라는 글을 크게 써서 강조하던 시절이 있었다.

우리가 국민연금에 가입하던 1980년대 후반에는 국민연금에 가입하면 가입자가 무조건 이익이라고 하였다. 가입한 금액보다는 몇 배를 더 받을 희망이 있었기 때문이다. 그러나 현재 젊은이들은 생각이 다르다. 그들이 연금을 수령할 때쯤이면 국민연금 기금이 바닥을 드러낸다는 예측 때문이다.

건강 보험은 과도한 의료비용 발생을 걱정하던 환자들에게 큰 부담을 덜어주었다. 과거에는 중병에 걸리면 막대한 치료비용을 마련하느라 빚을 지거나 가산을 탕진하는 경우가 종종 발생했다. 이제 누구나 큰 부담 없이 의료혜택을 받을 수 있는 시대가 되었다. 하지만 건강 보험료 부담은 성인이 되면 누구나 납부 대상이며 소득이 있거나 재산이 있는 사람은 죽을 때까지 납부해야 한다.

개인보험은 보험료의 차이, 보상 범위의 차이, 가입자의 연령대 등 다양한 변수에 따라 보상금의 차이가 있다. 특히 보험 가입 시 유의해야 할 점은 중복보험의 존재다. 생명보험에는 중복보험이 존재하지 않으며 손해보험과 제3보험에 불필요한 중복보험 가입이 발생한다.

즉 생명보험은 다수의 가입 여부와 상관없이 보험금 지급 사유가 발생하면 모두 지급하지만, 손해보험과 제3보험은 동일한 피보험이익에 대하여 같은 기간 동안 수 개의 보험계약이 동시에 또는 순차적으로 체결된 경우, 보험금액 총액이 보험가액을 초과한 때는 보험자는 각자 보험금액의 한도에서 연대책임을 질뿐이다. 즉 손해보험과 제3보험의 중복가입은 추가로 가입한 만큼 보험료 손해가 발생한다. 따라서 필요한 보험은 가입해야겠지만 중복가입은 할수록 손해다. 또한 시간이 흐를수록 돈의 가치는 떨어지기 때문에 장기보험 가입 또한 신중해야 한다. 가입 시점에서 보면 보험금이 크다 생각되겠지만 몇십 년 후면 보험금은 형편없는 금액에 불과할 수 있다.

특히 보험은 보장성과 저축성, 그리고 소멸성과 환급성의 성격을 갖는다. 보장성은 질병이나 상해를 보장해 주는 보험이며 저축성 보험은 저축이나 연금의 성격을 가진 보험이다. 소멸성 보험은 순수 보장형으로 나중에 보험료 일부를 돌려받는 돈 없이 순수하게 보장만 받는 보험이고 환급형 보험은 소멸성보다 비싸지만, 만기 시 가입할 때 정해진 비율에 따라 환급받게 된다. 보험은 이익을 내는 상품이 아니라 위험을 보장받는 것이기에 위험에 처했을 때 이를 해결할 수 있는 범위에서 가입하는 것이 현명한 방법이다. 즉 가능하면 만기환급형 보험이 유리하다.

또한 보험은 들기는 쉬워도 보험금을 수령하기에는 무척이나 까다롭다. 가입할 때는 모든 위험을 책임질 것처럼 말한다. 반면 보험금을 수령할 때는 보험사에서 요구하는 자료를 준비하는 과정에서 보험회사의 태도가 돌변하거나 보험금 지급을 늦추려는 의심이 들기도 한다. 보험금 지급을 최대한 늦추거나 피보험자의 주의의무부터 따지는 것이 보험회사의 생리다. 결국 보험회사는 위험회피 욕구를 구매하는 곳이지 피보험자의 이익을 보장해 주는 곳이 아니다.

"사장님이 혹시 죽기라도 하믄 처자식은 우찌 살낍니까?" 사업을 시작하고 얼마 지나지 않아 보험설계사가 찾아와 훈계하듯 따져 물었다. 마치 교통법규 위반 통지서에 서명하듯 얼떨결에 종신보험에 가입했다. 당시 매월 보험료는 약 18만 원, 납입기간 20년, 최고 보험금은 1억 원이었다. 당시 보험금 1억 원이면 가족들에게 대안이 될 테지만 30년 후 1억 원이라는 돈은 결코 만족스러운 금액이 아니었다. 그럼에도 불구하고 종신보험에 가입한 이유는 초기에 나에게 변고가 생겨도 1억 원이면 당장 가족이 살아가는데 어려움이 없을 금액이었으며 사업이 안정될 때까지만 유지된다면 가치 있는 보험이라 판단했다.

부자는 건강에 대해 개인적인 보험 가입은 달가워하지 않는다. 국민건강보험 가입만으로도 기본적인 의료혜택을 받을 수 있고 평소 건강관리에 상당한 관심과 비용을 들이고 있기 때문이다. 더구나 보험에 가입했다고 하더라도 추가로 치료하는 부분 즉 보험적용 외 치료가 필요한 부분은 보험 혜택을 받지 못한다. 심지어 실비보험도 그렇다. 또한 그들은 그들이 가진 재산으로 건강 보험 적용이 안 되는 부분까지 감당할 수 있는 여력이 있기 때문이기도 하다.

더구나 중복보험 가입은 절대 하지 않는다. 부자는 보험 가입보다는 투자를 선호한다. 지금까지 주식이나 부동산 투자 수익으로도 보험에 위험을 맡기는 것보다 훨씬 유리하다는 것을 알고 있다. 그럼에도 불구하고 부자들의 보험 가입은 상당하다. 부자가 되기 전에 가입한 경우가 많고 절세 효과를 노리는 보험이나 저축형 보험에 가입한 탓이다. 특히나 친척 보험설계사의 간곡한 부탁이나 사업상 고객의 부탁을 들어주다 보면 부득이 보험 가입이 많을 수밖에 없다. 그리고 보험료 납입 기간이 완료되고 환급을 받거나 보험금을 받게 되면 그들은 즉시 이를 재투자 한다.

주식시장은 투자와 투기가 어우러진 사각링이다.

사각링에 오르면 먼저 때리거나 먼저 피하는 자가 이익을 얻는다. 상대가 괴물이라면 감당하지 못할 것이고 중병 환자라면 때릴 곳도 없다. 그러나 대개의 경우 상대가 누구인지 정확히 모른다. 그들의 정보는 만천하에 공개돼 있지만 겉옷에 불과하고 속에는 어떤 옷을 입었는지 알 길이 없다. 더구나 두꺼운 옷에 가린 경영진의 마인드는 더더욱 알 길이 없다. 또한 그 회사 미래 상태는 아무도 예측하기 힘들다. 그러니 자신은 투자한다지만 투기지역을 헤매는 경우가 허다하다. 술을 마실 때 기분은 좋지만, 과하게 즐기면 드넓은 길에서도 맨홀에 빠질 수 있다.

경제학 원론부터 수십 권의 주식 관련 책자를 읽고 수많은 주식투자 성공 사례를 섭렵하고 다수의 SNS 투자전문가의 영상을 시청했다면 이제 주식투자를 시작해도 될까? 설령 그렇다고 하더라도 주식 전문가를 따라잡기는 힘들고 기관투자가를 이기기에는 역부족이다. 또한 단지 주식 공부를 많이 했다는 이유만으로 주식시장에서 수익을 내기는 힘들다. 주식투자를 해서 막대한 수익을 낸 사람들은 세계 유명인부터 국내 슈퍼개미까지 다양하다. 하지만 정작 주위에서 만족할 만한 수익을 냈다는 사람은 찾아보기 힘들다. 주식투자는 속을 전혀 알 수 없는 진흙탕 물에 낚시를 드리우는 것과 같다. 보이지도 않는 물속에 미끼를 던져두고 고기가 물기를 바라는 행위, 즉 진정한 강태공은 세월을 낚는 사람이듯 주식투자도 고수익을 내는 사람들은 대개 장기투자자였다.

부자는 주식투자로 단시간 내에 대박을 기대하지 않는다. 미국 사람들도 경제활동을 시작하면서 주식투자를 한다지만 정작 주식투자로 백만장자가 되는 경우는 은퇴 시기에 이르렀을 때가 대부분이라고 한다. 그들은 경제활동 시작과 동시에 급여의 상당 부분을 주식에 투자한다. 즉 많은 돈을 장기 투자해야 하고 수익률이 높을 때 부자가 될 수 있다는 것이다. 또한 부자는 투자를 하면서 부화뇌동 하지 않는다. 남들이 단시간에 주식과 가상자산 투자로 많은 돈을 벌었다, 부동산에 투자해서 몇 배를 남겼다는 말에 현혹되지 않는다. 그렇다 하더라도 최종결말이 좋은 경우는 그리 많지 않다는 것을 알고 있기 때문이다. 자신만의 투자 원칙으로 무소의 뿔처럼 묵묵히 가는 것, 부자가 부자일 수밖에 없는 이유다.

부자의 탁월한 셈법 - 복리

부자는 돈을 받을 때는 최대한 빨리 받고 줄 때는 최대한 늦게 주는 방법을 선택한다. 복리의 셈법에서 기인한다. 대표적으로 선불 제도가 그렇다. 물론 장기간은 아니기에 수십 배로 커지는 이익을 기대하기는 힘들지만 분명 단리의 생각을 벗어난 방법이다. 받은 만큼 이자가 늘어나고 늦게 준 만큼 이자가 남는다. 즉 두 배의 이자가 생기는 꼴이니 단리가 아니라 복리다. 변호사는 착수금을, 어떤 기업은 선수금을 받는다. 상조회사는 가입금을 미리 받으며 건설회사는 아파트를 건설하는 과정에서 중도금을 받기도 한다. 고객 입장에서는 대출이자를 부담해야 하지만 받는 쪽에서는 반대로 그만큼 혜택을 얻게 된다. 이것이 보이지 않는 복리의 셈법이다.

사업을 하다 보면 단순히 한 곳에서 돈이 들어오고 한 곳으로만 나가는 경우는 드물다. 여러 곳에서 들어오고 여러 곳으로 나간다고 가정해 보자. 그 과정에서 들어오는 돈과 나가는 돈의 시차를 이용하여 일정한 금액을 예치할 수 있고 투자금으로 사용할 수도 있다. 결국 이를 손대지 않고도 들어오고 나가는 돈의 흐름을 유지할 수 있다. 그만큼 복리의 기회를 누릴 수 있는 것이다.

대표적으로 보험사가 이를 가장 잘 이용하며 엄청난 혜택을 누리고 있다. 보험계약자가 보험료를 정기적으로 납입하면 금융투자나 부동산에 투자하여 복리 이상의 수익을 얻는다. 피보험자의 보험료가 2개월 연체되면 바로 경고 통지서를 발송한다. 반면 보험금 지급은 최대한 늦게 지급하려 애쓴다. 물론 서류 미비나 여러 가지 사유를 들어 보험금 지급 지연의 합당한 이유를 만들지만 그들은 가능하면 하루라도 지급을 늦추는 데 온갖 방법을 다 동원한다. 물론 보험사가 악의적으로 지급을 늦추지는 않는다. 따라서 하루라도 빨리 보험금을 받으려면 필요한 증빙을 서둘러 준비해야 한다.

선박을 빌리는 것을 용선이라 한다. 이때는 통상 1개월의 용선료를 먼저 받는다. 주택에 있어 월세의 경우도 마찬가지다. 후불제와 비교하면 한 달 분을 1년 먼저 받아두고 자금을 유용하는 이익을 누리는 경우에 해당한다.

백화점에서는 상품권을 판매하고 커피점에서도 '선물하기' 방법을 사용하고 있다. 교통카드도 그렇다. 먼저 카드를 사거나 현금을 예치해 두고 사용하는데 개인이야 작은 돈이지만 수만, 수백만 명이 예치하면 이는 카드사에 엄청난 자금이 쌓이고 복리의 효과를 발휘한다. 심지어 잔액을 모두 사용하기 전에 카드를 잃어버린 경우도 있고 마지막 남은 소액은 사용하지 못하고 폐기 처분하는 경우도 허다하다. 티끌 모아 태산이 따로 없다. 따라서 교통카드 사용보다는 직불카드를 사용하든지 모바일 결제서비스를 이용하는 것이 보다 절약하는 습관이다. 또한 최근에 생겨난 기후동행카드는 매일 대중교통을 이용하는 사람에게 권장하고 싶은 카드다. 이 카드는 서울시의 대중교통 통합 정기권으로 1회 충전으로 30일간 대중교통(지하철, 버스), 따릉이를 무제한 이용할 수 있다. 또한 단순히 카드 사용에 대한 보상을 넘어, 자가용 사용을 줄임으로써 환경 보호, 사회적 책임의 역할로 연결되고 있다.

외상, 선금, 가불, 차용, 대출, 신용은 모두 같은 친구다

자본주의 사회에서는 돈이 종교가 돼 버렸다. 사람은 믿지 못해도 돈은 믿는 시대가 된 것이다. 상대의 얼굴을 보고 신용을 평가하는 사람은 없다. 그가 가진 재산, 즉 건강(신체), 정신, 물질적 재산의 정도에 따라 그리고 그 재산을 관리하고 유지하는 능력에 따라 신용도가 달라진다.

우리가 살면서 누군가에게 돈을 빌리면 곧 빚이다. 외상, 선금, 가불, 차용, 대출, 신용 등은 먼저 쓰고 나중에 갚는다는 의미에서 모두 같은 의미 즉 빚이다. 신용이란 한마디로 빚인 것이다. 즉 빚을 낼 능력을 말한다. 금융기관에서는 갚을 능력을 인정하는 한도다. 그래서 그만큼 빌려주는 것이다. 신용카드는 달리 말하면 외상카드다. 먼저 사용하고 나중에 결재하는 시스템인 것이다. 신용카드 회사는 나의 신용한도까지 사용한도액을 정한다. 그것이 나의 신용이고 빚을 내고 갚을 수 있는 능력으로 인정받는 셈이다. 신용카드가 일반화되지 않았을 때 외상이라는 관례가 있었다. 단골이나 주위 아는 사람들에게 식사를 제공하거나 상품을 미리 주고 외상장부에 기입했다가 월말이면 이를 회수했다. 물론 사전에 신뢰를 바탕으로 구두 약속이 이루어진 경우지만 불미스러운 사건 사고가 많았다. 기록이 누락되거나 틀린 경우 다툼이 일었고 어떤 이는 연체를 반복하다 사라지는 경우도 있었다. 그러한 문제를 해결하기 위해 신용카드 회사가 나섰다. 모두가 환영했다. 신용이란 말 자체가 맘에 들었다. 하지만 여기서 신용은 달리 말하면 빚과 같은 말이다. 먼저 결재하고 나중에 갚는 일이다. 그야말로 외상이다.

통상적으로 뜨내기나 처음 오는 사람에게 외상을 주지는 않는다. 이렇듯 알 수 없는 사람이나 신용이 불투명한 사람과는 당연히 외상거래를 하지 않았다. 따라서 신용카드 회사에서는 미리 신용평가를 거쳐 신용등급이 결정되면 어디서든 정해진 금액을 사용할 수 있도록 외상 카드 즉 신용카드를 발급해 주었다. 외상은 소도 잡아먹는다는 말이 있다. 이렇듯 외상은 사람의 소비심리를 확 끌어올린다. 당장 돈이 없어도 원하는 것을 실행할 수 있다는 점에서 굉장히 매력적인 일이다. 뒷감당이야 그때 가서 생각할 일이고 당장 유혹을 끊어내기가 쉽지 않다.

이렇듯 신용은 인내력을 테스트 한다. 인내력이 높은 사람일수록 신용도 높다. 그래서 신용카드를 함부로 사용하지 않을 인내심이 강한 사람이 부자 될 가능성이 높다. 신용카드는 외상처럼 과소비의 유혹을 부추기기 때문이다. 신용카드를 사용함에 있어 인내력을 갖지 않으면 월말에 외상값 갚느라 정신없을 것이며 남발하다가는 결코 바라지 않는 빚꾸러기가 될 것이다. 외상의 유혹을 이기기 힘든 사람은 직불카드나 체크카드를 이용하는 것이 현명한 방법이다.

부자들이 갖게 되는 비금융 상식

로또 1등 당첨 확률은 1/8,145,060이다. 1등 당첨이 여러 명인 경우를 보지만 역시나 자신에게는 없는 행운이라는 것을 깨닫는 데는 그리 오래 걸리지 않는다. 어떤 이는 복권 사는데 매주 수만 원에서 10만 원이 넘는 금액을 지출한다. 많이 구매할수록 그만큼 당첨 확률은 높아질 테지만 실망 또한 클 수밖에 없다. 또한 2020년 5월 출시된 유일한 연금식 복권으로 1등 당첨자에게 매월 700

만 원씩 20년간 연금식으로 지급한다는 연금복권720의 당첨 확률 또한 1/5,000,000이다.

부자는 이러한 행운을 바라지도 믿지도 않는다. 설사 1등에 당첨되었다 한들 생각보다 기쁨은 크지 않다는 것도 알고, 재산을 일구는 과정에서 얻을 수 있는 보람이나 행복을 느낄 수 없다는 것도 알기 때문이다. 무엇보다 쉽게 들어온 돈은 쉽게 나간다는 것을 잘 안다. 그러니 그들은 특별한 행운을 바라거나 자신이 그러한 행운의 주인공이 된다는 것도 달가워하지 않는다. 고액의 복권 당첨자들에게 주위 사람들이 찾아가 귀찮게 했다는 사례도 알고 있으며 설사 자신이 당첨자가 되어도 그런 불편한 환경에서 벗어나지 못할 것을 너무도 잘 알고 있다. 이를 예방하는 길은 아예 그런 기회를 만들지 않는 것이다.

세잎클로버의 꽃말은 행복, 네잎클로버의 꽃말은 행운이다. 부자들은 흔치 않는 네잎클로버를 찾기 위해 수많은 세잎클로버를 짓밟는 우를 범하지 않는다. 굳이 다가오는 행운을 마다하지 않겠지만 부작용이 따를 특별한 행운을 기대하지도 않는다.

주위 사람들에게 돈을 빌려주고 다시 받기란 여간 쉽지가 않다. 설사 갚지 않아 법원에 가더라도 사기 의도가 없고 언제라도 돈이 생겼을 때 갚겠다고 하면 그것으로 끝이다. 더욱 마음 상할 일은 채무자의 태도 변화이다. 화장실 들어갈 때와 나올 때의 마음이 다를 수밖에 없다는 것을 직접 체험하는 일은 절망적이다. 여유 돈을 빌려준 게 아니라 피와 땀이 섞인 돈이라 그러하겠지만 정작 일회용 취급했다는 것에 분노가 사그라들지 않는다. 피부의 상처는 시간이 지나면 아물겠지만, 마음의 상처는 오래도록 치유되지 않는다.

부자는 사적으로 돈을 빌려주지 않는다. 아니 빌려줄 돈이 없다. 그들이 가진 돈은 곳곳에 나가 일을 하고 있으며 주위 지인들에게 빌려주기 위해 한가로이 대기하지 않는다. 행여 돈을 빌리러 갔다가 퇴짜를 맞으면 '찔러도 피 한 방울 안 나올 사람, 피도 눈물도 없는 사람, 있는 놈이 더 한다' 등 비난을 쏟아낼 테지만 그들은 개의치 않는다.

부자는 예전에 개인 상호간 돈거래를 통해 상처받은 경험을 많이 가지고 있었다. 그들의 속내를 알고 나면 서운해 할 일이 아닌 경우가 많다. 돈 잃고 사람 잃은 다수의 경험을 통해 냉철한 판단력을 갖게 된 것이다. 혹여 여러분이 과거 그렇게 많은 실패비용과 상처를 입은 경험이 있음에도 불구하고 섣불리 개인 간 돈거래를 할 수 있을까?

특히나 형제나 자매지간에도 돈거래는 불화의 원인이 되기도 한다. 부자라고 소문이 난 사람들을 만나보면 대부분 쓰라린 경험을 가지고 있었다. 하물며 형제나 자매지간에도 그러할진대 남들은 더욱 가능성이 높다는 것을 이미 경험하고 깨달았을 것이다. 돈과 사람을 잃지 않은 방법은 돈거래를 하지 않는 것이다. 친하게 지내는 지인들로부터 현금차용 요청을 받았을 때 입장이 난감해진다. 다급하게 요청했을 때 안타까운 마음에 평정심을 유지하기 힘들고, 지혜롭게 거절하는 방법도 능숙하지 못하며 빌려주는 과정에서 차용증이나 이자 등을 요구하지도 못한다.

하지만 돈과 사람을 잃지 않으려면 냉정히 거절할 줄 알아야 한다. 빌려줄 돈도 없겠지만 지인들과는 돈거래를 하지 않는다고 명확히 말해야 한다. 주위에 그러한 이미지를 심어주었을 때 향후 더 이상 돈거래 요청을 하지 않는 긍정적 효과도 생긴다. 지독한 놈이라 비난을 감수해야겠지만 이런 일로 그와 사이가 틀어지지도 않는다. 이때 현명한 대답은 '돈거래는 은행과 하십시오.'이다.

결론적으로 우정은 돈을 빌려주는 것과는 아무런 상관관계가 없다. 즉 돈거래를 전제로 하는 우정은 이미 우정이 아니다. 자신이 어려울 때 돈을 빌려주지 않았다고 더 이상 친구 하지 말자고 하면 하지 말자. 그는 진정한 친구가 아니다. 자신의 어려움을 빌미로 친구를 당황스럽게 하는 친구는 멀리해야 한다. 단언컨대 그러한 친구라면 돈을 빌려줘도 멀어질 것이다. 결국 돈 잃고 사람 잃는다. 우리가 원하는 친구는 살신성인이나 과도한 빚에 연대보증을 해줄 친구가 아니다. 서로가 서로에게 그런 친구가 되기 힘들며 언론이나 방송에서 소개된 영웅화된 이야기에 감화되어 비현실적인 친구를 바라는 것은 바람직하지 않다. 진실된 마음으로 서로 위안과 격려와 기쁨과 슬픔을 함께 나눌 수 있는 친구 그리고 경제적으로 가능한 범위에서 성의를 보일 수 있는 친구라면 훌륭한 친구다.

사업자금이나 주택자금을 마련할 경우, 자신의 신용등급에 따라 제1금융권에서 자금 대출을 받고 부족한 부분은 제2금융권이나 사금융을 찾게 된다. 제1금융권은 한국은행에서 자금을 빌릴 때 기준금리를 적용받는다. 은행이 기업이나 개인에게 대출을 해줄 때 여기에 이자 마진을 추가해서 시중금리가 정해진다. 제2금융권은 고객예금과 제1금융권에서 자금을 조달하므로 시중금리에 추가 금리가 더해진다. 당연히 제2금융권 대출이자는 그만큼 높아질 수밖에 없다. 더구나 사채이자는 이보다 훨씬 높다고 봐야 한다. 이렇게 대출가능한 곳이 달라질수록 신용은 곧 자산이라는 사실을 여실히 깨닫게 된다.

우리의 신용은 우리가 평소 행한 모든 금융거래가 신용평가기관에 의해 수집되고 필요할 때마다 모든 금융기관에 전달되어 평가받고 그 결과에 따라 혜택이 달라진다. 대출이자의 차이가 대표적이다. 신용이 높을수록 우대금리를 적용받으며 대출한도액에도 상당한 차이를 보인다. 보다 안정적인 직장에 취업하거나 승진, 급여 인상도 신용을 높이며 그때마다 거래 금융기관에 대출이자율 변경 요청도 가능하다.

가장 확실한 신용은 담보 능력이다. 자기가 가진 물질적 재산이 가장 큰 신용이다. 자기 명의의 부동산 즉 아파트, 건물, 땅, 예금 등을 소유하고 있다면 당연히 최고의 신용으로 인정받는다. 그다음은 공인된 자격이다. 전문자격증 소지자 또는 공무원, 대기업 근무자들이 높은 신용을 인정받는다. 특히 의사들에게 은행 대출은 적극적이라고 한다. 금융 거래 등 경제활동 이력 또한 신용이다. 예금, 적금이나 또는 은행 대출 모두가 신용평가 대상이며 사금융권에서 대출받거나 신용카드 돌려막기, 대출 상환 연체 등은 신용

점수를 떨어뜨린다. 금융 거래를 하지 않는 경우에도 신용을 제대로 평가받지 못한다.

☞ 50대 가정주부가 이혼하면서 상당한 재산을 분할 받았다. 이때부터 부득이 자신이 직접 금융 거래를 해야 했기에 평소 거래하던 은행에 들러 신용카드 발급신청을 했다. 하지만 은행은 신용카드 발급을 거절했다고 한다. 이유는 그동안 고정 수입이 없다는 이유에서다. 또한 이후에도 고정 수입의 기회가 낮을 것이라 예감했기 때문이라고 한다.

누군가 '사람은 사랑의 대상이지 믿음의 대상이 아니다'라고 했다. 또 어떤 이는 말했다. '믿어라, 그러나 검증하라.' 사람을 믿는다는 것은 그의 인격을 믿는다는 것이지 그의 언행이나 약속까지 믿는다는 것이 아니다. 즉 언행이나 약속은 그때마다 적절한 방법을 통해 반드시 검증이 필요하다는 의미다. 사람의 언행이나 약속은 고의든 과실이든 지켜지지 않는 경우가 많다. 그동안 믿었던 사람에게 발등을 찍히고 뒤통수를 맞고 사기를 당해 길거리에 나앉는 경우가 많이 발생했다. 더구나 그 사람의 의도와는 상관없이 천재지변이나 전쟁 등 예기치 못한 일들이 그렇게 만들기도 한다. 그래서 인간은 점차 재삼 다짐을 받고 3자를 통한 증인을 세우고 선서를 하게 하는가 하면 증거자료를 작성하는 방법을 강구했다. 그럼에도 불구하고 사법기관에 민원 접수는 끝이 없고 밀려드는 소송으로 법원은 몸살을 앓고 있다고 한다.

간혹 '돈이 거짓말 하지 사람은 거짓말 하지 않는다'는 말을 하지만, 결코 채권자에게는 위로가 될 수 없는 말이다. 사람은 사람을 믿고 살아야 한다. 그리고 그 믿음은 서로를 평화롭게 만든다. 하지만 어떠한 믿음은 반드시 검증을 전제로 해야 한다는 것이며 정해진 틀 안에서 이루어져야 한다는 것이다. 믿음을 헤치는 요소가 너무 많고 믿음의 틀을 깨려는 외부 요인이 너무나 많기 때문이다. 장담하건대 합리적 의심이나 현명한 검증은 가장 훌륭한 부자 습관 중 하나다.

서른하나, 비교적 어린 나이에 창업하기로 마음먹고 아내를 설득했다. 처음에는 반대했으나 6개월의 설득 끝에 동의를 받아냈다. 그리고 가방 하나 을러메고 해운회사 안전경영시스템 인증 대행 업무를 하는 컨설팅 사업에 뛰어들었다. 그로부터 2년 후 대부분 회사의 인증이 마무리되자 수요가 급격히 줄어들어 선박회사에 재취업했다. 4년 후 다시 안전관리업에 뛰어들었다. 그리고 나이 마흔에 선주가 되었다. 초기 창업을 하기에는 비교적 어린 서른한 살, 남들보다 일찍 사업을 시작할 수 있었던 것은 어려서 '풀빵 장사를 하더라도 자기 사업을 해야 한다'는 선생님의 말씀을 새겨들었고, 끊임없이 쓰디쓴 가난의 고통을 되새겼기 때문이다. 특히 가난의 억압과 폭력에 대해 와신상담(臥薪嘗膽)하면서 쉴 새 없이 부자가 되어야 할 이유와 방법을 찾기 위해 노력했다.

KB금융지주 경영연구소는 '2020 부자보고서'를 통해 부동산이 아닌 순수 금융자산만 10억 원 이상 갖고 있는 사람을 부자로 규정하고 이들 400명에 대한 설문조사 결과를 보고서에 담았다. 많은 자산을 축적할 수 있었던 주요 원천을 하나만 꼽아달라는 설문에 가장 많은 37.5%가 '사업소득'이라고 답했다. 다음은 부동산 투자로 25.5%였고 3위는 상속·증여로 19%였으며 그다음 근로소득이 11.3%였다. 투자만 하면 단기간에 많은 수익을 올릴 것 같지만, 금융투자를 자산 형성의 원천이라고 답한 부자는 6.8%에 그쳤다.

처음 사업을 시작할 때 나 역시 두려웠다. 하지만 그 두려움보다 더 무섭고 힘든 것은 가난한 삶이었다. **부자가 되는 것이 힘들고 어렵겠지만 가난한 삶은 그보다 더 힘들고 고통스럽다는 것을 이미 체험했기 때문이다.** 더구나 끊어내지 않으면 대대로 물려주게 될 최악의 유산이었다. 안타까운 사실은 쌓은 재산도 가져갈 수 없지만 누적된 빚도 가져가지 못하고 고스란히 후손에게 안겨주고 간다는 것이다.

경주 최부자가 부를 300년 동안 유지했다는 이야기는 유명하다. 특히나 가훈 즉 6연(六然)과 6훈(六訓)은 더 많이 알려져 있다. 여기에 수백 년 동안 부자의 지위를 유지한 바로 그 비밀이 담겨있다고 생각한다. 부자는 결코 홀로 부자가 될 수 없고 주위의 도움 없이는 유지할 수 없다. 나는 실천철학으로 알려진 6훈 보다 그들의 정신철학인 6연에 마음이 더 간다. 살면서 지켜야 할 여섯 가지 마음 자세인 6연은 그들의 정신적 재산이 얼마나 훌륭한가를 보여주고 있기 때문이다. 그들은 6연의 정신적 재산으로 6훈을 통해 물질적 재산을 불리고 이를 수백 년 동안 지켜낼 수 있었다.

더불어 실천 철학인 6훈 중에 세 가지는 가족에 대한 의무 조항이고 나머지 세 가지는 지역 사회에 대한 의무 조항이다. 즉 진사 이상의 벼슬을 하지 말고 만석 이상 지니지 말며 며느리는 3년 동안 무명옷을 입도록 한 것은 가족에 대한 의무 조항이다. 반면 과객을 후하게 대접하거나 흉년기에는 땅을 늘리지 말며, 사방 백리 안에 굶어 죽는 사람이 없도록 한 것은 지역 사회를 배려한 의무 조항이다.

비록 많은 부를 가졌다고 하더라도 이웃을 무시하거나 군림하려 했다면 결코 오래 가지 못했을 것이다. 경주 최부자는 전쟁, 민란, 화재, 기상이변 등이 발생해도 이웃이 나서서 그들을 지키려 했을 것이며 주위에 적을 만들지 않아 오랫동안 부자의 지위를 유지할 수 있었다. 이는 평소에 이웃을 사랑하며 실천했던 이타주의가 지켜낸 결과라고 생각한다.

조선 중기 무인 최진립 장군은 임진왜란 당시 나라에 공을 세우고도 모함을 당했는데 당파싸움에 휘말린 것에 마음이 아파 수신제가의 마음으로 자기 집안만이라도 제대로 다스릴 결심을 한다. 그리하여 그 유명한 6연과 6훈을 만들고 실천하였다. 그의 아들 최동량은 아버지의 뜻을 받들어 본격적으로 부를 이루고 사회적 책임을 다했다. 그들은 가훈의 철저한 실천과 함께 그 정신은 12대에 걸쳐 300년을 이어왔다. 이러한 노력 덕분에 그 유명한 서양의 메디치 가문보다 100년 이상 부자 지위를 유지할 수 있었다. 그들은 분수를 알고 근검절약하여 정당하게 부를 축적하도록 했으며 이웃을 배려하며 쌓인 부를 적절히 사회에 환원함으로써 존경받는 부자였다는 사실 때문에 오늘날에도 많은 사람들이 그들의 뜻을 배우고자 노력한다.

부자가 알려준 사기 피해 예방책

부자가 되는 비법은 단기간에 큰 부를 얻는 것보다 오래도록 위험에 노출되지 않는 것이 최선이다. 현명한 부자는 필요할 때마다 전문가의 도움을 받는다. 부자는 자신이 아무리 똑똑하다 한들 투자전문가를 뛰어넘지 못하다는 것을 안다. 특히나 기관투자가를 이길 수 없다는 것도, 수십 년의 투자 경험을 가진 사람들을 이기기는 더욱 어렵다는 것도 안다.

대부분 은행은 자산관리 전문가를 두고 고객을 관리하며 그들은 고객이 투자위험에 빠지지 않도록 적절한 시기에 정보를 제공한다. 또한 증권회사의 투자전문가들은 고객 투자금을 가지고 최대한 효율적인 전략과 전술을 펼친다. 물론 윈윈전략이다.

따라서 부자는 전문가의 노련한 서비스를 즐긴다. 혼자 똑똑하다고 나서기보다는 부족한 부분을 인정하고 순순히 전문가의 힘을 빌린다. 이것이 보다 현명한 투자 방법임을 자각하고 있고 이를 선택하는데 주저하지 않는다. 또한 사기 피해를 입지 않으려면 사기꾼의 성향을 파악하는 것도 중요하지만 결정적으로 자신이 사기에 취약한 부분이 어떤 점인지도 인지해야만 한다. 부자들이 일러준 사기 피해 예방책을 종합해서 살펴보면 다음과 같다.

첫째, 세상에는 공짜가 없다. 공짜로 준다는 말에 현혹되지 않는다. 영화 「태극기 휘날리며」는 진태, 진석 형제의 6.25전쟁 참전기를 다루었다. 내용 중에 이웃인 영신(이은주)이 길거리를 지나다 보리쌀을 공짜로 준다기에 받으면서 서명을 한다. 나중에 알고 보니 그것이 공산당 입당 서명이었다.

둘째, 과도한 이익은 미끼다. 과도한 이익을 준다는 것은 마치 낚시 바늘에 걸린 달콤함 먹잇감이다. 그 안에는 반드시 날카로운 바늘이 들어있다.

셋째, 과도한 친절은 유인책이다. 즉 과대포장이다. 특별한 이유 없이 과하게 친절한 행위는 반대급부를 노리는 유인책이다. 노리는 것이 없다면 나에게 그토록 친절할 이유가 없다.

넷째, 때로는 연기력이 필요하다. 의심스러우면 전문용어나 법률용어를 사용하여 질문을 던지거나 해당 관청이나 사법기관에 확인하는 척 연기도 필요하다. 어느 날, 모르는 전화번호로 전화가 와서 받았더니 중국 연변 어투로 자신이 어느 경찰서 형사라고 소개했다. 순간 '나도 형사인데~'했더니 그는 바로 끊었다.

다섯째, 최종 결정 전에 반드시 다시 확인한다. 결정을 망설일수록 상대는 급하다고 할 것이다. 하지만 급한 건 상대이고 부자는 급할 이유가 없다. 주위 전문가에게 물어보고 검증하여 확신이 들 때 그때 결정해도 늦지 않다.

사기 피해가 치명적인 이유는 피해 금액뿐만 아니라 그 돈을 마련하는데 걸린 노력과 시간을 헛되게 만들기 때문이다. 주위 사람들은 가능한 빨리 잊고 다시 시작하라고 조언하지만 피해자 입장에서는 여간 힘든 일이 아니다. 그래서 재산을 모으는 일만큼 지키는 일도 중요하다.

거대한 변혁과 부의 이동

경영학의 아버지라 불리는 피터 드러커(Peter F. Drucker)는 부의 이동을 단순히 돈이 한 사람에게서 다른 사람에게 이동하는 현상이 아니라, 경제 구조와 권력 중심이 바뀌는 근본적인 변화라고 했다. 1990년대 이후 '지식 기반 사회'로의 전환을 통해 부의 축적 방식이 산업자본에서 지식 자본으로 이동한다고 보았다. 과거에는 자본과 노동 중심으로 부의 원천은 공장, 기계, 자본, 대규모 노동력이었으나 미래는 지식과 정보를 중심으로 지식, 정보, 창의성, 문제 해결 능력 등이 부의 원천이라고 본 것이다. 즉 과거에 자본가나 제조업자가 부자의 지위를 누렸다면 미래는 지식근로자, 전문가, 발명가들이 부자의 자리에 오르게 된다고 예측했다. 정리하면 산업사회가 지식사회로 전환되면서 부의 원천이 자본과 노동에서 지식과 정보로 이동하는 현상을 부의 이동이라고 한 것이다.

실제로 산업혁명이 일어날 때마다 혁신적인 기술과 체제가 우리 사회에도 영향을 끼쳤고 거대한 변화를 가져왔다. 따라서 과거 대지주나 공장, 건물을 가진 자들이 부자의 지위를 누렸다면 이제는 대량의 정보와 지식을 가지고 빠른 문제 해결능력과 창의적인 사업을 영위하여 부자의 지위에 오르고 있다. 더불어 인구의 증가,

유한한 자원과 노동 임금의 상승으로 인한 인플레이션 현상 등으로 현물자산 가치는 폭발적으로 상승하면서 부의 편중도 갈수록 커지고 있다. 양태는 다르게 나타나겠지만 미래에도 이러한 현상은 반복될 것이다.

3차 산업혁명을 거치면서도 인구 증가를 비롯하여 대량생산을 위한 생산시설 확장과 활발한 물류를 뒷받침할 물류기지 확보 때문에 부의 이동 예측과 달리 우리 사회의 부동산 가치는 폭발적으로 상승했다. 즉 토지는 과거 농경사회에서 농산물을 생산함으로써 가치가 있었고, 디지털 시대에도 공장 부지나 물류기지로 이용되면서 더욱 생산적인 가치를 창출했다. 향후 숨 막히게 전개될 인공지능 시대에는 디지털 시대만큼 토지의 용도가 확장될 가능성은 없어 보인다. 따라서 인구의 증가와 급격한 물가 상승 등의 가변적인 변수가 없는 한 부동산은 더 이상 폭발적인 이익 창출은 어렵다고 예상된다. 그럼에도 불구하고 4차 산업혁명이 진행되는 동안에 사회적으로 최상위 부의 지위는 바뀔지 모르나 여전히 우리가 전통적으로 쌓은 부의 형태 즉 부동산, 금과 같은 현물자산과 주식, 채권 등 금융자산의 가치는 명맥을 유지할 것으로 판단된다.

참고로 미국 서부 개척 시대에 많은 돈을 번 사람들 중 다수가 금을 캔 사람이 아닌 광부들에게 물건을 판 사람들이었다. 대표적으로 리바이 스트라우스를 비롯한 청바지 업자, 곡괭이/삽 장수, 숙박업자, 음식 장수 등이 골드러시로 큰 부를 이룬 것이다. 참고로 '픽 앤 쇼블(Pick and shovel) 사업'이라는 표현도 여기서 비롯된 것이다. 유망 산업에 직접 뛰어들기보다, 그 산업에 필요한 도구나 서비스를 제공하는 것이 더 안정적으로 돈을 벌 수 있다는 의미다.

또한 인터넷과 스마트폰 보급이 가속화된 2000년대 후반~2010년대 초반, 공유경제 플랫폼 기업들은 기존 산업을 파격적으로 혁신하면서 등장했다. 트래비스 캘러닉(Travis Kalanick)과 가렛 캠프(Garrett Camp)는 눈 내리는 밤, 택시를 잡지 못한 경험에서 스마트폰으로 차를 불러내는 발상을 살려 개인 차량을 가진 일반인을 승객과 연결해주는 앱 기반 차량 호출 서비스 즉 우버(Uber)를 만들어 냈다. 또한 디자인 컨퍼런스 때 호텔이 부족해서, 자신의 거실을 에어 매트리스와 함께 빌려준 계기를 아이디어 삼아 일반인이 소유한 집의 빈 방이나 전체 공간을 숙박 공유 플랫폼으로 연결해 주는 에어비앤비(Airbnb)가 탄생했다. 이들은 자산을 소유하지 않고 수요자와 공급자를 서로 연결만 하는 플랫폼 비즈니스로 의외의 성공을 거두었고, 이후 비슷한 모델의 기업들이 줄줄이 생겨났다. 종종 더 이상 새로운 사업을 찾기 힘들다 생각하는 사람에게 크나큰 경종을 울리는 사례들이다.

한편 일부 사람들은 기술의 변화가 일어날 때마다 부의 기로에 선 경우가 많았다. 새로운 기술은 거대한 부를 보상으로 답하리라는 기대를 부풀렸고 과감히 투자했다가 성패가 엇갈린 경우가 많았다. 성공한 사례들이 많지만 기술적으로는 혁신적이었으나 사업성 부족으로 실패하거나 정체된 대표적인 사례들을 살펴보면 이리듐(Iridium) 프로젝트, 위그선(Wing-In-Ground effect vehicle), 스마트 그리드(Smart Grid), 3D TV, 세그웨이(Segway), 수소 연료차, 구글 글래스 등이 있다. 즉 이들 혁신적인 기술을 이용하여 상업화하는 과정에서 투자하거나 대리점 계약을 맺었던 사람들은 부득이 기대에 어긋난 결과를 맛봐야 했다. 부를 거머쥐려다 오히려 모두 잃어버린 경우가 많았던 것이다.

세상은 늘 변하고 있고 그 변화 속에 살면서 우리가 추구하는 삶을 살아가는데 가장 중요한 점은 담담하게 변화를 수용할 수 있는 자기 자신의 역량이다. 산업혁명이나 경제위기, 팬데믹 같은 변혁이 있을 때마다 엄청난 불안감과 함께 사회적 변화가 불가피했지만 따지고 보면 자국의 전쟁보다 자신이 속한 사회의 혁명보다 그리고 자신의 실패(사업, 사기)보다 자신에게 미치는 충격과 영향은 더 적은 법이다. 즉 언제든지 자신에게 자장 큰 영향력은 자기 신변의 변화이며 소속 집단과 사회의 혁명, 국가의 변혁 그리고 세상의 거대한 변화의 물결이 순차적으로 영향을 미친다. 물론 외부 환경의 영향으로 인한 자기 신변에 변화가 일어날 수 있다. 그렇지만 어느 경우든 자기 자신의 현재 위치 즉 건강한 신체, 현명하고 지혜로운 마인드 그리고 물질적 재산의 정도가 미래의 신체적, 정신적 그리고 물질적 부를 늘리고 지키는데 가장 중요한 요소임에는 변함이 없을 것이다.

지식과 정보는 눈짓과 손짓만으로도 쉬이 친해질 수 있는 순진한 친구들이다. 덩치는 크지만 융통성이 없다. 잔머리 친구와 어울리면 휩쓸리게 될 가능성이 크다. 잔머리는 기민하게 움직임이 좋아 행동이 재빠르다. 지식과 정보는 쉽게 제압당하거나 낭패를 보기 쉽다. 그래서 필요한 것이 지혜다. 지혜는 어디선가 나타나 해결사 역할을 자임한다. 지혜는 대개 삶의 현장에서 경험을 통해 얻을 수 있지만 가끔 빌려 쓰기도 한다. 비밀인데 지혜가 주로 서식하는 곳은 경험이 많은 사람의 머릿속이고 이를 체계적으로 보관하고 있는 곳은 양서(良書)다.

5장

부자의 세무 상식

21세기 세맹(稅盲)은 조세제도를 모르는 사람이 아니라
조세제도를 이용할 줄 모르는 사람이다.
부자는 세금을 두려워하지 않는다. 세금은 자기 배만 불린 나쁜 사람에게
부과하는 벌금이 아니라 기회를 잡은 사람에게 주어지는
영광스러운 의무이기 때문이다.

부자와 가장 민감하게 관련된 세금 분야가 재산세제이다. 재산세제는 통상 양도소득세, 상속세 및 증여세라 할 수 있다. 가끔 세금이 많다며 불평불만을 쏟아내는 사람을 본다. 세금은 기본적으로 재산과 소득이 있어야 매긴다. 또한 재산과 소득이 많으면 많을수록 세율이 높아지는 누진세율이 적용된다. 따라서 세금을 많이 낸다는 것은 그만큼 재산이나 소득이 많았다는 얘기다.

특히 증여나 상속의 경우 최대 50%에 가까운 세율을 적용하다 보니 머리를 싸매며 고심하겠지만 주위 사람들이 볼 때는 행복한 고민으로밖에 여겨지지 않는다. 이러한 고민을 섣불리 내뱉었다가는 오히려 핀잔을 듣기 일쑤다. 세금이 얼마가 됐든 증여상속을 받아봤으면 좋겠다는 말을 들어야 할지도 모른다.

특히나 양도소득세의 경우 더욱 그렇다. 양도소득세는 토지나 건물 등 부동산을 양도하여 얻은 양도차익이 생겼을 때만 그 소득분에 대해 부과하는 소득세의 일종이다. 양도세를 많이 냈다면 그만큼 소득도 많았다는 방증이다. 소득에 대해서는 대소에 상관없이 입을 다물지만 부과된 세금에 대해서는 대부분이 불만을 토로한다.

종합부동산세의 경우는 주택과 토지를 대상으로 자산 유형별로 합한 공시가격의 합산액이 공제금액을 초과하는 경우 그 초과분에 대하여 과세하는 세금이다. 종합부동산세 납부대상인 것만으로도 이미 상당한 재산을 보유하고 있다는 증거이며 많을수록 그 재산세는 비례해서 늘어날 것이다.

부자들은 적지 않은 세금 고지서를 보며 불만을 토로하지만 결코 이를 두려워하지 않는다. 입으로는 불만을 표시하지만 내심 흡족한 마음이다. 그만큼 수익을 냈기 때문일 테다. 정작 그들이 두려워하는 것은 세금을 내지 못할 때다. 소득이 없거나 손실이 발생했을 테니 말이다.

부자가 억수로 얄미운 이유

부자를 미워하는 마음이 강한 사람일수록 부자에 대한 열망도 대단하다. 마치 대기업을 비난하면서도 자녀가 대기업에 입사하면 자랑스러워하는 모습을 닮았다. 사촌이 땅을 사면 배가 아프다는 속담에서 보듯 우리는 친척이 부자가 돼도 시기하고 질투한다. 돈을 너무 밝히면 대머리가 된다는 말도, 돈을 밝히면 속물이라는 표현도 지극히 세속적인 사람을 경계하는 말이지만 정작 누구나 돈을 모으기 위해 자신의 신체적, 정신적 재산을 희생하고 물질적 재산을 이용하는데 적극적이다. 특히 교육자나 종교인들은 겉으로 돈에 대해서 거리를 둔다. 이들이 많은 재산을 가졌거나 이재(理財)에 밝다는 것은 교육자나 목회자로서 바람직한 자세가 아닌 것으로 치부한다. 하지만 그들도 부자에 대한 열망은 일반 사람 못지않고 상당한 재력가들이 많다.

그렇다면 부자들에 대한 반감은 어디에서 생기는 것일까?

조세법 전문가는 부자에 대한 부정적인 인식이 팽배한 이유는 세금에 대한 이해가 떨어지기 때문이라고 한다. 부자나 기업이 존재하기 때문에 세금이 들어오는 것인데 그들을 미워하고 반대하면 황금알을 낳는 거위를 죽이는 겪이라 주장한다. 일부 사람들은 부자들이 특혜나 부정한 방법으로 재산을 늘렸다는 선입견을 가지고 있다. 과거 정경유착이 그랬고 탈세를 일삼는 일부 부자들의 행태가 더욱 심증을 굳히게 했다. 더구나 최근에 편법을 통한 부의 편중이 더욱 가속화되는 현상을 보면 부자들은 여전히 미운털을 제거하지 않은 채 사람들의 반감을 즐기는 모습이다. 즉 탈세나 위법한 방법이 아닌, 법의 테두리 내에서 틈새를 이용하여 절세의 방법으로 여전히 막대한 재산을 늘려가는 꼼수를 부리기도 한다. 그러니 일반 사람들 눈에는 얄미울 수밖에 없다.

그러나 마치 오리가 유유히 저수지를 거니는 모습으로 비칠 테지만 물속 발은 열심히 휘젓고 있듯 부자의 이면에는 죽음을 각오한 노력도 있고 거리에 나앉은 애환도 있으며 냉철한 자기관리 속에 혀를 내두를 만큼 절약을 하고 있음을 간과해서는 안 된다. 더구나 가족, 지역, 모교, 양로원, 고아원 등 손길이 필요한 곳에 적잖은 기부를 하면서도 섣불리 이를 드러내지 않는다. 앞으로도 진짜 미워하지 말고 그들의 숨겨진 선행을 믿으며 단지 얄미운 감정으로 끝내기를 바라는 마음이다.

최소한 인정과 최대한 배려 - 과세, 비과세 그리고 세금

과세는 국가나 지방자치단체가 개인이나 기업의 소득과 재산, 부가가치 등에 대해 세금을 부과하는 것을 말하는데 그 종류에는 소득세, 부가가치세 그리고 재산세 등이 있다. 소득세는 개인이나 기업(법인소득세)의 소득에 대해 부과되는 세금이며 부가가치세는 제품이나 서비스의 거래 시 소비자가 부담하는 세금으로 최종 소비자가 납부하는 구조이다. 마지막 재산세는 소유한 부동산 재산에 대해 평가된 가치를 기준으로 부과한다.

반면 특정한 소득이나 재산에 대해서는 세금 부과 대상에서 제외하는데 이를 비과세라 한다. 비과세 항목은 세금 면제 금융상품이나 일정 금액 이하의 상속에 대해서는 면제 혜택이 주어진다. 보유 중인 부동산 재산과 관련하여 과세체계를 보면 기본적으로 물적 자산을 취득했을 때 취득세 그리고 보유 중에는 재산세와 종합부동산세, 소득세가 있고 마지막으로 양도했을 때 양도소득세가 발생한다.

재산세는 매년 6월 1일 현재 토지, 건축물, 주택, 선박, 항공기를 소유하고 있는 자에 대하여 과세하는 세목으로 토지는 매년 9월, 건축물은 매년 7월, 주택은 매년 7월·9월, 선박과 항공기는 매년 7월에 부과된다. 과세기준일이 6월 1일이므로 매매 잔금을 과세기준일인 6월 1일에 주고받은 경우에는 새로 부동산을 취득한 매수자에게 납세의무가 있으며, 6월 2일 이후 양도한 경우에는 6월 1일 현재 소유자인 양도자(전 소유자)에게 납세의무가 있다.

종합부동산세는 일정한 기준을 초과하는 토지 및 주택의 소유자에게 부과하는 세금이다. 인별로 소유한 전국 주택의 공시가격 합계액이 9억 원을 초과하는 경우(단, 1세대 1주택자는 12억 원을 초과한 경우), 인별로 소유한 전국 종합합산토지의 공시가격 합계액이 5억 원을 초과한 경우 마지막으로 개인별로 소유한 전국 별

도합산토지의 공시가격 합계액이 80억 원을 초과한 경우에 해당한다.

부동산 임대에 따른 소득이 발생했을 때 소득세가 부과되며 부동산을 매각했을 때 발생하는 양도차익에 대해 양도소득세가 부과된다. 또한 수증인 또는 상속인에게 재산을 이전할 때 증여세와 상속세가 부과된다. 하지만 이들 세금을 피하기 위한 요령과 방법은 늘 존재한다. 모든 소득과 부동산에 세금이 붙지만, 비과세 항목이 있고 과세기준일도 정해져 있다. 즉 어딘가에 회피할 틈이 존재한다는 사실과 이를 집요하게 파고드는 세무전문가 그리고 그 뒤를 봐주는 자산가가 있다.

자산 가격의 카멜레온
- 시가, 공시가격, 기준시가 그리고 감정가격

시가란 불특정 다수인 사이에 자유롭게 거래가 이루어지는 경우에 통상적으로 성립된다고 인정되는 가격이라 할 수 있다. 이러한 시가에 대하여 과세 당국은 납세자와의 충돌 방지, 예측 가능성을 부여하기 위해 시가의 범위를 각 세목에서 규정하고 있다. 시가의 범위로는 해당 자산의 매매사례가액, 감정평가가액, 유사매매사례가액, 기준시가 등이 있다.

세금은 납세자들이 나름대로 자신들의 이익 극대화를 위해 얻은 소득과 재산에 대해 국가가 합리적인 기준을 마련하여 부과한다. 세금부과를 위한 기준 중에 납세자와 의견충돌이 많은 분야가 세법상 '시가'의 개념이다. 세금 회피 의도가 전혀 없더라도, 납세자가 시가의 개념을 알 수 없어 세금을 제대로 신고할 수 없는 경우도 비일비재하기 때문이다.

세금은 국세와 지방세로 분류할 수 있으며, 해당 세목에 시가의 정의를 규정하고 있다. 세목에 따라, 국세와 지방세에 따라, 과세 대상 물건의 종류에 따라, 재화나 용역이냐에 따라 납세자는 시가를 사전에 확정 짓지 못하고 과세 관청의 부과가 있고 나서야 이를 다툴 수 있는 것이 현실이다.

시가로 활용하는 공시가격은 정부가 조사, 산정해 공시하는 가격이다. 부동산 가격의 지표가 되는 가격을 말하는데 토지분에 적용되는 부동산 가격은 개별공시지가이고 주택분에 적용되는 것은 주택공시가격이라 한다. 국토교통부에서 매년 공시기준일 현재의 표준주택과 표준지, 공동주택가격을 공시하고 있다. 이를 근거로 시.군.구에서 개별주택과 개별토지에 대하여 기초자치단체장이 공시한다. 이때 기초단체에서 조사한 특성과 표준주택, 표준지의 특성을 서로 비교하여 관련 기관의 검증을 받기도 하고 주택이나 토지 소유자의 의견을 수렴하기도 한다. 이때 주택이나 토지 소유자들은 어떻게 대응할까? 그들은 공시가격이 종합부동산세 및 재산세 등 국세 및 지방세의 부과 기준이 된다는 사실은 잘 알고 있다. 참고로 이러한 공시가격을 활용하여 과세표준을 산정하는데 있어서 국세의 경우는 '기준시가', 지방세의 경우는 '과세시가표준액'이라는 용어를 사용하고 있다.

공시가격 등이 근거가 된 기준시가는 토지나 건물 등 부동산과 골프 회원권, 특정 점포 이용권을 매매, 상속 또는 증여할 때 양도소득세나 상속세, 증여세 등의 과세액을 부과하는 기준이 되는 시가의 하나이다.

감정가격은 동산·부동산 기타 자산의 경제적 가치를 공신력 있는 감정기관이 평가한 가액을 말하며, 재산에 대한 시가를 산정하는 데 있어서 기준이 되기도 한다. 통상적으로 시장에서 정상적인 거래가 이루어지는 경우 성립될 가능성이 가장 높다고 인정되는 적정가격을 기준으로 하지만 실제 거래되는 시가와는 다소 차이가 있다. 특히나 국제간 거래가 일반적인 선박의 경우 그 차이는 훨씬 큰 편이다.

양도소득세의 경우 부동산거래에 있어서 시가의 판정은 해당 자산의 매매가액, 감정가액, 유사매매사례가액, 기준시가의 순위에 따라 한다. 감정가액은 납세자가 감정한 가격을 의미하기 때문에 감정가액이 없을 경우(해당 자산의 매매가액, 유사매매사례가액이 없다는 전제) 기준시가로 거래 가액을 설정할 수 있다는 것을 말하는 것으로서 저가 양도를 통해 부의 이전이 가능하다는 절세 전략이 숨어 있다고 할 수 있다.

최근 들어 이러한 절세 전략으로 자녀에게 꼬마빌딩의 자산 이전을 막고자 국세청이 감정 평가를 할 수 있는 근거를 마련하였다. 하지만 감정 평가에 소요 되는 예산 등을 고려하여 일부에 국한하여 실행하고 있기 때문에 부자는 절세의 기회를 놓치지 않고 세무 전문가를 통해 이러한 틈새를 공략하고 있는 중이다.

웃고 우는 증여세와 망할 놈의 상속세

증여세와 상속세의 가장 큰 차이는 피상속인의 생사 여부다. 즉 살아있을 때 넘겨주면 증여세가 적용되고 죽고 나면 상속세가 적용된다. 이들 세목은 세율이 동일하므로 기본적으로 세금 계산 구조는 거의 동일하다. 다만 재산 가액에서 차감하는 공제금액에 다소 차이가 있을 뿐이다. 이를 간단히 살펴보면 증여공제는 증여자별로 6억 원 또는 5천만 원(미성년 자녀 2천만 원), 1천만 원을 각각 적용하지만, 상속 공제는 피상속인의 유산에 대해 부과되므로 일괄적으로 10억 원(배우자가 사망했을 경우 일괄공제 5억 원 적용)을 공제받을 수 있다. 또한 증여세는 증여자별로 계산하기 때문에 공제액은 각각 다르게 되며 매 10년 단위로 적용되는 금액이다.

따라서 단순히 비교하면 공제금액이 큰 상속세가 절세에 유리한 것 같지만 상속재산이 크거나 예외적인 경우 상황은 달라진다. 어떤 사람들은 자신이 일구어 모은 재산을 죽기 전에는 자식에게 증여하지 않으려는 경향이 있다. 이러한 생각의 원인은 여러 가지가 있겠지만 조기에 자녀에게 물려 줄 경우 재산을 탕진하거나 방만하게 인생을 살 가능성, 자식이 부모를 홀대할 가능성 등이라 할 수 있다. 이러한 이유로 자신이 죽고 나서 재산을 받은 뒤 상속세를 납부하더라도 상당량 남은 재산이 있기 때문에 자식들의 불만이 없을 것으로 생각한다.

그러나 이는 세제를 제대로 이해하지 못한 데서 오는 착각이다.

예를 들어 400억 원에 달하는 빌딩 소유자가 사망했다고 하자. 이 경우 상속세는 대략 193억 원가량 발생한다. 빌딩을 상속받은 자녀들은 과연 행복해할까? 상속받은 자녀는 상속세 193억 원을 차감한 207억 원의 상속재산이 생겼으니 마냥 행복하다고 느낄까? 만약 자녀가 193억 원의 상속세를 부담할 능력이 없다면, 상속세 재원 마련을 위해 자녀는 빌딩을 급매로 파는 수밖에 없을 것이다. 매각 대신 연부연납 10년을 신청하더라도 매년 약 20억 원에 달하는 상속세 납부 재원을 마련해야 한다는 부담감 때문에 스트레스를 받을 수밖에 없고 결국은 매각할 수밖에 없다. 다행히 자녀들 사이가 좋은 경우라면 부동산매각을 통해 상속세를 납부하고 남은 재산에 대하여 재산분할 협의가 원만히 이루어질 것이다. 그러나 통상적으로 사이가 좋고 안 좋고를 떠나 부모가 생전에 자녀간 상속재산 분할 조정을 해놓지 않았다면, 상속 과정에서 갈등은 필연적으로 발생하고 심지어 소송까지 진행되며, 이러한 과정을 거치게 되면 상속인 사이는 원수지간으로 바뀌게 된다. 결국 본인의 사망으로 인해 상속세를 납부하고 남은 재산을 상속받은 자식들이 감사할 것이라는 예상은 빗나가고, 오히려 자식들로부터 원망을 받게 되며 자식들 우애를 망치는 결과를 초래할 수도 있다.

이러한 사례들을 간접 경험을 통해 잘 알고 있는 부자는 전문가의 도움을 받아 가급적 젊은 시기에 부를 자녀에게 이전하는 전략을 택하고 있다. 죽을 때까지 자신의 부를 고집하는 부모를 자식은 어떤 마음으로 바라보게 될까? 일반적으로 자녀가 젊을 때는 직장을 다니거나 경제활동을 하기 때문에 부모의 재산을 탐내지 않는다. 하지만 퇴직하거나 소득이 급격히 줄면 부모의 재산 이전 꼼수를 가질 수밖에 없다. 그래서 부모의 현명한 증여 전략은 반드시 필요하다고 하겠다.

과세 대상이 아닌 재산 - 어디라도 귀염둥이는 있다

가상자산의 보유세는 없고 발생하는 소득에 대해서는 과세하기로 했으나 당분간 유예한 상태다. 다만 가상자산을 상속·증여할 때 과세하지만, 현실에서는 편법적인 부의 이전도 얼마든지 가능하다. 또한 가상자산은 관세청이 사전 감시를 할 수 있는 제도가 아직 마련되지 않아 세금부과는 불가능하다.

미국 달러나 금 또는 예술품에 대해서도 소유만으로 세금을 부과하지 않는다. 하지만 이들은 시간이 지나면 가격이 달라진다. 미국 달러의 경우 달러의 가치가 달라지는 것이 아니라 우리 원화의 가격이 등락하는 것이다. 우리의 정치, 경제가 불안할수록 원화 가격은 하락하고 우리나라의 신용도가 상승할수록 원화 가격은 상승한다. 금은 국내외 수요에 따라 가격이 등락을 거듭하지만, 인플레이션이 강할수록 즉 화폐가치가 떨어질수록 금 가격은 상승한다. 예술품은 세월이 흐르면 흐를수록 상승하지만, 그 상승폭은 예술가의 명성에 따라 좌우된다.

달러나 금 거래는 꾸준하게 일어나고 있으며 한때 금고가 불티나게 팔린 적이 있었다. 또한 일부 재벌가에서 사립미술관을 운영하는 사례들을 볼 수 있다. 개인적인 취미나 수집, 보존, 전시의 목적이 대부분이겠지만 이런 현상들은 개인의 재테크나 세금 문제와 무관하지 않다. 부자들은 정치 상황이나 경제 동향에 민감하다. 복잡한 정치 상황이나 급변하는 경제 동향에 탄식과 분노를 쏟아내기보다는 그 이면을 유심히 들여다보고 미래를 가늠한다. 예민한 촉을 가질수록, 주위 변화에 동물적 감각을 발휘할수록 부자의 기운은 강하다.

세금도 열외가 있다 - 공제, 면제 그리고 세액공제

세금 공제는 일반적으로 소득이나 세금 일부를 제외시켜 세금 부담을 줄여주는 제도이다. 공제, 면제, 세액공제의 차이점은 공제와 면제는 모두 과세 소득을 줄이는 반면, 세액공제는 세금을 줄여준다는 점이다. 이들을 세부적으로 살펴보면 다음과 같다.

소득공제는 개인의 소득에서 특정 항목을 차감하여 과세표준을 줄여준다. 소득공제의 종류로는 본인과 부양가족을 기준으로 모든 납세자가 받을 수 있는 공제인 기본공제와 기부금, 의료비, 교육비 등에 대한 특별공제 그리고 개인이 납부한 연금 보험료에 대한 연금 보험료공제가 있다. 과세와 비과세의 기본적인 개념을 이해하고 소득공제를 적극적으로 활용하면 세금을 효과적으로 관리할 수 있어서 절세 효과를 볼 수 있다. 즉 세금 면제 금융상품이나 연금보험 상품에 가입하거나 기부금 영수증 특히 정치후원금 영수증이나 의료비 지출기록 그리고 특별한 지출 항목에 대해 정리해 두면 연말정산 할 때 소득공제를 받을 수 있다.

부녀자 공제는 생계를 책임지고 있는 여성 근로자를 위한 특별 공제인데 세대주인 경우와 배우자가 없고 부양가족을 돌보는 경우 그리고 싱글맘이나 부모님을 모시고 사는 경우에 해당 된다. 누진 공제는 소득이 많아질수록 세율이 높아지는 누진세 구조 때문에 소득 구간이 변경될 때 일정 금액에 대해 공제해 주는 제도이다.

세액공제는 연말정산과 같은 세금의 정산에 있어, 공제 항목의 세금이 미리 정해져 있어서 요건에 해당되는 경우 그만큼 세금을 줄여주는 방식으로 산출된 세액에서 정책적으로 일정액을 공제하고 납부할 세금을 정하는 세법 규정이다. 납세의무자 개인의 조세 부담능력과 소득세 부과 정도를 결부시켜 최저생활비용 및 개인적 사정을 충분히 반영하고 소득의 불균등 현상을 완화하여 소득 재분배를 실현하기 위한 공제이다.

이들 대부분은 미리 정해진 공제와 면제 제도를 적용하지만 제대로 혜택을 보려면 자신이 꼼꼼히 챙겨야 한다는 것이다. 일상에서 기부금, 교육비, 의료비 등이 발생할 때마다 필요한 증빙을 챙겨두는 습관이 필요하다. 증빙을 보관하지 못해 다시 증빙서류를 발급받고자 하는 경우 시간과 경비가 발생할 수 있고 가끔 병원이나 약국이 파산한 경우 재발급을 받지 못할 수도 있다.

정부도 기분 좋을 때는 쪽문을 개방한다.

부동산등기 특별조치법은 부동산거래에 대한 실체적 권리관계에 부합하는 등기를 신청하도록 하기 위하여 부동산등기에 관한 특례 등에 관한 사항을 정함으로써 건전한 부동산 거래 질서를 확립하기 위해 적용한다. 절차 자체가 간편하게 이루어지는 데다 사실과 동일한 등기를 할 수 있도록 조치하므로 비용도 절감된다. 부동산등기 특별조치법은 한시적 법률이기 때문에 부동산등기 특별조치법이 부활 되었을 때 시기를 놓치지 않고 적용받는 것이 가장 중요하다고 할 수 있다.

혼인증여재산공제는 부모님이나 조부모님 등 직계존속으로부터 결혼자금 명목으로 재산을 증여받는 경우 원칙적으로 증여세가 부과되나 혼인으로 인한 증여의 경우 기본적으로 10년 동안 5천만 원외 추가로 1억 원까지 공제받을 수 있다. 혼인일 전후 2년 이내에 증여받는 경우 해당되고 만약 부부가 양가에서 각각 최대 1억 5천만 원씩 증여받는 경우 합산 3억 원까지 공제된다.

창업자금 증여세 과세특례는 60세 이상의 부모가 18세 이상 자녀에게 창업자금을 증여할 경우 세금 부담을 줄여주는 제도인데 창업자금 한도는 5억 원, 증여세율은 5억 원 초과 금액에 10% 세율을 적용한다.

정부나 세무 당국에서는 감세든 부과 정책이든 안내만 할 뿐 각각의 개인 사정을 세세하게 파악하여 세금을 부과하지 않는다. 따라서 절세의 기회는 개인이 챙겨야 하며 본인이 권리를 챙길 때 국가는 이를 허용한다.

반면 우리는 보통 정부 기관이나 공공기관에서 하는 일은 절대적으로 신뢰한다. 그들이 수수료나 세금을 결정하고 통보했을 때는 아무런 의심 없이 납부한다. 심지어 주소 이전으로 제때 받지 못했거나 배달 실수로 납부 기한 내에 통지서가 도달하지 못한 경우라도 이를 바로잡기 귀찮아서 연체료가 포함된 납기후금액을 치르는 경우가 허다하다.

행정상 문제가 발생했거나 오해의 소지가 있는 상황이라면 언제든 문의하고 확인하면 바로 잡을 수 있다. 과도한 세금은 분납이 가능하며 기업의 상속세는 주식으로 납부하는 것도 가능하다. 심지어 잘못 과세한 경우라면 되돌려 받기도 한다.

납세고지서에는 담당 공무원의 이름과 연락처가 명확히 기재되어 있다. 언제든 연락하면 그들은 친절하게 안내한다. 또한 민원인의 불편이 없도록 최대한 배려한다. 따라서 부과된 세금이 조금이라도 의심스러운 생각이 들면 주저 없이 담당 공무원과 소통해야 한다.

비밀스러운 개인회사와 알쏭달쏭 주식회사

개인회사는 한 사람이 소유하고 운영하는 회사 형태로서 흔히 개인사업자라 부른다. 사장이 모든 결정을 내리며 수익과 손실도 자신이 부담한다. 회사를 운영하다 부채가 생기면 사장이 무제한으로 책임을 져야 한다.

반면 주식회사는 다수의 투자자가 자본을 모아 설립하며, 독립적인 법적 지위를 갖는 법인이다. 여러 사람이 자본을 출자하여 자금을 마련한 만큼 그에 상응하는 지분을 갖게 되고 그 지분만큼 책임을 지게 된다. 투자자가 여럿인 만큼 신뢰를 위해 철저한 회계관리와 공시를 요구한다. 법인회사는 주식회사, 유한회사 등 법적 성격에 따라 여러 형태로 구분할 수 있다.

주식회사의 경우는 투자자들이 자본을 모아 설립한 회사로 소유권을 주식 형태로 나누어 갖는다. 투자자는 주식을 통해 회사의 지분을 갖게 되며 그 지분만큼 이익을 배당받을 권리를 갖는다. 가진 주식이 많을수록 회사 의사결정에 영향을 미치게 된다. 또한 투자자는 자신이 투자한 금액만큼만 책임을 지는데 대표이사의 경우 금융기관이 대출 과정에서 연대보증을 요구함으로써 실제로는 대표이사의 무한책임인 경우가 많다. 또한 투자자의 신뢰를 위해 회계와 운영을 투명하게 관리해야 할 책임이 있다.

세금에 있어서도 차이가 분명하다. 개인회사는 소득세율을 적용하지만 주식회사는 법인세율을 적용한다. 즉 개인회사의 사업 수익은 대표의 소득으로 간주하여 종합소득세가 부과되고 세율은 소득금액에 따라 최대 45%까지 적용된다. 반면 법인회사의 수익에 대해서는 법인세가 부과되며 세율은 10%~25%로 상대적으로 낮다. 다만 배당금을 통해 주주가 가져가는 금액은 추가로 소득세가 부과된다. 법인이 개인사업자보다 세율이 낮다는 점을 이용하여 프로선수나 일타 강사 등 고소득 개인들이 법인을 설립하여 절세 효과를 노리는 경우가 있다. 또한 고가의 건물이나 토지 소유자들이 법인(일명 가족법인)회사를 만들어 임대료나 가격상승에 따른 수익을 월급이나 배당을 통해 증여하며 막대한 절세 효과를 누리기도 한다.

대표이사의 착각 안에 갇힌 법인

100% 지분을 가진 중소기업 대표이사들은 법인이 곧 자신의 소유라는 착각을 하는 경우가 있다. 부채마저 망각하고 회사의 관리하에 있으면 모두 대표이사 자산으로 착각한다. 그래서 나타나는 증상들이 몇 가지 있다.

첫째, 법인자금을 사금고처럼 이용한다. 그 결과 대가를 치른다. 대표이사 가지급금은 부지불식간에 늘어난다. 사적으로 유용한 돈을 포함하여 본인과 직원이 법인자금을 사용하고 영수증을 못 챙겼거나 잃어버린 경우, 고객의 요구에 따라 현금 지급된 경우, 협력업체의 요청에 따라 먼저 지급된 경우, 지인들에게 빌려주는 경우 등 참으로 다양한 이유로 사용된 금액을 모두 대표이사 가지급금으로 잡힌다. 그리고 갚지 못한 금액은 대표이사가 매년 인정이자를 지불해야 하며, 인정이자를 법인에 변제하지 않을 경우 인정이자 또한 가지급금이 되어 가지급금은 계속 쌓이게 된다. 부득이 배당을 받아 갚아야 하는 경우라면 배당세(최고세율 45%)를 부담해야 하므로 결국 대표이사 가지급금은 이자가 최대 절반에 이르는 사채인 셈이다.

둘째, 법인카드 사용을 남발한다. 법인카드의 사용은 통장에서 돈 빠지는 소리가 들리지 않는다. 즉 과도하게 새어나가도 경각심을 느끼지 못하게 된다. 부지불식간에 사용하게 되는 이유다. 갈수록 무분별하게 사용하는 부분이 많아지고 세무서에서 인정하는 제비용의 한계선을 넘는 경우가 발생한다. 이렇게 인정받지 못한 비용은 결국 이익금으로 처리돼 20%가 넘는 법인세가 부과된다. 즉 남들보다 20% 비싸게 지불한 셈이 된다. 이에 더하여 비용으로 인정받지 못한 부분에 대하여 대표이사의 상여로 처분되어 소득세 부담을 지는 경우도 발생한다.

셋째, 마구잡이식 투자로 인한 손해를 입는 경우가 있다. 사업의 규모가 커지면 주위에서 이런저런 투자 제의가 들어온다. 돈이 될 만한 사업이 보이면 곧바로 뛰어들다 손해를 입고서야 손을 뗀다. 사업을 늘려가야 하는 것은 경영자의 숙명이지만 이길 수 있는 게임을 선택해야 한다. 그렇지 않으면 실패비용만 쌓이게 된다.

넷째, 실속보다 체면 유지에 과하게 신경 쓴다. 우리나라 사람은 사업을 하면 우선 넓은 사무실과 값비싼 사무기기를 구매하고 여직원부터 뽑는다고 한다. 고급 자가용을 구매하고 골프를 치며 대표이사 명함을 만들어 돌린다. 그에 반해 일본 사람들은 최소한의 사무실 공간을 확보하되 초기에는 아내를 직원으로 일하게 한다고 한다. 허세를 부리면 그만큼 비용은 늘어난다.

다섯째, 접대문화와 골프부터 배운다. 접대문화는 대한민국의 병폐이긴 하나 사업을 하려면 어쩔 수 없다. 작은 감사의 표시부터 시작했던 것이 결국 액수가 커지고 여기저기 남발하게 된다. 술자리는 영업상 필요할 테지만, 과하면 헛된 비용이 발생하고 건강을 잃을 수도 있다.

골프가 국민스포츠가 된 지 오래다. 사교의 장으로 그만한 곳이 없다. 골프는 운동이기도 하고 자신의 스트레스를 풀기 위해서도 필요하다. 하지만 골프의 재미에 빠져 회사가 존폐 위기까지 가는 경우를 봤다. 과하면 반드시 대가를 치르게 돼 있다.

법인의 자산이 대표이사 개인재산이 되려면 종합소득세(최고 45%)를 내야 하지만 대표이사의 재산이 법인 자산이 되는 데는 제한이 없다. 더구나 대표이사는 법인의 연대 보증인이다. 혹여 은행 대출이라도 받았다면 대표이사는 부지불식간에 연대 보증인으로써 서명했을 것이다. 그러니 회사의 흥망은 법인만의 문제가 아닌 대표이사 가정의 문제와 직결되어 있다. 또한 회사에 문제가 생기면 전적으로 대표이사가 책임을 져야 한다. 회사가 망하면 집안도 망하는 악순환이 계속되는 이유다. 그러니 냉철한 인간이 되어야 하고 주위에서 독한 놈이라 비아냥거리는 것쯤은 웃으며 지나칠 수 있어야 한다.

등록이 마무리되지 않은 가수금과 가출 중인 가지급금

스타트업이나 중소기업의 경우 안정적으로 사업이 운영되고 투자금을 충분하게 확보하기 전까지는 운영자금이 부족한 경우가 가끔 있을 수 있다. 이에 따라 회사 대표는 회사를 어떻게든 운영해 나가기 위하여 개인 자금을 회사에 투입하고, 급하게 자금이 필요할 때는 기업의 운영자금을 이용함으로써 업무용과 개인용 비용지출이 섞이는 일이 종종 발생하게 된다. 이러한 과정에서 발생하는 것이 바로 가수금 및 가지급금이다.

가수금은 실제로 현금 수입이 있었으나 거래 내용이 분명하지 않거나 완전하게 거래가 종결되지 않아서 계정과목 및 금액이 미확정일 때 현금 수입을 일시적 채무로 표시하는 항목이다. 쉽게 말해 가수금은 회사가 갚아야만 하는 부채이며 대표에게는 채권이 되는 항목이다. 이러한 가수금은 부채비율과 유동비율, 당좌비율을 높이는 주요 원인이 되기 때문에 회사의 재무구조를 불안정하게 만들고, 가수금이 있는 회사는 부채비율이 높아지므로 재무구조에도 안 좋은 영향을 끼치게 된다. 이로 인해 기업의 신용등급도 떨어지게 되고 금융권 대출 또는 공공사업 참여에도 어려움을 겪을 수 있다.

특히 가수금이 3년 이상 정리되지 않았거나 매출액 대비 가수금의 비중이 업종 평균보다 크게 높을 경우, 세무조사 대상에 선정될 확률이 높아진다. 세무조사 시 가수금에 대한 증빙을 확실하게 할 수 없거나 가공 경비, 가공 자본금, 매출 누락 등으로 인하여 가수금이 생긴 것이 밝혀질 경우, 소득세, 신고불성실가산세, 부가세, 납부불성실가산세 등을 납부하게 될 수도 있으며, 매출 증가에 따른 법인세가 추가로 발생할 수 있다.

또한 대표에게는 가수금이 채권으로 분류되어 개인재산에 포함되기 때문에 상속할 때 상속세가 증가할 수 있다. 가수금을 처리하기 위한 가장 좋은 방법은 현금상환이다. 다만 가수금 금액이 크거나 자금을 조달하기가 어려울 경우 출자전환을 통한 자본 확충방법이 있는데 이는 재무구조를 개선하고 부채비율을 낮추는 효과가 있다.

가지급금이란 실제로 현금의 지출이 있었으나 거래 내용이 완전하게 종결되지 않았거나 거래 내용이 불분명해서 계정과목 혹은 금액이 미확정인 경우, 현금 지출을 일시적 채권으로 표시하는 계정과목을 말한다.

대표이사 가지급금을 정리하지 않고 누적될 경우 매년 4.6%의 인정이자가 발생하는데, 인정이자만큼 산입되어 법인세가 늘어나게 된다. 또한 회사에 대출금이 존재할 경우 가지급금의 비율만큼 이자 비용을 인정받지 못하여 추가로 법인세가 부과된다. 인정이자를 내지 않을 경우 대표이사의 상여로 처리돼서 소득세가 늘어나고 복리로 이자가 불어나게 되는데, 이는 폐업, 청산 등 특수 관계가 소멸할 때까지 이어지게 된다.

가지급금의 금액이 적을 경우 대표이사의 개인 자산으로 상환하거나 상여금 지급, 급여 인상 등의 방법으로 처리가 가능하다. 그러나 금액이 클 경우 대표적으로 특허권 활용이 있다. 대표이사나 주주가 보유하고 있는 특허권을 미래가치로 현가화하여 평가하고 가치평가 금액만큼 회사에 현물출자 형태로 유상증자 시 재무구조 개선 효과와 함께 가지급금 처리가 가능하다. 이외에도 자사주 매입, 법인 이익잉여금 활용, 배당정책을 통한 배당수익으로 처리 등 다양한 방법으로 가지급금을 처리할 수 있다.

이들 가수금, 가지급금이 대표이사에게는 앞으로 남고 뒤로 밀지는 주요 원인이 되기도 한다. 얼마 되지 않은 금액은 손쉽게 처리하지만 쌓이고 쌓이면 어느 순간 감당하지 못할 금액이 되고 만다.

부모가 안겨준 로또 당첨
- 증여, 사인증여, 유증 그리고 상속

증여는 당사자(증여자) 일방이 무상으로 재산을 상대방에 수여하는 의사를 표시하고 상대방(수증자)이 이를 승낙함으로써 성립하는 계약이다. 무상으로 주는 것이지만 수증자가 수락해야만 증여가 성립되기에 단독행위가 아니라 계약 행위다.

사인증여(死因贈與)는 증여자의 사망으로 비로소 효력이 발생하는 증여를 말한다. 유증은 아무런 대가 없이 유언을 통해 재산의 전부 또는 일부를 이전하는 행위로 단독행위다. 유증은 재산을 목적으로 하지만 채무의 면제도 유증의 대상이 될 수 있다. 수증자는 친족관계를 떠나 법인, 제3자도 수증자가 될 수 있다.

상속은 피상속인이 사망했을 때 남은 재산을 상속인이 넘겨받는 것을 말한다. 다만 피상속인이 유증을 한 경우 유언에 따라 유증이 먼저 이루어지고 남은 재산을 상속인이 상속받게 된다. 즉 법적으로는 피상속인의 유언에 따라 재산이 분배되는 것이 유증이며, 유증을 한 이후 남은 재산을 법정 상속분에 따라 분배하는 것을 상속이라 한다.

이는 경우에 따라 유류분 청구 소송이나 기타 소송이 발생할 수 있으나 여기서 다루는 내용은 세금 관련 사항이므로 민법상 자세한 사항은 줄이기로 한다.

1997년 KAL 801편이 괌 앤토니오 B. 원 팻 국제공항 근처에서

추락하는 사고가 발생했다. 당시 현직 국회의원을 포함하여 많은 탑승객이 사망한 사고였는데 그중에서도 특별히 관심을 끈 경우는 인천 A그룹 회장 일가족 사망이었다. 일가족이 모두 사망한 관계로 한국에 홀로 남은 사위가 1,000억 원에 이르는 재산을 대습상속 받게 된 사건이다. 물론 상속 전에 회장 동생과 사촌들이 나서서 소송을 제기했지만, 대습상속이 법정에서 최종 확정됐다. 대습상속이란 어떤 상속인이 상속이 시작되기 전에 사망하거나 상속 자격이 없어질 경우, 그 사람의 자녀나 배우자가 대신하여 상속자가 되는 것을 말한다.

‡ 후배 L은 자녀가 태어나자마자 곧바로 증여세 면제 한도인 2천만 원을 증여했다. 물론 이 사실을 세무서에 신고했다. 또한 이 자금은 곧바로 자녀 명의로 주식이나 채권에 투자됐다. 그의 딸은 초등학교에 입학하기도 전에 수천만 원의 자산가가 돼 있었다.

‡ 많은 부모가 자식 명의로 주택청약통장을 만들어 준다. 주택청약 1순위 조건을 알고 있기 때문이다. 무주택기간이 길수록, 부양가족이 많을수록, 그리고 입주자 저축 가입 기간이 길수록 가점이 높다.

‡ 최근에 자녀수가 줄면서 사촌 형제들도 그만큼 줄었다. 따라서 명절이면 세뱃돈을 상대적으로 많이 받는다. 친척들로부터 용돈 받을 기회도 많고 금액도 커졌다. 일부 부모들은 자식 명의로

주식통장을 만들어 일정 금액을 투자하고 주택청약부금도 들어주고 있다.

‡ 구순의 지인은 슬하에 아들 둘, 딸 둘을 두었는데 평생을 고생해서 마련한 수천 평의 전답 상속 문제로 골치를 앓고 있다. 큰아들은 40대 중반에 아이가 있는 여자와 결혼하여 어느덧 30여 년이 흘렀다. 문제는 둘 사이 친자식이 없는 상황에서 전답 증여를 원한다는 것이다. 막내아들도 40이 넘어서 뒤늦게 결혼하여 현재 딸 하나를 둔 상태다.

그분의 걱정은 가진 땅을 누구에게 넘겨주든 후대에는 자신의 친손자에게 넘어가지 않게 된 점이다. 큰아들은 친자식이 없고 막내아들 역시 딸 하나만 두고 있으니 자신의 땅을 증여해도 자손 대대로 지켜질 기대는 사라진 것이다.

2000년 이전에는 소유 재산이 대부분 땅과 단독주택을 기반으로 하였으므로 이에 대한 상속이 일반적이었으며 장자상속을 원칙으로 하였다. 재산세의 경우 주로 공시지가를 기준으로 과세하였으며 소득세 역시 납세자의 소득신고에 의존하여 세금을 부과하는 경우가 많았다.

그러나 2000년 이후에는 산업화와 도시화가 가속화되고 핵가족화 현상이 두드러지면서 점차 증여상속 대상이 아파트와 건물의 비중이 증가하였다. 또한 이들 가격은 급격히 상승하여 세율도 급등하였다. 따라서 공시지가보다 감정평가를 받는 편이 유리한 경우가 많아졌다. 또한 국세청 금융전산망이 완료되어 개개인의 금융기록(은행, 보험사, 증권거래소)부터 부동산 기록(국토부 주택거래 내용 조회 가능)까지 누적, 관리되고 있다. 더구나 전자계산서가 발행됨으로써 소득에 대한 누락은 불가능하게 되었다.

당신의 돈의 흐름을 쥐도 새도 알고 있다.

금융정보분석원(Financial Intelligence Unit, FIU 혹은 KoFIU)은 금융기관을 이용한 범죄자금의 자금 세탁 행위와 외화의 불법유출을 방지하기 위하여 '특정금융거래정보의 보고 및 이용 등에 관한 법률시행령안'과 당시 '재정경제부 직제 개정안'에 따라 2001년 설립되었다. CTR과 STR 두 가지 보고제도를 통해 금융기관으로부터 의심스러운 금융거래 내용을 보고 받고 금융정보를 수집·분석하여 이를 관계기관에 제공하며, 업무 특성상 법무부·금융위원회·국세청·관세청·경찰청·한국은행·금융감독원 등 관계기관의 전문 인력으로 구성되어 있다.

고액현금거래보고제도(CTR Currency Transaction Report)는 특정 금융 거래 정보의 보고 및 이용 등에 관한 법률 제4조의2 제1항에 근거한 제도이며 자동으로 보고되는 시스템이다. 이 제도에 따르면 금융회사가 하루 1,000만 원 이상의 현금 거래는 30일 이내에 금융위원회 산하 금융정보분석원에 보고돼야 한다는 것인데 금융회사 직원의 개입 없이 시스템적으로 FIU에 자동 보고 처리된다.

보고 대상 거래는 동일 명의자의 계좌를 기준으로 하나의 은행 내 거래 합계만 보고 대상이다. 또한 입금과 출금은 별도 계산 즉 하나의 은행에서 1일 현금 천만 원을 입출금하면 보고 대상이다. 예외적으로 공과금 납부를 위한 현금 출금은 제외된다. 또한 계좌이체와 수표거래 역시 보고 대상이 아니다.

의심거래보고제도(STR Suspicious Transaction Report)는 금액과 관계없이 의심스러운 거래는 금융정보분석원에 보고하는 제도이다. 즉 금융회사 직원이 이상하다고 판단되면 의무적으로 보고해야 한다. 허위 보고하거나 보고를 누락해도 처벌받는다. 만약 금융회사 공모가 밝혀지면 영업정지 처분도 가능하다. 금융정보분석원은 보고된 거래를 분석해 필요한 데이터를 추출하고 이를 국세청, 검찰, 경찰 등 사정기관에 제공한다. 국세청은 조세 탈루 혐의 확인이나 체납자의 은닉 재산추적에 이러한 데이터를 적극 활용한다.

과거 소득신고 누락이나 탈세가 가능했을지 모르나 이제는 불가능하다. 따라서 부자들은 공제, 면제제도 등을 이용한 절세와 법적인 테두리 내에서 다양한 전략으로 세금을 줄이는 방법을 강구하게 되었다. 대표적인 것이 가족 법인을 통한 증여와 혼인, 창업자금지원 그리고 가업승계 등의 방법을 적극적으로 이용하고 있다.

특히 자녀가 태어나는 시점부터 증여공제 제도를 이용하여 부모가 미리미리 증여를 통한 주식투자나 주택청약통장 가입 등 재테크를 대신해 주고 있다. 증여공제 방법을 충분히 이용하고 그 외

절세의 방법을 강구함으로써 현명한 증여를 하고 있는 것이다. 더구나 살고 있는 주택을 대상으로 매매계약을 통해 또는 개발 지역 안에 있는 빌라를 매입하여 증여하는 방법을 강구하기도 한다. 부자들은 부의 조기 이전을 통해 자녀의 경제 사정을 안정화 시켜 여유롭게 살아가도록 배려한다. 자녀 역시 부모가 재산 문제와 관련하여 가르쳐주거나 지시한 대로 따르며 현명하게 관리한다.

특히 토지나 건물에 대해 가족법인 명의로 등록해 지분만큼 증여하고 있는데 개인 자산에 대해서는 누진세율을 적용하지만, 법인 자산에 대해서는 단일세율을 적용하기에 자산이 크고 고가일수록 절세 효과도 크다. 또한 단일 상속 자산에 대해 부분 상속을 받은 경우, 상속인 사이 서로 의사가 다른 경우 공유분할 소송을 하거나 다툼 가능성이 있는데 반해 가족법인소유의 경우 지분만 상호 교환, 매매 처리하면 절세뿐만 아니라 가족 간 분쟁의 소지도 방지할 수 있어 유용하다.

부모가 자식에게 증여에 적극적인 경우는 대개 자녀가 부모의 뜻에 따라 대학, 직장(직업), 결혼을 순차적으로 이행한 경우이고 반대로 소극적인 경우는 자녀가 취업, 결혼을 하지 않았거나 부모와 사이가 좋지 않은 경우가 많았다. 특히 과거 증여받은 재산으로 도박, 유흥에 탕진한 경우는 부모가 추가적인 재산증여를 꺼리고 있었다.

일반적으로 부자의 자녀라도 30~40대에는 사이가 좋다. 건강은 물론이고 경제활동이 왕성한 시기라 부모 재산에 크게 욕심낼 상황이 아니라 그렇다. 그러나 50대에 접어들면 몸의 기능도 저하

되고 퇴직압력에 시달리다 보면 미래에 대한 불안감이 가중되고 그의 자녀들 역시 대학 학자금이나 결혼자금 문제가 대두되는 시기라 은근히 부모 재산에 관심을 두게 된다. 이때 다른 형제자매들과 이해관계가 얽히면서 다툼이 시작되는 경우를 종종 보게 된다. 아무리 부모가 재산이 많아도 형제자매간 분배하는 과정에서 다툼이 시작되면 재산은 흔들리기 시작하며 그 다툼이 길어질수록 결말은 파탄지경에 이르고 형제자매 사이도 이미 파산이다.

중산층은 최대한 세금을 줄이려고 하는 것이 절세라면 부자는 법의 테두리 내에서 세무 전문가를 통해 조세제도를 이용하여 최소한의 세금만 부담하는 것이 절세다. 법의 허점을 파고들어 법의 한계를 이용하는 점에서 조세회피라 하겠지만 사실 부자의 상식으로는 절세를 한 것이고 일반인의 시각으로는 조세회피처럼 보일 뿐이다. 법의 테두리 내에서 자신들의 위치를 조정함으로써 세금을 회피한 것이기 때문이다.

예를 들면 시가 30억 원 아파트를 부자지간에 매매계약을 하고 전세 형식을 이용하는 경우를 가상해 보면 이렇다. 전세 20억 원, 양도소득세 2천만 원, 10억 차익에 대해 3억 원 공제, 7억 원에 증여세 2억 원을 부담하면 증여와 매매를 통한 적법한 증여가 마무리된다.

또한 서울 강남에 살고 있는 유명 연예인 부부가 취득세 8% 중과되는 수도권 과밀억제권역에 중과세 없이 건물을 취득했다. 부부는 취득세 중과 예외 지역(용인, 파주)에 법인을 설립하고 강남에 건물을 매입했던 것이다. 사회적으로 비난은 있을지라도 법적으로 문제 될 소지는 없었다.

전문가를 다루는 전문가

최근 중소기업과 소상공인의 가업승계가 주목받고 있다. 상속인이 과도한 상속세를 납부하면서 파산에 이르거나 아예 상속을 포기하는 경우가 생겨나고 있다.

잘 알다시피 기업이 이익을 내면 우선 20%를 초과하는 법인세를 내야 한다. 대표이사가 배당을 받는 경우, 다른 소득과 합산해 적용하다 보면 통상 최고세율인 45%에 이르는 배당세를 부담해야 하고 여기서 자녀에게 증여하게 되면 최고세율 50%에 이르는 증여세를 내야 한다.

대다수 국민은 다른 세금보다도 증여상속에 시기와 질투심을 강하게 드러낸다고 한다. 누군가 증여상속세에 대해 불평을 할라치면 이야기를 꺼내기도 전에 손사래를 치면서 '나도 그런 세금 좀 내 봤으면 좋겠다.'고 더 이상 말을 못하게 한단다. 하지만 증여상속인의 속내를 알고 보면 안타까운 사정이 많다.

부모로부터 증여받을 재산이 있다는 점에서는 더할 나위 없이 기쁜 일이다. 하지만 당장 적잖은 금액의 세금 명세서를 받으면 누구라도 깜짝 놀라게 된다. 세액은 생각보다 크고 그것을 부담해야 사람은 당연히 과한 충격으로 다가올 것이다.

증여상속에 있어서 공제받는 금액은 미성년 자녀 2천만 원, 성인 자녀 5천만 원까지 10년 단위로 적용된다. 따라서 미성년일 때는 최대 4천만 원, 성년의 경우 10년마다 5천만 원까지 공제받을 수 있다. 한편 배우자의 경우 10년마다 6억 원까지 공제받을 수 있다. 통상 이런 금액을 자녀 통장에 넣어주고 증여했다고 하는 경우를 종종 들었다. 그러나 반드시 세무서에 증여 신고를 해야만 정당한 증여로 인정받을 수 있다는 점 명심해야 한다. 이렇게 증여받은 돈으로 투자하여 재산을 늘리는 부분에 대해서는 별도의 증여세를 적용받지 않는다. 어떤 이들은 자녀가 태어나자마자 1억 2천만 원을 증여한다고 한다. 2천만 원은 공제 대상, 1억 원에 대해 세금 10%를 내면 되니까 이를 가지고 재산을 불리게 된다. 그의 자녀는 태어나자마자 억대 부자가 된 것이다.

요즘은 유대인의 바르 미츠바와 같은 형태의 증여와 투자를 하고 있는 경우를 흔히 보게 된다. 다수의 대학생 자녀들이 주택청약저축에 가입되어 있으며 주식투자를 하고 있는 친구들도 많다. 물론 대부분의 경우 부모들이 취한 조치라고 한다.

또한 성인 자녀는 부모로부터 증여 받을 때 10년간 증여세 없이 5,000만 원을 증여받을 수 있고 더불어 창업자금 증여과세특례를 적용하면 공제액은 열 배인 5억 원으로 늘어난다. 이러한 절세제도를 활용하려면 가까운 세무사나 회계사와 친하게 지내야 한다. 세무전문가는 우리가 가고자 하는 지점에 지름길이나 샛길을 잘 아는 사람들이다. 그들의 수수료는 의뢰인이 얻을 절세에 비하면 매우 저렴하다.

부자는 전문가를 다루는 전문가이다. 현명한 부자는 그들이 원하는 수수료 이상을 지급하되 계약된 결과를 얻지 못하거나 실수하면 바로 교체한다. 그들이 원하는 결과를 얻는다면 사실 세무사의 수수료는 미미하다. 더구나 절세뿐만 아니라 향후에도 법적인 문제가 불거지지 않도록 마무리를 잘한다는 점에서 전문가의 손길은 더없이 유효하다 하겠다.

부자들은 세금을 두려워하지 않는다. 세금은 재산과 소득이 있을 때 그 일부를 사회에 환원하는 자랑스러운 의무이기 때문이다. 즉 세금은 상당한 재산이 있거나 소득이 발생했을 때 일정 부분을 부담하는 것이니 미리 세금 걱정을 할 필요가 없다. 정작 두려운 일은 재산이나 소득이 없어 세금이 부과되지 않을 때이다. 재산이나 소득이 없으니 세금도 없을 테지만 소비와 투자할 여력도 없다는 사실이 두려운 것이다.

6장

부자 습관과 가난 습관

부는 결코 우연이 아니다.
그것은 가난 습관의 절제와 부자 습관의 누적이다.

부자와 빈자의 갈림길 - 습관

우리나라의 재활용품 분리배출은 정말 훌륭한 제도다. 이러한 제도를 기획하여 추진한 공무원도, 이를 성실히 따라주는 국민도 세계 최고 수준이다. 진정 수준 높은 국민이 사는 나라에서만 볼 수 있는 사례다.

이렇듯 좋은 습관 하나가 만들어지면 순기능이 많듯 부자 습관의 꾸준한 누적이 결국 부자를 만든다는 것을 알게 되었다. 반면 가난 습관은 가난에 머물러 있게 하거나 더욱 궁색하게 만든다는 것도 깨달았다. 결론적으로 부자가 되기 위해서는 부자 습관을 늘려가고 가난 습관을 줄여가야 하는데 이제부터 어떤 것들이 부자 습관이고 또 어떤 것들이 가난 습관인지 자세히 그 내용을 살펴보도록 하자.

'우선 먹기는 곶감이 달다.' 라는 말이 있듯 일이 잘 안 풀리거나 꼬일 때마다 자극적인 음식과 과음 또는 담배로 푸는 사람들이 있다. 사업을 한다면서 왜 그렇게 자주 술을 마시느냐고 누군가 물으면 일이 술술 풀리라고 술을 마신다는 우스갯소리를 했던 기억이 난다. 술을 마셔서 일이 술술 해결될 것 같으면 술이야 얼마든지 마실 것이다. 술을 마시고 운전대를 잡는 행위는 파산 행위다. 음주운전으로 사고가 나면 가해자와 피해자 모두 불행한 길을 걷게 될 가능성이 크다. 그동안 몇몇 유명 연예인이나 프로선수들이 음주운전으로 막대한 경제적 손실은 물론 미래를 망가뜨리는 경우를 봤을 것이다. 음주운전은 그동안 힘들게 쌓아온 모든 성과를 한순간에 사라지게 하는 마법을 지녔다. 음주 후 주사도 문제다. 주위 사람들이 이를 경계하거나 추후 인간관계와 사업과 관련해서 제외할 가능성이 크다. 이는 반복될 가능성이 크기 때문이다. 다음 날이면 다시는 그런 실수를 반복하지 않겠다고 다짐하지만, 술을 끊지 않는 이상 되풀이된다. 그래서 주사가 있는 사람은 좀체 파트너로 추천하거나 선택하지 않는다. 자신도 모르는 사이 부자 될 기회가 하나씩 사라지고 있는 것이다.

흡연은 두말할 여지없이 백해무익하다. 자신과 주위 사람들의 건강에 유해하며 돈을 연기처럼 허공에 날려버린다. 결론적으로 과음과 흡연은 일시적으로 즐거움을 주는 효과가 있지만 과도하면 건강을 해치고 정신을 어지럽히며 규칙적인 생활에 더욱 방해만 될 뿐이다.

소년이로 부난성, 일원한푼 불가경

20여 년 전 가족이 동남아 여행을 간 적이 있다. 패키지 여행으로 여러 부류의 사람들이 함께 어울려 한 팀이 되었는데 20대 중반의 젊은 친구들이 몇 있었다. 당시만 해도 20대 젊은이들의 경우 해외여행은 일반적인 경우가 아니라서 그들에게 어떻게 해외여행을 오게 되었는지 물었다. 그들은 소확행(소소하지만 확실한 행복)으로 해외여행을 선택했고 비용은 은행 대출을 받아서 왔다고 했다. 그리고 돌아가면 매월 분할 상환을 하고 다 갚으면 다음

해 같은 방법으로 여행할 생각이라고 했다. 그때는 기특하다는 생각이 들었는데 여행을 마치고 돌아와 곰곰이 생각해 보니 그들은 가장 높은 대출이자를 부담하는 동시에 다음으로 높은 적금 이자를 얻을 기회를 놓치고 있었다.

언뜻 한두 번 정도는 적은 금액이라 무관심하게 지나칠지 모르지만, 이는 되풀이 되고 습관으로 자리 잡을 가능성이 크며 실패비용만 커진다. 반대로 적금을 넣고 일 년 후 여행을 간다면 대출이자의 지출 없이 적금 이자를 얻는 기회를 누릴 텐데 그들에게 일 년은 너무 긴 시간일 것이다. 이렇게 자신의 욕구를 해소할 때마다 앞뒤 가리지 않고 돈부터 빌리려는 사람들이 있다. 돈을 빌리는 습관은 스스로 빚꾸러기가 되는 행위다. 처음이야 제때 갚겠지만 시간이 지날수록 제때 갚는 경우가 힘들어진다.

또한 작은 금액의 경우 빌렸다는 사실을 잊어버리기 일쑤다. 아무리 작은 돈이라도 그만큼 남의 돈을 귀하게 여기지 않은 것은 가난 습관이다. 대기업 회장님들도 자신의 돈은 아까워하고 부자들 역시 단돈 일원이라도 허투루 쓰지 않는다. 삼성그룹의 고 이병철 회장은 골프를 하다가 골프 티를 주우면 흐뭇해했다는 일화가 있다. 사람은 늙기 쉽고 부(富)를 이루기는 어려우니 일원한푼이라도 가벼이 여기지 말아야 한다.

※ 작은 일식집에서 요리사로 일하는 최씨는 월 급여가 삼백오십만 원이고 보너스를 더하면 연봉이 5천만 원에 이른다. 그는 매주 복권을 구매하는데 5만 원을 지출하고 부자가 된다는 착각 속

에 일주일을 보낸다. 하지만 복권으로 지출하는 금액이 일 년이면 합계 260만 원, 이는 연봉의 5.2%에 해당한다. 통상 일할 수 있는 기간을 30년이라고 가정하고 매달 같은 금액을 복권에 투자한다면 7천2백만 원에 이르는 거금이다. 더구나 이를 은행에 넣거나 주식에 투자하여 매년 5% 수익을 얻는다고 가정하면 무려 1억 6천여만 원에 이른다.

고삐 풀린 망아지처럼 붙들어 매기 힘든 가난 습관

의심이 많은 습관이나 거짓말하는 습관, 남의 물건을 훔치거나 아전인수 격인 자세도 가난 습관이다. 냉소적이거나 매사 부정적인 생각을 가진 사람도 마찬가지다. 이러한 습관을 가진 사람과 어울리거나 업무를 같이 하고 싶다거나 특히 동업을 하고 싶은 사람은 없을 것이다. 적어도 내 경험상 주위 사람이 멀리하고 싶은 사람은 부자가 되기는 훨씬 더 어렵다. 구체적으로 가난 습관을 살펴보면 다음과 같다.

1. **생활 습관**
   - 흡연 : 백해무익, 건강에 위협
   - 과음 : 과도하거나 충동적으로 마신 경우
   - 차용/대용 습관 : 유흥, 여행, 취미활동을 위한 장비 구입 등 소소한 물건 구매를 위해 돈을 빌리는 행위 / 빌려주는 습관

- 과속 등 불법적인 운전 습관 : 교통법규 위반에 따른 범칙금 부담/사고처리 비용
- 속어와 저속한 표현

    스스로 품격을 떨어뜨리는 사람은 그 격을 받아줄 사람이 없다. 상시 속어, 비속어 등을 마구잡이로 사용하는 사람은 누구도 일으켜 세우지 못한다. 자신의 값을 스스로 싸게 매기는데 상대는 굳이 비싸게 주고 살 의지가 없는 것이다.
- 공공, 타인의 재산을 소홀히 여기는 습관

    자기 재산을 끔찍이 아끼면서도 남의 재산은 아끼지 않는 사람들이 있다. 결과는 반드시 되돌아온다.

500원의 기적

대형 마트에서 고객이 쇼핑할 때 구매할 물건을 담도록 카트를 제공했다. 구매한 물건이 많을수록 카트로 이동하는 것이 편리했고 짐을 싣고 집에 가져가는 사람들이 생겨났다. 이를 예방하기 위해 고객이 카트를 이용하기 위해서는 500원짜리 동전을 삽입해야만 가능하도록 설계했다. 그러자 카트는 사라지지 않았다. 더구나 카트 보관대에 다른 카트와 연결해야만 500원을 회수할 수 있게 설계함으로써 카트는 온전히 보관대에 되돌아왔다. 자기 돈 500원은 아깝고 타인의 재산은 가볍게 여기는 마인드는 가난 습관이다.

- 음식점에서 과도한 양의 음식 주문
- 손이 큰 사람 : 과도한 양의 음식 준비
  2019년 음식물 쓰레기를 처리하는데 드는 비용만 8천억 원, 이로 인한 경제적 손실은 20조 원이 넘는다.
- 옆집 따라 자녀 고액 과외
- 옆집(친구) 따라 생각 없이 구매하기
- 쉽게 믿는 습관
  혈연, 지연, 학연이라면 막무가내 믿는 습관
  친구, 직장동료 등의 꾐에 넘어가는 경우
  전문가, 성직자, 교육자 등 과신하는 경우
  특정(사이비)종교를 맹신하는 경우
  정부와 공공기관을 맹신하는 경우
- 개인정보 유출 : 주위 사람들에게 개인정보가 유출되면 금융 사기 등 위험에 노출될 수 있다. 한국금융소비자보호재단이 발표한 2022년 금융 사기 현황 조사 결과를 통해 밝혀진 금융 사기 피해자의 1인당 평균 피해 금액은 2,141만 원에 달한다.
- 물건을 잃어버리는 습관 : 안경, 옷, 우산, 핸드폰, 가방 등 잃어버리는 습관은 부득이 재구매해야 하는 손실 비용이 발생한다.

2. 과도한 구매습관
- 건강보조식품 : 필요 이상의 건강보조식품 구매/의사들은

일반적으로 권유하지 않는다.
- 헬스(운동) 회원권 : 구입 후 운동을 거의 하지 않는 경우 특히 매년 초에 야심찬 운동계획에 따라 가입하나 작심삼일이 된 경우 / 장기간 휴가나 출장 시 연장신청을 안 한 경우
- 헬스(운동)기구 구매 : 고가의 운동기구를 구매 후 수회 사용으로 그치는 경우
- 취미활동을 위한 고가의 장비 구매비용 : 등산, 낚시, 골프, 캠핑 장비를 과도하게 구입하는 습관
- 생활용품 : 1) 화장지, 치약 등 과도한 물량 구입
          2) 착즙기, 음식 말리는 기구 등 수회 사용으로 그치는 경우
- 음식 재료 : 과도한 물량 구매로 제때 요리하지 못하고 냉장, 냉동보관 후 상해서 버리는 경우
- 과소비 : 고가의 옷, 명품, 액세서리 등
- 고가의 차량과 핸드폰 : 자신의 수입 대비 과분한 제품
- 광고 없는 서비스의 OTT 가입

할인(가격할인, 포인트 적립, 인센티브)의 함정

대형 마트에서 상품 가격을 할인하는 경우와 온라인 쇼핑몰의 포인트 적립 그리고 지역화폐 사용에 따른 인센티브 적립은 모두 가격할인의 형태이다. 소비자 입장에서는 분명 혜택이지만 그만큼 많은 양을 구매해야만 만족스러운 혜택을 누리게 된다. 따라서 판

매자가 놓은 덫에 걸린 셈이 되고 만다. 더 많은 양을 구매하다 보면 예상 경비를 넘어서게 되고 이는 금융자산의 잠재적 손해를 가져온다. 또한 별도의 저장공간을 차지하게 되며 시간이 흐르면 흐를수록 품질 저하나 제때 사용하지 못하고 버려지는 경우가 발생할 수 있다. 즉 소량을 구매했을 경우와 비교하여 버려지는 양만큼 손실이 발생하고 미리 지급한 금융자산을 고려하면 결코 경제적인 소비라고 할 수가 없다. 특히 알코올이나 탄산음료의 경우 할인 혜택을 즐기며 대량 구매하면 의도치 않게 건강에 해로운 과음 습관을 갖게 될 수도 있다.

3. 금융 습관
- 개인 간 현금차용 및 대용
- 선대출에 따른 이자 비용
  여행, 유흥 자금을 선대출 후 이를 갚아나가는 경우 대출 이자 부담과 적금 이자의 기회를 놓치게 된다.
- 중복보험 가입
  손해보험과 제3보험은 이중으로 보험료 부담
- 교통카드 : 선지급 후 사용(이자를 손해 보는 셈)
- 마일리지 미사용
  2024년 8월 현재 대한항공과 아시아나항공의 미사용 마일리지는 총 3조 5,000억 원에 이른다.
- 보험금 미청구 (의료 실비 등)
  금융감독원에 따르면 2023년 6월 기준 미지급 보험금은 생명보험 9조 원, 손해보험 4조 원 등 무려 13조 원에 이른다.
- 대출이자율 미조정
 직장 내 승진, 급여 인상 등 자신의 신용 변화에 따라 금융기관 대출이자율을 조정신청 할 수 있다.
- 신용카드 : 사용하지 않는 카드의 년 회비 지출 또는 불필요한 사용
 신용카드의 사용은 자신도 모르게 적정 소비 한계를 넘을 수 있고 결제일이면 과도한 청구 금액을 상환해야 할 경우가 발생한다. 신용카드는 제휴사가 있게 마련이고 그들 혜택을 받기 위해 카드를 만들다 보면 어느덧 2~3개의 신용카드를 갖게 되는데 카드마다 일정 금액 이상 이용해야 혜택을 누릴 수 있기 때문에 결국 원치 않는 과소비가 발생하게 된다.

4. 투기/도박
 - 로또 등 과도한 복권 구입
 - 경마 등 사행성 도박
 - 가상화폐(투기성)

5. 사기 피해
 - 전세, 다단계, 보이스피싱, 인터넷 구매 사기 피해
 인터넷에서 사기 피해를 검색하면 깜짝 놀랄 만큼 다양한 피해사례를 볼 수 있다.

사탕은 입안에서 사르르 녹지만 단단한 치아를 녹인다

이외에도 개인적으로 각기 다른 가난 습관은 많을 것이다. 가까운 거리도 택시를 부르는 습관, 외출할 때 가스와 전기 사용 여부를 점검하지 않는 습관, 고급 브랜드 상품 구매 등 각자 자신만의 가난한 습관들이 장착돼 있다. 부자를 꿈꾼다면 우선 자신의 가난 습관이 무엇인지 곰곰이 따져볼 필요가 있다. 이를 줄이는 것만으로 부자에 한 걸음 다가서 있을 것이다. '세 살 버릇 여든까지 간다'는 말이 있듯이 습관은 한두 번의 행위를 두고 말하는 것이 아니다. 작은 금액이라도 수십 년간 반복되면 그 합계는 상상 이상으로 많고 파급효과도 크다.

우리가 가난 습관으로 인해 발생하는 비용을 매월 적금을 한다고 가정하여 복리로 계산해 보면 엄청난 금액에 이른다. 일례로 흡연의 경우 매일 한 갑(5000원)을 50(20~70세)년 동안 소비한다고 가정해 보자. 원가를 계산해 보면,

하루 5,000원 × 365일 × 50년

= 5,000 × 365 × 50

= 5,000 × 18,250

= 91,250,000원

여기 연이율 5%를 적용하여 매일 5천 원을 모았을 때 연금형 복리 계산을 하면,

$$FV = P \times \frac{(1+r)^n - 1}{r}$$

P = 연간 저축액 = 5,000원 × 365 = 1,825,000원/년

r = 연이율 = 0.05

n = 기간 = 50년

이를 계산식에 대입해 보면:

$$FV = 1,825,000 \times \frac{(1+0.05)^{50} - 1}{0.05}$$

$$FV = 1,825,000 \times \frac{11.467 - 1}{0.05}$$

≒ 381,857,000

최종 합계는 약 381,857,000원에 이른다.

또한 매년 해외여행으로 200만 원을 은행에서 차용하고 분할 상환하는 경우라면 어떨까? 대출이자(5%) 부담과 적금 이자(3%)를 더하면 대략 8%의 이자를 부담하는 셈이다. 즉 200만 원의 여행을 20년(20회) 다닌다고 가정하면 원금은 4천만 원, 연이율 8%를 적용하면 72,133,045원에 이른다. 결국 이자 비용으로 원금에 가까운 3천2백여만 원을 지급하는 셈이다. 이렇듯 각자 가난 습관으로 발생한 비용의 합계를 따져보면 생각보다 훨씬 많을 것이다. 빌려주고 받지 못한 돈을 비롯해 사기 피해를 입은 돈, 그리고 불필요한 금융비용 등을 합산해 보면 그 결과에 다들 놀랄 것이다.

어떤 친구들은 이에 대해 인상을 붉히며 이의 제기를 하는 경우가 있다. 사람이 어떻게 그렇게 깡마르게 살 수 있는가, 적당히 쓰며 살아야 되는 것 아닌가 하고 반문한다. 다시 말하지만 여기서

가난 습관을 예로 든 경우는 적당한 소비가 아니라 불필요하고 과도하게 쓰인 비용과 사기 피해 등을 의미한다. 더불어 이러한 비용은 부자 지위나 자신이 정한 목표에 오르기까지만 절제하자는 것이다. 자신이 정한 목표를 달성했거나 부자반열에 오르고 나면 이러한 비용은 과도하거나 불필요한 비용이 아니라 자기 보상비용으로 바뀐다. 특히 부자 지위가 높을수록 더욱 많은 돈을 소비한다 해도 과소비나 사치라고 하지 않는다. 사정상 어쩔 수 없이 구매 규모나 소비를 줄여야 한다면 비참하겠지만 부자가 소비를 줄여나가는 것은 여유다.

남을 뒤에서 험담하는 습관도 가난 습관이다. 솔깃한 뒷담화는 언뜻 상대를 끌어내리고 자신을 끌어올리는 것 같지만 실상은 그와 반대의 현상이 벌어진다. 험담하는 행위는 머지않아 주위에 알려지게 될 텐데 그런 습관을 가진 사람을 인생이든 사업이든 파트너로 삼고자 하는 사람은 없을 것이다.

뒷담화를 자주 하는 사람에 대해 처음에는 자신에게 비밀을 말해주는 사람으로 둘만의 비밀을 공유하는 특별한 관계가 형성된다고 느낀다. 그러한 분위기에 빠져들다 보면 점차 동화되어 그러한 분위기를 부추기게 되고 자신도 뒷담화에 동참하게 된다. 그리고 마침내 공범이 되고 자신도 모르는 사이 주위 사람들로부터 최초 뒷담화를 했던 인물과 동일한 취급을 받게 된다. 문제는 그러한 사람으로 인식되면 점차 주위 사람들과 마음의 거리는 멀어지고 함께할 기회가 왔을 때 가능하면 피하려고 든다. 특히 승진이나 좋은 자리 추천에서 배제될 것이다. 즉 부자 될 기회를 하나씩 잃고 만다.

공범들의 가장 큰 특징은 불리한 상황이 되면 상대에게 모두 떠넘긴다는 것이다. 자신은 뒷담화를 듣고만 있었다 한들 본의 아니게 어느 순간 뒷담화를 한 중심인물로 둔갑할 수도 있다. 어쩌면 모든 피해를 고스란히 자신이 감당해야 할지도 모른다. 자신은 억울하다 호소할 수 있겠으나 그런들 오히려 치사한 인간으로 치부될 소지가 높다. 뒷담화를 자주 하는 사람 중에 성공했거나 부자가 됐다는 소문은 아직껏 들어보지 못했다. 아마도 자신이 부자가 되지 못한 이유를 외부에서 찾고 있을지 모르겠지만 대부분은 자신에게 있다. 비록 작은 언행이라도 수십 년 쌓이면 엄청난 마이너스 자산이 될 수 있는 것이다.

보통 사람들은 돈을 악착같이 벌면서 실패비용에 대해서는 의외로 관대했다. 개인마다 그동안 발생한 시행착오 비용은 다를 것이다. 하지만 부자들을 조사한 결과 이러한 습관으로 발생한 실패비용 패턴은 비슷했다. 가족들을 비롯하여 친구, 지인들에게 상당한 금액을 빌려주고 받지 못한 경우가 많았고 더구나 그 과정에서 상처 입은 마음은 말 못 할 고민으로 남아 스트레스가 심한 경우가 대부분이었다. 갚지 않은 일부 사람들은 잠적해 버리거나 '빌린 적이 없다', '갚지 못하겠다' 등 채권자의 마음에 상처를 입히는 언행을 서슴지 않는 경우도 있었다. 안타깝게도 앉아서 주고 서서 받는 경우가 대부분이었다. 또 다른 사람이 돈을 빌려 달라고 할 때마다 이러한 경험을 언급하기를 좀체 어려워했다. 빌려주지도 않을 거면서 염치없는 사람 취급한다고 할까봐 그렇다. 상대는 자기는 절대 그럴 사람이 아니라고 항변할 테지만 과거의 사람도 반드시 약속대로 갚겠다고 맹세했었다.

많은 사람들이 편리하다는 이유로 온라인 서비스를 이용하다가 사기 피해를 당하는 경우가 많았고 부지불식간에 이루어지는 작은 실패비용들에 대해서는 무감각했다. 잠시 불쾌한 마음을 들어내지만 시간이 지나면 체념한 듯 받아들이고 있었다. 이전 세대에서는 없었던 생활 패턴의 편리성에 취해 부정적인 부분의 검증이 이루어지지 못해 예상치 못한 피해를 입고 있었다. 그 사이 신용회사와 카드회사 그리고 보험을 포함한 금융회사들은 막대한 수익을 올리고 있다.

음주와 흡연의 경우 직접비용 외에 추가로 발생한 부대비용은 천차만별이었다. 흡연으로 인한 치료비용이나 음주로 인한 범칙금, 사고처리 비용 등은 당연한 듯 지나쳤다. 인지했는지 아니면 모르고 지나쳤는지 모를 일이지만 분명 우리는 부자를 향한 열망은 뜨거우면서도 자신의 주변에서 일어나고 있는 가난 습관을 일상처럼 되풀이하고 있었다.

담배를 끊고 과음하지 않는 것이 생각보다 어렵다고 말하는 사람이 있다. 다시 말하지만 부자가 되는 일도 심히 어려운 일이다. 그러나 평생을 가난하게 사는 것은 더욱 힘들고 고통스러운 일이다.

★ 미국의 프로선수 중 일부는 은퇴 후 파산하는 경우가 있는

데 그 이유는 소득은 급격히 줄었는데 소비를 줄이지 못해서라고 한다. 공룡이 사라진 이유 중 하나는 먹을 것은 유한한데 식탐을 줄이지 못해서라는 설도 있다.

★ 그리스의 선박왕 아리스토틀 오나시스(Aristotle Onassis)가 세 번째 결혼을 한 사람은 미국 케네디 대통령의 미망인인 재클린이었다. 하지만 이들 부부관계는 결코 좋지 못했는데 그 이유는 재클린의 사치 때문이었다. 오나시스는 재혼 후 얼마 지나지 않아 재클린과 이혼하려고 했으나 재클린은 반대했고 오나시스는 오래지 않아 사망하고 말았다.

후인(後印) 그리고 후인효과

노벨상 수상자(1973년 의학 부문)이자 동물행동 분야의 석학인 오스트리아 동물학자 콘라드 로렌츠(Konrad Lorenz)는 인큐베이터에서 부화한 회색 다리 거위들이 최초로, 정확히 생후 36시간 이내에 본 움직이는 물체에 깊은 영향을 받는다는 것을 발견하고 그 과정을 '각인(imprinting)'이라고 불렀다. '각인'은 동물이 태어난 직후 처음으로 보게 된 대상에 대해 갖는 애착이나 행동양식을 말하며 각인효과는 특정 시기에 주어진 자극이나 환경이 기억에 강하게 인식되는 것을 말한다. 사람도 처음 이미지가 한번 각인되고 나면 좀체 바뀌지 않는다. 그래서 사람들은 자신의 첫인상이나 이미지를 상대에게 좋은 것만 보여주려고 노력한다.

위의 경우와 같이 자신도 모르게 뒷담화 멤버로 각인이 돼 버리면 좀체 바뀌기 힘들며 생각지도 못한 불이익을 받게 될 수 있는 것이다. 단순히 이미지뿐만 아니라 개인적으로는 경제적 불이익도 함께 따를 수밖에 없다. 이러한 불이익을 구체적 금액으로 환산하기 어렵다는 점에서 수치화는 불가능하지만 크든 작든 분명 부자와는 역행하는 길이다.

★ 초대형 원유운반선 C 호에 삼등항해사로 승선한 지 얼마 후 선내 회식 자리에서 맥주 두 캔을 마셨다. 주량이 적은 나의 경우 금새 얼굴이 홍당무가 되었고 내 방으로 올라가는 길에 선장과 마주쳤다.
그로부터 2년 후 회사 사무실 근무를 하게 되면서 본의 아니게 나의 과거 인사고과를 보게 되었다. 인사고과 비고란에는 '술을 과하게 마시는 편'이라고 쓰여 있었다. 2등항해사 진급이 늦어진 이유를 뒤늦게 알 수 있었다.

목사나 스님 그리고 신부님 등 성직자가 쌓았던 봉사와 희생의 이미지와 달리 어느 날, 거액의 현금을 유용하거나 여성 신도를 성추행한 사건으로 세상을 놀라게 하는 경우가 있다. 그동안 각인된 이미지는 모두 사라지고 일순간 새로운 이미지 로 바뀐다. 그때부터는 기존의 이미지는 온데간데없고 파렴치한의 이미지로 자리 잡을 것이다. 나는 이런 과정을 통해 처음 각인된 이미지나 인상이 뒤집히고, 나중의 강렬한 이미지나 정보가 새로운 각인으로 자리 잡는 것을 후인(後印, re-imprinting) 그리고 그러한 현상을 후인 효과라 부르기로 했다.

각인이든 후인이든 그 효과는 참으로 크다. 이들의 특징은 약간의 흠집이나 한 번의 실수로 부분 이미지가 바뀌는 것이 아니라 그 사람의 이미지를 통째로 입히는 것이다. 한번 자선가면 후인이 있기까지 자선가이며 한번 사기꾼이면 후인이 있기까지는 사기꾼이다. 물론 후인효과가 생기면 역시 상대의 이미지는 전면 교체 효과를 가져온다.

"그런 사람이었어? 몰랐네."

그동안 쌓아 놓은 이미지는 모두 물거품이 되고 다시 그 이미지를 되찾는 데는 오랜 시간이 걸리게 되며 비용은 얼마나 발생할지 누구도 계산이 불가하다. 우리는 그렇게 부지불식간에 부자의 기회를 놓치거나 차버리고 있는지도 모른다.

가진 자 또는 못 가진 자가 되는 것은 자신의 선택사항이다. 즉 자신이 매일매일 선택하고 있는 것이다. 매일 절약하며 살면 가진 자가 되고, 대책 없이 써버리면 덜 가지거나 못 가진 자가 될 수밖에 없다. 긍정의 이미지를 쌓으면 그만큼 부자에 가까워질 테고, 부정의 이미지가 쌓이면 언젠가는 곪아 터지게 될 것이다.

한약처럼 쓰디쓴 부자 습관

매년 말 가족 금융 회의를 한다. 한 해 동안 수입과 지출, 저축과 보험, 예상외 수입과 지출 등을 분석해 다음 해 계획에 반영한다. 이때 예상외 수입이 많은 경우 당사자에게 칭찬과 더불어 용돈 인상 또는 합당한 보상이 주어진다. 그러나 계획된 범위를 벗어났거나 과다 지출된 경우, 합리적 이유를 대지 못하면 상당한 비난과 문책을 감수해야 한다. 안타깝게도 대부분은 후자에 해당한다.

부자 습관은 한마디로 달콤한 가난 습관을 줄이는 것이다. 자기가 가진 가난 습관을 줄이거나 버리면 그만큼 자신이 부자에 가까워졌음을 실감할 것이다. 부자 습관은 그런 것이다. 즉 거추장스러운 장식을 떼어내는 일, 불필요한 의식을 제거하는 것이다. 숲속에서 덤불을 제거하고 나면 길이 생기고 어질러진 방을 정리하고 나면 잃어버린 저금통을 찾게 될 것이다. 나에게 부자 습관이 없다고 판단되면 가난 습관부터 줄여나가면 된다. 그것이 곧 부자 습관이다.

살아오면서 도움 준 사람들은 부모와 가족 말고도 많은 사람들이 있다. 선생님을 비롯하여 이웃과 사회, 선배와 동료, 관련 단체와 협회, 사업지원을 해준 사람들까지 많은 도움을 받았다.

감사하는 마음은 상대를 기쁘게 한다. 감사는 또 다른 감사를 잉태하고 은혜는 또 다른 은혜를 낳는다. 감사의 마음을 전달받은 사람들의 공통점은 늘 주위 사람들이 잘 되기를 기원한다는 점이다. 그분들 덕분에 일이 잘 풀렸을 것이며 주위의 방해 세력도 그만큼 적을 수밖에 없다. 그리고 그분들의 응원이 계속되는 한 우주의 기운을 받아 앞으로도 잘될 것이다.

감사하는 마음은 복을 부르고 사람을 성공으로 이끈다. 주위에 좋은 사람이 많으면 그만큼 성공의 기회나 부자가 될 확률이 높다. 그래서 다수에게 즐거움과 감동을 주는 연예인들이 사람들의 인기를 끌고 돈을 많이 번다고 생각한다. 연예인이 아니라도 누군가 노래를 잘하거나 춤을 잘 추는 모습을 보면 웃게 되고 흥이 절로 난다. 사람은 감성을 자극할수록 지갑을 쉽게 연다고 한다. 그들의 특징은 공연을 마치고 감사한 마음을 넘치도록 표현한다.

K 대학 AMP 멤버를 만나 함께 어울려 막걸리도 많이 마셨지만, 평소 생각지 못한 뮤지컬을 관람하고 골프를 치며 그들의 세상을 들여다볼 수 있었다. 그들은 자기 차례가 되면 뒤로 빼는 법이 없다. 일이든 오락이든 적극적이었다. 또한 상대의 봉사에는 칭찬을 아끼지 않았고 선명하게 감사의 표현을 한다. 즉 감탄사를 통해 칭찬과 감사한 마음을 표현했고 곧바로 긍정적인 리액션도 해주었다.

그들이 성공한 위치에 있으니 당연히 그렇게 행동하리라 생각했다. 하지만 그들은 그렇게 행동하고 실천했기에 성공했고 현재의 위치에 오르게 되었던 것이다. 즉 이들은 성공하거나 부자 되기 이전부터 감사하는 마음이 충만했고 긍정적인 정신적 재산을 갖추고 있었으며 그 재산을 적절히 누리며 재생산하고 있었다. 그들을 지켜보면 복을 받을 자격이 있고 부를 누릴만하다는 생각이 들곤 했다.

돈은 재능을 가진 사람을 인정하고 존중하는 사람 편이다. 사람이 살면서 늘 평온한 마음을 유지하기는 쉽지 않다. 꽃길만 걸을 수 없기 때문이다. 때로는 분노하고 때로는 실망하고 때로는 폭발하기도 한다. 이러한 감정의 변화에도 시간이 지나면 온전한 마음으로 돌아오는 것은 우리가 이성의 동물이기도 하지만 문학과 음악을 사랑하고 그림을 좋아하는 예술적 감성이 있기 때문이다.

여자는 사랑하는 사람을 위해 화장을 하고 남자는 인정해 주는 사람을 위해 목숨을 바친다는 말이 있다. 우리는 누구나 인정받고 싶어 한다. 준거집단이나 원하는 기관에 소속되기를 바라며 그곳에서 인정받기를 바란다. 과거 저명한 예술가들은 비교적 가난한 삶을 살다가 초라한 생을 마감한 경우가 많았다. 하지만 그 예술의 가치를 알아보거나 음미하는 사람들은 부자들과 고관대작들이었다. 그리고 그들은 예술가들의 노력을 인정하고 후한 대접을 했으며 세월이 흐를수록 작품가격은 천정부지로 뛰어올라 그보다 훨씬 많은 금액을 보상받았다. 안타깝게도 생전에 명성을 얻지 못한 예술가들은 그런 호사를 누리지 못했다는 점이다. 여기서 파악된 역사적 사실은 돈은 재능을 가진 사람을 인정하고 존중하는 사람들 편이라는 것이다.

이탈리아의 메디치 가문은 17세기까지 피렌체에서 강력한 영향력을 행사했던 귀족 가문이다. 그들은 세 명의 교황과 피렌체의 통치자를 배출하였다. 이 가문에서 가장 유명한 인사는 위대한 로렌초라 불렸던 로렌초 데 메디치로 르네상스 예술의 열렬한 후원자였다. 물론 메디치 가문의 명예를 높이기 위한 수단이긴 했으나 예술가들에게는 기회였다. 당시 대표적인 예술가로는 레오나르도

다빈치를 비롯하여 미켈란젤로, 보티첼리, 라파엘로, 도나텔로, 브루넬레스키 등 그 시대의 거장들이 대부분 메디치 가문의 후원을 받았다. 물론 메디치 가문은 미술뿐만 아니라 음악과 학문에도 후원을 아끼지 않았다. 그리고 이때 탄생한 작품과 발명품들은 헤아릴 수 없는 가치를 지니고 있으며 오늘날까지 이를 보러 온 수많은 관광객으로 넘쳐난다. 이렇게 인정과 존중은 문화를 부응시키기도 했지만, 어마어마한 재산으로 남아 현재에도 후손들을 든든하게 먹여 살리고 있다.

적자생존! 다윈(Darwin)이 《종의 기원》에서 사용한 말이 아니라 그 말을 패러디한 '적는 자 살아 남는다'는 말이다. 즉 메모하는 습관을 강조한 말이다. 2~30대에는 메모보다 자신의 기억력에 의존하는 경향이 강하다. 하지만 40대에 접어들면 기억력에만 의존했다가 낭패를 보기 시작한다. 줄어드는 기억력을 탓할 게 아니다. 간단한 메모만으로 기억력은 되살아난다.

S 해운 황대표는 매년 특별한 다이어리를 만들어 임직원들과 고객들에게 배포한다. 매일매일 해야 할 일과를 적고 실행하고 나면 체크를 한다고 한다. 그 과정에서 새로 알게 된 내용이나 정보를 적어두고 다음에도 참고한다. 가끔 그날의 느낀 점이나 특별한 사항도 하단에 기록해 둔다. 년 말이면 단숨에 자신의 한해 역사를 한눈에 볼 수 있고 평가와 개선을 위해 필요한 정보를 얻을 수 있다.

매년 반복되는 가족 행사자료를 모아 빠짐없이 챙기고, 보다 업

그레이된 이벤트를 준비할 수도 있다. 고객의 생일이나 경조사를 적어두었다가 다음 연도에 말로 하는 축하라도 그들은 감동한다. 송금 내역이나 계좌번호를 기록해 두면 추후 발생할 수 있는 분란의 소지를 차단할 수 있고, 잊고 있었던 작은 기억들까지 소환해 주기도 한다. 지금도 이러한 메모는 계속되고 년 말이면 참고 자료가 되어 다음 해 계획을 짜는데 유용한 정보가 된다. 20여 년을 이어온 습관은 그만큼 깊이와 넓이가 확대되었으며 그에 비례하여 자잘한 시행착오를 줄이면서 업무의 효율과 함께 경제활동도 확대되었다.

★ 박근혜 정부 시절 일이다. 모 연구소를 방문했을 때 여성연구원의 메모하는 모습을 눈여겨본 대통령이 그를 일약 장관으로 임명하여 세간의 화제를 모은 적이 있었다. 물론 메모하는 습관이 장관 임명의 필요충분조건은 아니었겠지만, 열심히 메모하는 모습은 장관으로 낙점할 만큼 대통령에게 강한 인상을 남겼을 것이다.

경영컨설팅을 하던 시절, 사람들을 만나 대화를 하고 업무 회의를 하면서 그들의 학력이나 경험에서 얻은 지식에 당황하는 자신을 발견했다. 시스템 수립을 위해 만나는 사람들은 내가 대리, 과장 시절에 만났던 동급직원들이 아니라 실무를 가장 잘 안다는 팀장급이나 회사를 책임지고 있는 임원들이었다. 가끔 그들의 석, 박사라는 타이틀에 자격지심을 느꼈고, 그들의 다양하고 심오한 전문지식과 정보에 크게 미치지 못해 당황스러울 때가 한두 번이 아니었다. 그때마다 내가 그들 앞에 당당해질 수 있는 길은 공부하는 것이었다. 주저 없이 대학원에 진학했다. 주경야독의 시대가 시작된 것이다.

다수의 회사와 컨설팅 계약을 맺으면서 교과서적인 지식도 중요하지만, 현장의 세부 지식과 경험도 필요함을 실감했다. 종종 보험사에서 주관하는 조찬 세미나에 참석해 유명 인사들의 강의를 들었고 외부 기관에서 실시하는 전문 강좌에도 참여했다. 업무 매뉴얼 작성에 필요한 지식을 위해 고객사 현장에서 제공하는 자료들도 밤새워 읽었다. 모든 회사에 적용되는 세무와 노무, 회계 공부도 해야 했다.

그렇게 4년이 흐르고 경영학 석사학위를 취득했다. 하지만 여전히 지식에 대한 갈증은 계속되었고 고민을 잠깐 했으나 박사학위에 도전했다. 회사는 컨설팅업에서 선박관리업까지 확장한 상태라 개인 시간을 갖기에 다소 무리가 있었지만, 실무를 맡아줄 직원들을 추가로 채용하고 필요한 공부를 계속했다. 또한 대학원생이라는 이미지는 공부하는 자세를 가진 성실한 이미지를 고객들에게 심어주었다. 고맙게도 그들은 새로운 고객을 소개해 주었다.

크게 성공한 사람이나 부자들은 한결같이 독서를 권장한다. 독서를 생활화하고 있다면 성공 또는 부자의 조건을 갖추고 있는 셈이다. 물질적이든 정신적이든 말이다. 따라서 독서를 많이 할수록 성공하거나 부자 될 가능성이 높다는데 전적으로 공감한다. 독서 습관이나 공부하는 습관은 부의 기초를 다지는 작업이다.

오늘날 글을 모르는 사람은 없다. 그러나 공부나 독서를 멀리하는 사람은 많다. 부자가 되기 위해 공부와 독서를 하는 사람은 많지 않았으나 부자들은 변함없이 공부와 독서를 즐기고 있었다. 배우지 않는 자세로는 인간관계나 사회생활이 점점 어려워진다는 점에서 **21세기 문맹(文盲)은 글을 읽고 쓸 줄 모르는 것이 아니라 새로운 것을 배우지 않는 것이었다.**

계획을 수립하는 동안 이미 행복했다

시간이 흘러도 내가 새로운 일에 도전하는 것에 흥미는 사라지지 않았고 예상치 못한 성과도 안겨주었다. 초기 사업을 한다고 했을 때 만류하던 선배들이 회사를 어찌어찌 꾸려가는 모습을 보고 놀라워했고, 형님들도 내가 작으나마 사업체를 운영한다고 하니 자랑스러워했다. 어떤 선배는 내가 찾아가서 인사드릴 때마다 추가된 이력에 놀라움을 금치 못했다. 자신이 상상만 했던 일들을 너무나 쉽게 도전한다면서 부러움과 함께 시샘하는 눈초리를 거두지 못했다.

사실 나는 사회생활을 시작했을 때 아무런 계획도 꿈도 없었다. 그저 경제적 문제만 해결되면 좋겠다는 생각뿐이었다. 미리 어떤 계획을 세우고 어떤 일을 하고 얼마의 재산을 모을 생각은 하지 못했고 그저 당면문제만 해결하며 살아가고 있었다. 그러던 어느 해 12월 말, 한 해를 정리하는 일기를 쓰는데 일 년 동안 부지런히 일했는데도 불구하고 이렇다 할 단 한 가지 일도 생각나지 않았다. 방송에서 올해의 주요 뉴스, 10대 뉴스를 발표할 때마다 '아 그렇지!'하며 시청했는데 개인사는 떠오르는 일이 하나도 없었다.

일 년 동안 그토록 열심히 살았는데 단 한 가지도 생각나는 일이 없다니 충격이었다. 더구나 은행 통장도 바닥이었다.

일 년을 정리하는 대신 앞으로 다짐을 적었다. 내년 이 시간에는 바로 기억나는 두 가지 아니 단 한 가지라도 만들자. 해가 바뀌자 첫 번째로 기회 되면 준비해야겠다고 생각만 하고 있었던 컴퓨터 관련 자격증과 해기사 자격증부터 취득했다. 이어 검정사 자격을 취득하고 대학원에 진학하여 부족한 경영 공부를 하고 비록 1인 기업이지만 창업을 했다. 작은 것부터 시작한 도전은 적잖이 성취감을 안겨주었고 매년 말에 일기를 쓸 때마다 보람과 행복감을 안겨 주었다. 또한 나는 3~4년마다 새로운 업무에 도전했다. 처음부터 그럴 생각은 하지 못했으나 석,박사과정을 비롯하여 3~4년마다 컨설팅, 파나마 선박 검사/심사, 안전관리, 선원 관리, 선박 관리, 선박 운항과 화물영업에 도전하게 되었다. 시작이 반이라는 말이 있듯이 계획수립은 이미 절반의 성공이었다.

왜 우리는 도전을 망설일까?

현재의 상태를 유지하고 싶은 욕망이 크기 때문이라고 한다. 즉 손실 회피성이 강하게 내재 돼 있기 때문이다. 손실 회피성(loss aversion)은 행동경제학자 대니얼 카너먼(Daniel Kahneman)과 에이모스 트버스키(Amos Tversky)가 처음으로 제안한 개념으로 사람들은 같은 크기의 이익보다 같은 크기의 손실에 두 배 이상 강하게 반응한다는 것을 발견했다. 즉 사람들은 같은 금액의 이익이 생겼을 때 얻는 행복보다는 손실이 생겼을 때 더 큰 고통을 느낀다고 한다. 이 때문에 더 큰 수익을 낼 수 있는 투자를 회피하고 적금이나 예금에 치중하다가 주식이 급등하면 그때 손실 회피성을 망각하고 주식투자에 뛰어들다 낭패를 본다. 투자라는 이름의 투기를 하는 경우가 많기 때문이다.

2차 세계대전에서 패전한 일본이 인구조사를 위해 미국의 통계학자 에드워드 데밍(W.Edwards Deming)을 초대했다. 일본 제조업 품질에 막대한 영향을 끼친 그는 일본에 도착해 지식인들에게 품질통제에 대한 전문지식을 전달하는 과정에서 PDCA 사이클을 소개했다. 그가 소개한 Plan-Do-Check-Act 사이클은 지속적인 품질개선을 위한 핵심 프레임워크로, 각 단계가 유기적으로 연결되어 있어 반복적인 성과를 이끌어내는 순환구조이다. 체계화한 품질 개선을 위한 관리 방식으로, '데밍 사이클' 이라고도 하는데 이를 개인적인 목표관리에 적용했다.

버킷리스트가 유행하던 시절 「꼭 도전해야 할 101가지 이야기」라는 제목으로 사업, 골프, 가족, 개인적인 경험, 기타 사항으로 나누어 101가지 미래에 이루고자 하는 목표를 정했다. 그리고 매년 초가 되면 도전해야 할 항목을 선택하고 그에 대해 실행계획을 수립했다. 달성했을 때 성취감을 느끼도록 한 번에 거대한 목표를 정하기보다는 단계별 목표를 정하고 세부적인 계획을 세웠다. 차례차례 도전하여 성과를 측정하고 미비한 부분은 보완하여 다음 실행계획에 반영했다. 그렇게 목표했던 일들을 하나하나 도전하고 달성해 나갔다. 그때는 도전하다 죽는다 해도 행복할 것만 같았다.

어느 때는 컨설팅업을 하면서 선박의 안전관리, 신문사 기자, 선박 심사원, 대학원생, 작가로서 활동하기도 하고 그와 연계하여 신문사 대표, 시인, 선박회사 대표, 겸임교수, 학회 임원 등 다양한 활동에 참여하기도 했다. 물론 선박회사를 제외하고는 수입이 매우 적거나 없는 경우가 대부분이었다. 하지만 나는 두 가지 측면에서 적극 참여했다. 첫째는 노후 준비다. 노후에 생계든 취미든 뭔가 할 수 있는 발판을 마련해 둘 목적이었다. 둘째는 내가 하고 싶었던 일을 해 보는 것이었다. 때를 놓치면 할 수 없는 것들이기에 기회가 있을 때 적극적으로 도전해 볼 필요가 있었다. 계획을 세우고 실행하고 개선하며 새로운 일과 목표에 도전하는 것도 분명 부자 습관이었다.

부자 습관과 가난 습관을 조사하면서 알게 된 사실은 살면서 대부분의 긍정적인 습관은 부자 습관이었고 반면 부정적인 습관은 가난 습관이었다. 우리는 부지불식간에 행하는 습관에 상당한 비용이 발생하고 있었고, 어떤 경우 미래에 얻게 될 수익의 기회를 잃거나 무심결에 차버리고 있었으며 심지어 그것이 부자 습관인지 가난 습관인지조차 모르고 지나쳐 왔다.

가난한 사람은 가난을 운명으로 받아들이는 경향이 강했으며 원인을 찾는 데 인색했다. 부자 습관을 갖기 위한 노력보다는 가난 습관을 버리지 못하고 있었다. 부자를 향한 열망은 컸으나 과감히 부자 습관을 늘려가는 데는 망설였다.

부자는 어디서 태어났든 상관없이 배우고 학습하고 부자 습관을 실천하면서 부자의 길에 접어들어 우직하게 걷고 있었다. 그리고 부자가 됐을 때 세상 사람들이 관심 갖게 되고 뒤늦게 그가 부자가 된 방법에 대해 열광한다. 하지만 누군가 다른 방법으로 부자가 되면 그에게 새롭게 주목하게 된다. 결국 부자는 과정이 아니라 결과다. 그런데도 사람들은 부자가 된 과정을 찾는데 몰두한다. 성공한 부자를 통해서 부자의 길을 배우고자 한다면 그가 부자 된 과정이 아니라 그의 지혜와 부자 습관을 알아내야 한다. 그리고 자신과 주변 환경을 고려한 자신만의 방법을 강구해야 한다. 그리하여 성공하면 마침내 부자가 되는 것이다. 그래서 부자는 태어나는 것이 아니라 만들어지는 것이다.

7장

신체적 부자의 길

부자를 갈망하는 머리는 공중을 떠다니지만
바닥을 의지해야 하는 발은 딱딱한 지면을 딛고 서 있다.
머리는 한시라도 빨리 부자의 길에 진입하고자 안달이지만,
두 다리는 늘 불평불만이 가득한 길 위에서 뭉그적거리는 것이
우리의 현실이다.

부자 수업은 언제 시작해야 할까?

인간은 연약하게 태어나지만 점차 건강한 신체와 강인한 체력을 키우며 언어, 습관, 교육을 통해 정신적 재산을 쌓아간다. 그리고 신체적, 정신적 재산이 완성될 즈음 물질적 재산에 관심 갖기 시작한다. 하지만 부자 아빠는 조금 달랐다. 워렌 버핏(Warren Buffett)의 아버지는 워렌 버핏이 여섯 살 때 주식통장을 선물했고 11살 때에 주식투자를 하게 했다. 이스라엘에서는 자녀가 열네 살이 되면 성인식, 즉 바르 미쯔바(Bar Mitzvah)를 통해 수만 달러 상당의 축의금을 전달함과 동시에 이를 투자하는 방법을 알려주어 자식의 경제적 발판을 마련해 준다고 한다. 그렇다면 우리는 언제 어떤 방법으로 자식에게 부자의 길을 알려줄까?

할아버지 세대는 노후 준비를 할 생각도 하지 못했다. 아버지 세대는 노후 준비를 해야 한다고 인지하고 사회적, 제도적 방법을 강구했으나 대부분 동참하지 못했다. 우리 사회가 노후 준비는 언제 해야 하는지 이슈가 되었을 때 처음에는 자식들 키우고 나서, 그러더니 다소 시간이 흐르자 자신이 취업했을 때부터라고, 이제는 인지했을 때부터 시작해야 한다고 전문가들은 말한다. 자녀에게 부자의 길을 알려주는 시기 또한 마찬가지다. 자녀가 태어났을 때부터 부자의 길에 접어들도록 언어, 습관, 음식, 건강에 관한 부자 습관을 길러주고 증여 전략을 통해 점차 스스로 깨닫고 이행하도록 일러주어야 한다고 말한다. 하지만 인생은 정답이 없다. 어떤 부모들은 너무 성급하거나 기다려 주지 못해 그르치는 경우가 발생한다.

사람들은 부자가 되는 쉬운 길이나 지름길을 묻는다. 단언컨대 그런 길은 없다. 부자가 되는 길은 사람마다 그 시작과 끝이 다 다르고 수학 문제처럼 어려운 길이다. 자신의 환경이나 능력, 의지, 노력 등 변수가 다르고 부자의 습관은 적분을 해야 하며 가난 습관은 미분을 해야 되기 때문에 그렇다. 따라서 각자에게 부자의 길은 꼬여있기도 하고 굴곡져 있기도 하다. 아직까지 쉽고 평탄한 길을 걸어왔다는 부자를 만나지 못했다. 그 길은 오직 자신이 찾고 자신이 완성시켜야 하는 길이다.

부자가 되는 쉬운 길이나 지름길이 있었다면 부자는 이미 존재 가치를 잃었을 것이다. 소는 먹는 속도가 거의 일정하다. 개나 돼지처럼 서둘러 먹지도 않는다. 그렇지만 소는 가축 중에 가장 큰 몸집을 자랑한다. 한꺼번에 먹고 체한 경우도 없다. 매번 일정한 속도로 먹고, 먹은 음식은 네 개의 위장에 저장하고 되새김질과 소화 과정을 거쳐 영양분을 섭취하고 1,000킬로그램에 근접하는 거구의 동물이 된다. 부자도 이와 마찬가지다. 어떻게든 시드머니를 모으고 여러 가지 방법으로 투자하여 수익을 얻는 과정에 부자는 만들어지고 있었다. 한국이든 미국이든 부자반열에 오른 사람들의 평균 연령은 50대 후반 60대 초반이었다. 수십 년 동안 기초를 다지고 왔으니 쉬이 무너지지 않을 테다.

어떤 사람은 40대 초반까지 일정 금액을 모아 퇴직하는 이른바 조기 퇴직자의 삶을 꿈꾼다고 한다. 이는 결코 부자의 길이나 잘 사는 방법은 아니라고 생각한다. 일을 한다는 것은 재산을 모으기 위한 경제활동이지만 동료들과 함께 친목과 도전, 협동이 어우러지는 인생 활동이기도 하다. 더불어 규칙적인 생활을 통해 운동도 되고 정신적 활동에 적절한 긴장감을 주며, 두뇌 회전에도 도움이 되고 신진대사를 원활하게 하여 건강한 삶을 유지하도록 한다. 또한 휴식은 일을 하다가 쌓인 스트레스를 해소하고 재충전하는 시간이다. 마냥 노는 일은 자신의 인생을 방치하는 행위다.

§ 보험사에 근무하던 J 부장은 20년 동안 보험영업을 하면서 고객 응대하는 일이 너무 힘들고 지겹다며 당장이라도 조기 은퇴해 쉬고 싶다는 푸념을 늘어놓곤 했다. 그런데 막상 은퇴 시기가 다가오자 은퇴를 해야 할지 고민이 된다고 했다. 은퇴 이후 마땅한 수입처가 없고 같이 놀아줄 친구도 없으며 국민연금 수령까지는 수년이 더 남았기 때문이었다. 무엇보다도 자식 교육이 아직 끝나지 않은 것이 제일 큰 문제였다. 얼마 후 J 부장은 조기 은퇴 결심을 거두고 최대한 오래 버티는 쪽으로 가닥을 잡았다고 했다.

§ 몇 년 전 이웃에 사는 김부장 부부와 우리 부부가 모여 식사하는 자리가 있었다. 건설회사에서 잔뼈가 굵은 김부장은 55세 되는 날 뒤도 돌아보지 않고 은퇴하겠다고 큰소리쳤다. 이를 지켜보던 그의 아내는 눈이 똥그래졌고 이내 은퇴하면 안 되는 이유를 열 가지도 넘게 나열하며 설득했다. 하지만 김부장은 돈 버는 기계가 아니라며, 노동에 지친 자신을 이해해 주지 못한다는 서운한 감정을 강하게 내비쳤다. 그러면서 자신은 은퇴 후 자연인처럼 살아

보는 것이 꿈이라고 했다. 그로부터 5년 후 그는 은퇴했다. 하지만 대기업에서 은퇴 후 곧바로 같은 업종 중소기업에 입사해 열심히 일하고 있다. 순전히 본인 스스로가 결정한 일이란다.

열악한 환경도 인내하고 극복하면 레버리지가 될 수 있다.

가난은 우리를 불편하게 만들었지만 한편 소식(小食)할 수밖에 없었고 보다 많이 움직이게 했다. 내가 태어난 곳은 나주평야 한가운데지만 야산이 우거진 산골이었다. 초등학교에 입학했던 1974년 농지정리가 시작됐고 많은 야산이 경작지로 탈바꿈되었으나 여전히 소나무 숲이 우거진 곳이 많았다. 먹을 것이 풍부하지 않으니 봄이 되자마자 나물을 캐러 다녀야 했다. 다행히 쑥이나 냉이는 지천에 널려 있었다. 여름이면 시냇가에 민물고기와 조개 등을 잡아먹었고 가을이면 감, 밤 등 야생 과일을 따 먹었다. 겨울이면 흔치 않은 일이나 굶주린 꿩이나 산비둘기를 주워다가 요리를 해 먹었으며 가끔 칡을 캐 먹기도 했다.

고기반찬을 먹을 기회가 거의 없었고 대부분 채식을 해야 했으며 일 년 내내 꽁보리밥을 먹어야 했다. 그것도 부족하면 고구마나 감자로 대신했다. 설탕이나 화학조미료는 흔치 않아 먹을 기회가 그만큼 적었다. 마을에는 구멍가게 하나 없었고 버스마저 들어오지 않은 사각지대에 있었다. 사탕을 먹을 기회가 거의 없었던 만큼 치아를 튼튼하게 보호할 수 있었다. 초, 중학교 9년 동안 3킬로미터나 떨어진 학교에 걸어 다녀야 했지만, 반면 다리가 튼튼해졌다.

주말이면 부모님의 농사일을 도와야 했으며 평일에도 바쁜 부모님을 위해 집안 청소나 식사 준비, 가끔 빨래도 해야 했기에 친구들과 어울려 놀 시간이 부족했다. 하지만 운동의 효과도 있었고 그만큼 생각도 어른스러워졌다. 초등학교 4학년 때 담임선생님은 아침마다 등교하자마자 이를 닦았는지부터 검사하셨다. 아침 식사 후 이를 안 닦은 학생들은 벌을 주시며 매일매일 닦도록 훈육을 하셨다. 양치질은 그때부터 매일 하게 되었고 몇 개월이 지나기 전에 습관이 되었다. 아직까지 건치를 유지하고 있는 이유다. 결과적으로 웰빙식을 먹었으며 걸어 다녔던 수고에 기초체력이 다져졌고 더불어 지구력과 인내심이 길러졌다. 덕분에 별다른 질병 없이 건강한 모습으로 성장할 수 있었다.

나의 의지와 상관없이 군대보다 규율이 엄격하고 선배들의 훈육이 빡세다고 소문난 해양대학에 진학했다. 가입교 첫날부터 군대에 버금가는 기합과 훈련이 시작되었고 조금만 잘못해도 처벌은 가혹했으며 처음 며칠 동안은 몇몇 친구들이 가방을 챙겨 나가기도 했다. 엄격한 기숙사와 학교 규율을 넘어 선배들의 시도 때도 없는 지도는 나의 한계를 시험하는 경우도 많았다. 해양대학 기숙사 생활은 6시 기상과 함께 아침 운동을 하고 청소를 마치면 통상복을 착용하고 아침 식사를 한다. 직각 보행으로 질서정연하게 식당에 입장하면 부직 사관이 복장 상태를 점검한다. 이때 지적당하면 그 자리에서 기합을 받아야 했다. 오전과 오후 강의를 마치면 저녁 식사 전까지 개인적인 활동이나 동아리 활동에 참여한다. 저녁 식사를 마친 오후 7시부터 9시까지 전원 자율학습을 한다. 저녁 9시부터 청소와 정리 정돈을 하고 9시 30분에 순검이 시작된다. 특히 순검을 받을 때면 초긴장 상태다. 청소 상태나 정리 정돈 점검에서 당직사관이 그냥 지나치는 경우가 없다. 어떻게든 트집을 잡아 기합을 줘야만 직성이 풀리는 모양이다. 그때마다 우리는 푸쉬업은 물론이고 앞으로 나란히 자세에서 앉았다 일어나는 기합, 일명 물푸기를 비롯하여 명태 말리기 등 삼십 분이 넘게 체력단련(?)을 해야만 했다. 한 건 지적당할 때마다 전원이 100회의 물푸기를 해야 했고 통일된 모습을 유지하지 못하거나 번호를 제대로 붙이지 못해도 처음부터 다시 해야 했다. 순검이 끝나면 매번 다리가 후들거렸다. 그것이 강인한 해기사를 양성하는 교육적인 목적이었든 아니면 선배들의 개인적인 감정으로 이루어졌든 나는 견디고 버티고 이겨냈다.

바로 위 형님이 대학 진학을 위해 고군분투했으나 어려운 가정 형편 때문에 포기하고야 말았다. 형님은 대학 한 학기를 겨우 마쳤으나 다음 학비를 마련하지 못해 휴학하고 군(단기하사)에 입대했고 제대할 때 군에서 모은 돈으로 복학하기로 마음먹었다. 80년대 중반 군사훈련은 정말이지 힘들었다고 한다. 형은 그렇게 힘든 과정에도 담배를 피우지 않았다. 한 푼이라도 아끼려는 노력이었다.

그런 형이 고등학생인 나에게 당시 매달 5만 원을 보냈다. 혼자 자취를 하던 나는 세상과 처지를 비관해 얼마든지 탈선할 수 있었고, 비행을 저지를 수 있었다. 하지만 힘든 군대 생활에도 담배를 피우지 않고 버티는 형을 생각하면서 참았다. 흡연의 유혹을 여러 번 넘겼다. 그리고 감사하게도 지금까지 노담(No 담배)이다.

어머니가 우리에게 가장 절실히 바라셨던 사항은 금주였다. 찢어지게 가난함보다도, 아버지의 불같은 성격보다도, 남들의 무시보다도 어머니에게 더욱 싫었던 것은 아버지의 과음이었다. 신혼 초, 아버지 과음에 애간장을 태웠으며, 중년의 과음에 절망했고 장년의 과음에 분노하셨다. 과음으로 흐느적거리던 아버지는 매번 어머니의 잔소리에도 불구하고 이를 반복하시다가 끝내 환갑을 채우시지 못하고 떠나셨다.

술은 어머니가 세상에서 가장 싫어하는 음식이었다. 누구든 술 취한 모습은 꼴도 보기 싫어하셨다. 그래서 당신의 자식들에게 금주를 주문하고 명령하고 경고하셨던 것이다. 대학 시절 M.T., 단합대회, 페스티벌 등 여러 번 술을 마실 기회가 있었다. 하늘 같은 선배들이 강권해도 참았고 마시지 않는다고 때리면 얻어맞을 각오를 하며 버텼다. 다행히 심하게 혼내는 일은 없었으나 수차례 긴장되는 순간들을 감내해야 했다.

승선 생활은 술을 마실 기회가 거의 없었다. 가끔 생수 대신 맥주 한 캔 마시는 것이 전부였다. 휴가 중에는 술을 마실 기회가 있었으나 역시나 대부분 참아냈다. 그러한 인내력은 서른한 살 사업을 시작하면서 무너졌다. 술자리는 영업상 반드시 필요하다고 생각했고 마시지 않으면 사람들과 가까워지기가 쉽지 않았다. 그때의 분위기가 그랬다. 술에 약한 나는 소주 한 잔에도 취해서 흐느적거렸다. 사업 규모가 커지면 커질수록 술 마실 기회도 늘어났다.

마흔 살, 서울에 올라와 정점에 달했다. 매일 보통 사람들이 한 달 마실 분량을 마셨다. 소주와 맥주를 섞은 소맥은 물론, 양주와 맥주를 섞은 폭탄주 그리고 소주와 백세주, 산사춘과 맥주를 섞은 일명 소백산맥을 제조해 마시기도 했다. 그렇게 날이 바뀌고 다음 날 새벽 3시경이야 아파트 입구를 통과했다. 매번 출근과 퇴근 날짜가 달랐다. 그래도 그때까지는 건강상 특별한 이상은 발견되지 않았다.

사십 초반에 술을 마신 다음 날이면 숙취와 함께 화장실을 들락거렸다. 과민성대장증후군 증세가 나타나기 시작했다. 사십 중반을 넘어가자 과음하면 필름이 끊겼다. 오십 초반에 피부가 가렵고 딱지가 앉는 한공각하증이라는 피부 질환을 앓았다. 술을 끊고 2년 동안 치료했다. 50대 중반이 되자 고혈압/고지혈증 진단이 내려졌다. 그제야 경각심이 크게 일었다. 이제 술은 끊어야겠다고 수없이 다짐하면서도 단지 마시는 양을 줄였을 뿐이다. 한번 길들인 습관은 끊어내기가 여간 힘든 게 아니다.

→ 어느 기업의 회장님은 아침에 일어나자마자 가벼운 스트레칭과 함께 양치질을 한다고 했다. 밤새 입안에서 균이 셀 수 없을 만큼 증식한다는 사실을 알고부터다. 그 상태에서 물을 마시거나 음식을 먹게 되면 그러한 균이 그대로 위장에 들어가는데 면역력이 약해졌을 때 탈을 일으킨다고 한다. 그 회장님은 일어나면 곧바로 양치질, 자기 전에도 양치질을 강조했다.

→ 목포해양대 L 교수님은 젊은 시절, 매일 저녁 동료 교수들과 어울려 술을 마셨다. 50세에 이르자 L 교수는 술을 끊어야겠다고 마음먹었다. 동료 교수들의 질타에도 불구하고 그들과 술자리에 마주 앉지 않았다. 그로부터 10년 후 동료 교수들의 건강에 문제가 생겼다. 그때의 동료 교수들은 그들 나이 70이 되기 전에 모두 운명을 달리한 반면, 현재 90이 넘은 나이에도 L 교수님은 시인으로 활동하고 계신다.

헐떡이며 도착한 산 정상에는
미소 짓는 건강이 기다리고 있다.

요구르트를 먹는 사람보다 요구르트를 배달하는 사람이 더 건강하다는 말이 있다. 과거 우유 배달원도 마찬가지다. 지금이야 운송수단을 이용해 배달하니 운동의 효과는 과거 그들보다 떨어질지 모르나 주기적으로 움직인다는 점에서 운동 효과는 훨씬 높을 것이다.

어떤 지하철역은 계단에 +숫자를 표시해 두었다. 한 계단 오르면 건강수명 +4초라는 문구도 있다. 심폐기능 및 근력이 강화되고 비만이 예방되는 일상 속 계단 오르기를 출퇴근 시간에 자신도 모르게 하고 있는 것이다. 아마도 우리나라 사람들이 과거보다 건강한 이유가 매일 출퇴근을 하면서 지하철역 계단을 오르내리기 때문이라는 생각이 들 정도다. 어떤 곳은 칼로리 소모량과 수명연장 시간이 표시되어 있다. 단지 계단 오르내리기 때문만은 아니겠지만 분명 우리나라 사람들의 건강은 좋아지고 평균수명이 놀랍도록 늘어난 것은 사실이다. 그것은 그동안 이미 알려진 많은 방법을 통해 사람들이 건강에 대한 인식이 높아졌고 그만큼 노력하기 때문이다.

S 생활건강에서 가입자들이 서로 운동량을 매일매일 비교할 수 있는 어플을 개발했다. 한 친구가 여러 명을 초대해 매일 걷기 운동에 참여하도록 했다. 경쟁은 과열됐고 하루 일만 보를 목표로 시작한 경쟁은 날로 그 수치가 올라가더니 급기야 어떤 친구는 3만 보를 걷기도 했다. 그러던 중 한 친구가 건강상 이유로 잠시 중단하면서 경쟁은 시들해졌고 이제는 모두 탈퇴하고 말았다. 하지만 나는 매일 일만 보 걷기를 지속하고 있다.

담배를 끊고, 걷고, 달리고, 산에 오르는 일은 건강한 생활 습관이다. 주말이면 산이란 산들은 몸살을 앓을 정도로 많은 사람들이 찾는다. 등산은 심폐기능에 그리고 다리 근력에 최고의 운동 효과를 주지만 문제는 안전사고의 위험이 따른다는 것이며 특히 관절염 환자는 즐기지 못하는 단점이 있다. 또한 가족력을 관리하는 일과 채식을 늘리는 것도 건강한 생활 습관이다. 무엇보다 주기적으로 참여하는 건강검진은 최고의 건강한 생활 습관이다.

돈의 주인은 사람이다. 돈도 건실한 사람에게 의지하려 한다. 주인이 부실하면 돈은 떠나게 마련이다. 아니 떠나도 잡지 못한다. 건강하지 못하면 잡을 힘도 막을 용기도 없기 때문이다. 반대로 아무리 건강해도 돈에 집착하다 보면 어느새 주객이 전도 된다. 돈은 어느덧 주인을 부린다.

새들도 알을 품기 위해 매년 새로운 둥지를 튼다.

의학에서 가족력(家族歷, family history, FH 또는 FHx)은 환자와 혈연관계에 있는 사람들의 건강 정보를 말한다. 가족력은 그 사람이 어떠한 가정환경에서 자라 왔는지 많은 정보를 담고 있다. 환자의 가족력에 관한 정확한 정보를 얻으면 특정 질환이 발생할 소인이 있는지 확인할 수도 있으며, 이를 통해 임상적인 결정을 내리고 효과적인 치료 및 예방을 실시하는 데에 도움을 얻을 수 있다고 한다.

일반적으로 가족력은 직계가족이나 사촌 내에서 같은 질병을 앓은 환자가 2명 이상인 경우를 말한다. 유전 질환의 경우 병의 원인이 단일하지만, 가족력은 유전, 생활 습관, 환경 등 다양한 요인이 복합적으로 영향을 미친다. 가족은 같은 생활공간에서 식습관, 수면 습관 등 여러 생활 습관을 공유하다 보니, 같은 질환을 앓을 위험도 덩달아 커진 것이다. 가족력이 있다고 반드시 특정 질병에 걸리는 것은 아니지만, 걸릴 확률이 높아진다. 특히 암, 알츠하이머성 치매, 심혈관질환, 아토피성 피부염은 가족력이 강한 대표 질환으로 알려져 있다. 이러한 질병을 부모 형제 등 가족이 앓고 있다면 특히 주의해야 한다. 주기적으로 건강 검진을 하면 병원에서 건강 상태를 확인하여 알려줄 테니 전문의의 조언에 따라 관리하면 된다.

문제는 가족력의 근본적인 해결이다. 위에서 보았듯 가족력은 동일한 가정환경에서 발생하는 것을 알 수 있다. 즉 동일한 식습관이나 환경이 그러한 가족력을 만들었다는 것이다. 그렇다면 가족력의 원인이 되는 식습관이나 환경을 바꾼다면 가족력이 계속해서 이어지는 것을 사전에 예방할 수 있을 것이다. 즉 필요한 경우 물과 공기가 맑은 곳으로 거주 환경을 옮기거나 육류 위주의 식단에서 채식 위주로 바꾸는 것을 주저하지 말아야 한다. 알면서도 실천하지 않는다면 결과에 대해서도 순응해야만 할 것이다.

미래 설계는 활성제이다.

미래를 설계하는 것은 희망이고 강한 동력을 얻는 활성제이다. 스피노자는 말했다. 내일 지구가 멸망할지라도 오늘 한 그루의 사과나무를 심겠다고. 사실 사람은 언제 죽을지 아무도 모른다. 그러니 죽기 전까지는 내일을 계획하고 준비해야 한다. 사람은 오래 사는 것이 목적이 아니다. 얼마나 행복하게 사느냐(정신적 부자)가 문제고 죽기 전까지 건강하게 사느냐(신체적 부자)가 관건이다.

내가 아는 부자들은 하나같이 바쁘게 산다. 약속 날짜를 잡으려면 한 달 전에 예약해야 가능한 경우가 많았다. 그들은 스스로 부지런하다. 그리고 열심히 배우려고 노력한다. 그러니 아프거나 늙을 틈이 없다. 그것이 곧 재산이 된다는 것도 안다. 실패에 대해서도 비교적 관대하다. 실패했을 때 마음이 아프겠지만 후회 대신 해결 방안을 찾는 데 열심이다. 그러면서 절망이나 포기 등 부정적인 것을 끊어내 버린다. 그러니 주위 사람들의 눈에 여유가 있어 보인다. 실제로 여유가 있는 것이 아니라 여유 있게 행동하고 여유

있게 생각할 뿐이다. 물론 그렇게 보이려고 상당한 노력도 한다.

우리나라 부자들의 평균나이가 63.5세, 미국의 경우 55세라는 결과를 보면 부자가 되는 나이는 대개 60쯤 되어야 가능하다는 의미인데 아마도 그들은 일을 시작하면서 부자 설계를 했을 것이며 그것이 부자가 된 이유 중 하나로 추측된다. 즉 그들에게는 부자가 되는 비법이 희망 가득한 미래를 설계하는 것이었다.

위 얘기를 듣고 있던 한 친구가 대뜸 '그럼 우리는 이제 끝났네?'했다. 갑작스러운 반응에 잠시 쳐다보니 '우리는 육십에 이르렀으니 우리에게 부자 될 기회가 없는 것 아닌가?'하며 반문했다. 현실적으로 50대 중산층이 몇 년 후 사회 통념상 부자가 되기는 어려운 일이다. 하지만 어디까지나 지금까지 자료는 설문조사나 통계에 불과하다. 칠십이든 팔십이든 부자반열에 오를 수도 있는 것이다. 50대에 맥도날드를 창업한 레이 크록(Ray Kroc)이나 60대에 KFC를 창립한 하얼랜드 샌더스(Harland Sanders)의 경우를 보면 나이가 많다고 포기할 일은 아니다.

따라서 우리는 살아 있는 한 금융 공부를 하고 경제활동을 해야 한다. 부자가 되기 위해서라기보다 현재의 상태를 유지하기 위함이다. 또한 자녀나 후배들에게 부자의 길을 제시하고 부자가 될 수 있도록 독려하기 위해서라도 부자가 되는 길을 연구하고 실천해야만 한다. 비록 물질적인 재산은 더 이상 쌓지 못할지라도 신체적 재산을 지키며 정신적인 재산을 쌓는 데는 전혀 무리가 없다.

1990년대 중반, 취업한 지 얼마 안 돼 보험설계사가 찾아와 노후에 필요한 자금이 4억 원, 몇 년 지나자 7억 원이라고 하면서 서둘러 개인연금 상품에 가입하라고 종용했다. 대표적으로 연금을 가장 많이 받는 사람(직업)이 교장선생인데 그 덕분에 노후에 가장 인기가 좋다고 했다. 내가 교장선생님이 될 수 없는 현실을 고려하면 그들보다 더 많은 연금을 받는 방법은 사업을 해서 부자 되는 길밖에 없다고 생각했다. 그래서 보험 가입하는 대신 사업에 도전하기로 결심했다. 10억 원을 벌어 예금을 하고 연이율 5%라면 원금을 유지하면서 매년 5천만 원의 이자 수입이 생길 거라 예상했다. 교장선생님 연금보다 많은 금액이다. 그래서 사업이 나의 노후설계 프로젝트가 되었다.

인명재천 건강재아

어려서 충분한 영양 섭취를 하지 못했고 활동적인 성격이 아니라 운동을 즐겨하지 못해 허약한 체질이었다. 특별히 아프거나 불편한 점은 없었으나 체력적으로 강건하지는 못했다. 60세에 근접하니 신체 기능은 떨어지고 건강지수는 위험수위에 근접하고 있다. 스스로 챙기지 않으면 건강은 이제 훨씬 빠르게 악화될 것이다. 특별한 주의가 필요한 나이가 되었음을 실감한다.

잠에서 깨어나면 침대에서 가벼운 스트레칭을 한다. 찌뿌둥한 몸이 다소 풀리면 일어나 침구를 정리한다. 화장실에 들러 가벼운 양치질을 하고 따뜻한 물을 한잔 마신다. 거실에 있는 체중계에 올라 몸무게를 확인한다. 몸무게 변화가 있으면 음식량을 줄이거나 운동을 하여 80킬로그램을 넘지 않도록 유지한다. 아침 식사는 든든하게 먹는다. 가능한 많이 활동하고 힘차게 움직일 계획이다. 다시 한번 양치질을 하고 걸어서 가까운 역으로 이동한 뒤 지하철을 이용해 출근한다. 지하철이 들어오기 전까지 역내를 계속 걷는다. 점심은 사무실에서 다소 떨어진 식당을 찾는다. 식사 후 가볍게 걷기운동을 하기 위해서다. 이제 무리한 운동은 자제한다. 대략 하루 일만 보를 걷는 정도로 운동량을 조절한다. 주위에서는 근력운동을 해야 한다고 하고 걷는 것만이 최선은 아니라고 한다. 하지만 수차례 피트니스 센터 등록을 했지만 제대로 이용하지 못한 경험과 비싼 운동기구를 집안에 들이고도 빨래걸이로 이용했던 적이 있는 나로서는 하루 일만 보 걷기 운동으로도 가성비 좋은 운동량임을 실감한다. 평소 5천 걸음에 비하면 일일 평균 5천 걸음이 늘었고 일 년이면 1,825,000보를 더 걷는 셈이다. 한편 근육량을 늘리기 위해 무리한 운동을 하다가 오히려 근육파열이나 오십견 등 건강 상태를 악화시키는 경우보다 낫다고 생각한다.

    근무 시간에 컴퓨터를 자주 이용하므로 눈이 쉬이 피로를 느낀다. 종종 창문을 열고 멀리 보기를 한다. 하늘을 쳐다보기도 하고 멀리 있는 목표물을 지긋이 바라보기도 한다. 퇴근하는 길도 마찬가지로 가능한 걸어서 움직인다. 집에 도착하면 손발부터 씻는다. 저녁 식사 후에 가벼운 움직임을 위해 집안 정리 정돈 또는 화분 점검을 한다. 식후 2시간 이내에 잠자리에 들지 않으며 되도록 음료(물)를 마시지 않는다. 잠들기 전에 가볍게 양치질을 하고 미지근한 물에 세정제를 녹여 코 세척을 한다. 그동안 부적절한 생활 습관으로 생긴 증상이나 불편함을 해소하기 위해 스스로 익힌 처방 습관이다.

주말이면 종종 청소와 설거지를 한다. 아내를 돕는 것이기도 하지만 실내 먼지 제거와 위생적인 환경을 위해 노력한다. 습도 조절이나 공기 정화를 위해 베란다에 화초를 기르고 가꾼다. 매달 아이들과 대화와 위생을 위해 목욕탕에 가서 때밀기를 한다. 매년 종합병원에서 건강검진을 한다. 건강검진 후 사후관리가 필요한 부분은 전문의를 찾아가 진료를 받고 주의 사항에 귀 기울인다. 병원이나 골프장 샤워실에 가면 설치돼 있는 혈압계를 이용하여 혈압을 체크한다.

물은 정화수에 결명자, 인진쑥, 우슬 등 한약재를 넣어 끓인 물, 즉 나만의 차를 끓여 마신다. 겨울철이면 홍삼과 꿀을 섞은 홍삼차를 즐겨 마신다. 예전에는 감기에 자주 걸려 고생했는데 홍삼차를 마신 후로는 감기 예방에 최고다. 마시면 속이 더부룩해지는 녹차와 커피는 되도록 피한다. 탄산음료도 느끼하거나 기름진 음식을 먹을 때와 회식에서 술을 마시지 않을 때만 마신다. 술을 줄이는 노력을 하고 있다. 조만간 술을 끊는 것이 목표다. 가끔 근처 낮은 산을 찾아 깨끗한 공기를 마신다. 등산을 좋아하지만 높은 산은 무릎관절에 무리가 가기 때문에 오르지 못한다.

긍정적 마인드를 가지고 항상 웃으려고 노력한다. 특히 친구들 모임이나 동호회 모임에서는 웃고 떠들려고 노력한다. 중년 남자들의 웃음 횟수가 급격히 줄어드는데 편한 친구나 동호회에 가면 마음껏 웃는다. 한 달 분량의 웃음을 하루에 다 웃으려 노력한다. 육류 섭취를 할 때는 채소를 듬뿍 먹는다. 불에 탄 고기 음식은 잘라내거나 아예 먹지 않는다. 매일 조금씩이라도 과일을 먹는다. 식후

당을 높이는 염려가 있다고 하지만 과일은 참을 수 없다.

나만의 특별한 습관이 있다면 가능한 정치 뉴스를 시청하지 않는 것과 건강 기사를 수집하는 일이다. 여느 나라나 마찬가지겠지만 특히 우리나라 정치 소식은 분노하기 딱 좋다. 보고만 있어도 스스로 스트레스를 받곤 하는데 더구나 사석에서 정치논쟁은 더욱 자극적이다. 정치에 관심을 줄이거나 무관심이 건강에 이롭다. 한마디로 모르는 게 약이다. 가능하면 TV 시청은 시사와 스포츠 그리고 다큐멘터리 프로그램 위주로 시청한다. 또한 건강 관련 기사를 수집하여 파일에 저장하여 두고 자주 들여다본다. 특히 관심있는 건강 상식에 대해 많은 정보를 취합한다. 컴퓨터 안에 모든 정보가 있으니 정보를 따로 모을 생각을 안 하면 영영 보지 못한다. 그러니 나에게 필요한 정보는 비록 아날로그 방식이라도 나만의 방식을 고집한다. 그래야 관심을 갖게 되고 신경 쓰게 된다. 이렇듯 건강한 생활 습관은 신체적 재산을 지키는 동시에 잠재적으로 물질적 재산도 지켜내는 습관이라 믿는다.

하지만 여전히 개선하지 못한 습관은 일부 남아 있다. 빠른 식사 습관과 과식 그리고 음주다. 향후 점차 개선할 계획이 있고 그에 따라 실천을 하고 있다. 건강을 챙기는 것은 장수가 목적이 아니다. 사는 동안 건강한 삶을 위해서다. 인명재천(人命在天)이요, 건강재아(健康在我)이다.

단기간에 부자가 되기 위해 전력 질주를 한다고 해서 곧바로 고지에 오르지는 못한다. 부자는 단거리 게임이 아니고 인생 전반

에 걸친 최고 장거리 게임이기 때문이다. 그래서 그 어느 경기보다도 체력 안배와 페이스 조절이 필요한 게임이다.

특히 건강에 좋은 생활 습관을 많이 가진 사람은 오래도록 건강수명을 누리며 의료비용을 줄임으로써 정신적, 물질적 재산을 지키고 있었다. 반면 건강에 해로운 생활 습관을 쌓은 사람일수록 일찍부터 병마와 싸우며 막대한 전쟁 비용을 조달하느라 여념이 없었다. 한두 번의 실수는 별 영향을 주지 않겠지만 건강에 해로운 습관이 수십 년 쌓인 결과는 반드시 적잖은 비용이 수반된다. 오늘 어딘가 불편하다면 그것은 과거 습관이 낳은 필연적인 결과일 테다.

8장

정신적 부자의 길

행복은 자신이 결정하고 행운은 신이 주신다고 한다.
스스로 행복한 삶을 조성한 곳에 신의 가호가 있다면 그것이 행운이다
신이 반드시 행운을 주신다는 보장은 없다.
하지만 신은 매사에 긍정적이고 주어진 환경에 만족할 줄 알며
주위 사람들과 잘 어울려 사는 사람 편이었다.

**어린 새는 둥지에서 날개짓을 하고
병아리는 어미를 따라 걷는다.**

내가 어렸을 때 아버지는 농사일을 하시면서 종종 나중에 누군가에게 어떤 일을 시키려면 네가 그 일을 잘 알아야 한다고 이르셨다. 모를 찌는 과정에서 아버지는 다른 사람들보다 앞서 나가셨고 논에 김을 매는 작업(잡풀을 제거하는 것)도, 쟁기질도 아버지는 선수셨다. 볏짚을 이용해 이엉을 엮어 초가지붕을 단장하는데도 당연 최고였다. 집집마다 작두펌프 우물샘(일명 작두샘)을 파고 설치하는데도 다들 아버지에게 부탁했다. 하지만 아버지가 하는 일을 배우려는 사람은 없었다. 또한 아버지가 잘하셨던 일들은 기술의 발달로 점차 사라져갔다.

세월이 흘러도 우리 집은 가난한 형편을 벗어나지 못했다. 아버지는 열심히 일을 하셨지만, 어떤 일이 큰돈이 되고 어떻게 해야 돈이 되는지를 잘 모르셨다. 즉 부를 늘리는데 전략적 사고가 부족했다. 나는 그런 아버지를 반면교사로 삼았다. 그리고 가장 필요한 것이 공부라 생각했다. 링컨 대통령이 어려서 글을 배우기 시작해 글을 모르는 아버지가 사기당하는 것을 막았다는 일화부터 어른들이 글을 모르니 면사무소(주민센터)에 가기가 두렵거나 불편해한다는 사실을 알게 되었다. 학교에서조차 모르면 창피를 당하는 것부터 공부를 잘못하면 선생님께 손바닥이나 종아리를 얻어맞는 일은 매일 목격되었다. 반면 공부를 잘하면 칭찬이 쏟아졌고 때때로 상을 받는가 하면 그의 실수마저 용서되고 미화되었다. 이러한 사실만으로도 분명 공부를 잘할 필요가 있었다.

하지만 그럴 만한 여건이 조성되지 않았다. 부모님의 무지로 인한 방관, 공부 비법을 가르칠 사람의 부재, 하교 후 집안일 돕기 등 어느 것 하나 공부하는데 도움이 되지 못했다. 그럼에도 불구하고 막연히 공부가 하고 싶다는 욕망은 계속 일었다. 배움에 대한 욕망만으로 더 이상 진학은 어려운 상황이었지만 떼를 쓰고 우겨 고교와 대학을 마쳤다. 승선 생활을 하면서도 영어 공부에 전념했고 하선 후 육상 근무를 하면서 석, 박사 과정을 마쳤다. 배움의 끈을 놓지 않은 것은 잘한 일이었고 특히 정신적 재산을 쌓기 위해서는 반드시 필요한 과정이었다. 그러한 정규 과정뿐만 아니라 일회성 세미나나 단기 교육 과정을 통해서도 늘 배워야 함을 깨달았다. 때론 OJT에 참석하고 10여 년 전 최고경영자 과정을 이수하기도 했다. 지금도 인문학 서적은 물론이고 자기계발서, 경제 관련 서적과 다양한 분야의 서적들을 읽고 공부한다.

부자들의 특징은 독서광이었고 공부를 많이 한다는 것에 주목했다. 그들은 어느 한 곳에 전문가라기보다는 광범위하게 공부하고 세상 이치를 깨닫고 돈의 흐름을 읽어내고 미래를 예측하고 현명하게 판단하는 능력을 기르기 위해 노력했다. 끊임없이 다양한 정보와 지식을 습득하고 다양한 분야의 인맥을 통해 지혜를 공유하며 통섭과 혜안을 갖추고 있었다. 그렇게 부자들은 지혜로운 삶을 살기 위해 평생 학습을 실천하고 있었다. 나도 그들을 따라 했고 조금이라도 닮으려고 노력했다.

저항을 불러일으키는 잔소리보다 순응하는 솔선수범

상처가 많은 어린 나무는 크게 자라기가 쉽지 않다. 특히 분재의 경우가 그렇다. 자라는 나무를 작은 화분에 심어 영양분을 제한하기도 하고 철사를 이용해 억지로 구부리거나 무리하게 펼쳐 예술적인 모습을 만들어 낸다.

우리의 인생도 마찬가지다. 어려서 심한 질병을 앓거나 상해를 입은 경우, 심리적 압박을 받았거나 큰 사고를 경험한 경우 트라우마가 생겨 인생을 마음껏 펼치지 못하는 경우가 있다. 특히 젊어서 자신의 실수로 인해 막대한 경제적 부담을 감당해야 하는 경우라면 좀체 경제적 그리고 심리적으로도 회복하기가 어렵다. 인생의 깊이가 남다를지 몰라도, 술자리에서 이야기 소재가 될지 몰라도 결코 바라는 삶은 아니다. 드라마틱했다거나 영화보다 더 영화 같았다고 하는 삶은 결코 평범하지 않은 인생을 의미한다.

부모들은 그런 세상이 두려워 끊임없는 잔소리와 함께 '~하지 마라'를 수없이 반복한다. 하지만 안타깝게도 '~하지 마라'는 말은 아이들을 옥죄고 소극적이게 만든다. **자녀들이 바라는 바는 하지 말아야 하는 이유를 듣고 싶고 어떻게 해야만 하고 싶은 것을 할 수 있는지를 알고 싶어 한다.** 잔소리는 분명 좋은 말이나 기분 나쁘게 하는 소리라고 한다. 진정 필요한 말이지만 듣는 사람의 신경을 거슬리게 하고 기분을 상하게 하니 듣고 싶지 않은 말이 된 것이다.

여행할 때는 이정표가, 운전할 때는 신호등이 잔소리 하나 없이 원하는 방향을 묵묵히 가리키며 안전하게 안내한다. 이렇듯 우리가 아이들에게 훌륭한 이정표와 신호등이 되는 가장 좋은 방법은 솔선수범이었다. 잔소리보다는 먼저 행하고 이를 따르도록 하는 것이 바람직했을 텐데 잔소리는 탱자 가시처럼 날카로웠고 여름철 날벌레처럼 아이들을 성가시게 했다. 우리는 사랑이라는 미명하에 잔소리를 앞세워 신체적 우위와 거친 말투를 무기로 자식을 철저히 통제하고 제압한다. 아이들은 부모의 과격한 언행과 무서운 체벌이 두려워 거짓말과 거짓 행동을 한다. 그리고 어서 빨리 어른이 되기를 간절히 바랐을 것이다. 아이들은 여기저기 상처투성이의 어린 시절을 보내고 상처가 아물기도 전에 사춘기 호기심이 발동하자 더욱 거세게 저항한다.

지금은 과거 우리 청소년기에 비해 답답한 세상이 아니다. 부모의 대화 기술도 좋아졌고 경제적 여건도 월등히 나아졌다. 자녀는 하나 아니면 둘이다. 요즘 아이들이 만나는 세상은 우리가 지나온 세상과는 판이하게 다르다. 하지만 아이들은 여전히 답답하다. 아니 답답하게 느낀다. 어느 시대라도 그들은 그렇다. 부모의 높은 기대심리와 자녀들의 자유 충동 욕구가 서로 부딪치기 때문이다.

요즘 아이들은 태어나자마자 부모가 짜 놓은 일정에 따라 살아야 한다. 제때 먹고 자고 싸야 하는 것부터 정해진 길을 조금이라도 벗어나면 큰일이라도 난 듯 난리다. 아직 가족구성을 제대로 파악하기도 전에 어린이집에 나가고 이어 유치원에 다녀야 하며 학교에 입학하면 기다렸다는 듯이 학업 이외의 시간마저 줄줄이

학원에서 보내야 한다. 본인의 의사나 자율에 맡기는 경우는 찾아보기 힘들다. 오직 부모의 직관에 의한 처방이다. 아이들은 마치 공장에서 찍어내듯 겉은 반듯하게 자란다. 하지만 그들의 인성이나 인격은 어떻게 채워지고 있는지 도무지 알 수가 없다.

자식을 사랑한다는 것은 자식이 원하는 것을 무조건 다 들어주는 것이 아니라 부족한 것을 어떻게 채우는지 그 방법을 가르쳐주는 것이고 하고 싶은 일을 어떻게 하면 할 수 있는지 알려주는 것이다. 건강한 식습관, 올바른 생활 습관, 따뜻한 언어를 알려주고 함께 실천하는 것이 사랑이다. 무조건 많이 주는 것이 아니라 비록 작은 것일지라도 가진 것을 함께 나누는 것이 진정 사랑이다.

아이들은 꾸중이 두렵고 어른들은 세상이 두렵다.

세상에 대해 어떤 생각을 갖느냐는 것은 환경이 중요한 역할을 한다. 아버지는 엄격하시고 어머니는 인자하셨다. 거짓말을 하거나 물건을 훔친 날에는 아버지가 호되게 나무라셨다. 크게 화를 내는 아버지를 어머니가 말리시기는 했으나 우리는 극도로 두려웠고 충격적이었다. 아버지의 화난 모습이 두려워 더 이상 나쁜 짓은 할 수가 없었다. 아버지가 그토록 화를 내시는 데는 이유가 있을 터였다. 하지만 끝내 아버지에게 묻지 못했다. 그리고 아버지가 되고 나서 그 이유를 알게 되었다. 아이들은 꾸중이 두렵고 어른들은 세상이 두렵다. 아버지는 우리가 혹여 나쁜 길로 빠져 전과자가 되거나 사회에 적응하지 못할까 봐 두려웠던 것이다. 아버지는 늘 '빨간 줄'이라고 표현하셨는데 전과기록은 인생에 크나큰 방해가 될 수 있다는 것을 나중에 알았다. 어쩌면 불의의 사고 피해자가 될 수도 있는 것이었다.

우리가 태어난 60년대는 보통 네다섯 형제자매가 있었던 반면, 먹을 것, 입을 것이 상대적으로 부족했고 교육 기회 역시 가정형편이 결정적이었다. 우리의 부모는 어떻게든 자식들을 굶기지 않으려 애를 썼으며, 허리띠를 졸라매며 정규교육 기회를 주기 위해 갖은 노력을 다했으나 역부족인 경우가 많았다. 자식들도 그런 부모님의 삶을 이해했으며 특히 장남 장녀는 스스로 진학을 포기하고 '잘 살아보자'는 새마을 운동에 발맞춰 도시로 나갔다. 기술을 배워 자신의 삶을 개척했고 모은 돈을 동생들의 학비에 보태기도 했다.

우리는 가난한 부모를 반면교사로 삼아 부자를 꿈꾸었고 다수의 자식보다는 한두 자녀만 낳아 먹고 입히는 것은 물론 유학까지 보내는 풍족한 세상에 살게 하고 싶었다. 어린 시절 빈곤으로 인한 불편했던 생활과 힘들었던 과정을 되풀이하지 않도록 해결해 주는데 모든 열정을 쏟아부었다. 특히 물질적인 부분에는 과감한 투자를 아끼지 않았다. 우리 부모들의 공통된 현실, 가난을 자식들에게는 결코 넘겨주기 싫었기 때문이다. 그래서 자식이 원하는 것은 무조건 다 해주는 것이 부모의 의무이며 사랑이라고 생각했다. 공부를 통해 신분이 바뀔 수 있고 성공할 수 있는 가장 최적의 방법이라는 것을 믿고 교육에 집중적으로 투자했다. 자식이 공부만 잘하면 성격이 비뚤어져도 남들과 잘 어울리지 못해도 다 용서해 주었다.

점차 아이들은 귀찮고 힘든 일은 하기 싫어했으며 자기 방 치우는 것마저 부모가 해주었다. 단체생활에 적응하기 힘들어했고 결혼마저 관심도가 낮다고 한다. 그렇다면 그렇게 자녀들을 키운 부모 세대인 우리는 또 어떤 반면교사가 되었을까? 우리의 아이들이 우리의 삶을 지켜보면서 죽도록 싫었던 것들은 무엇일까?

정신적 재산의 따가운 후폭풍

아버지는 일이 쉬이 풀리지 않을 때마다 짜증 섞인 말투로 무심결에 내뱉으시던 말이 있다. '이런 젠장(제기랄)' 그 소리가 듣기 싫어 엄마는 제발 좀 하지 말라고 역정을 내셨고 나도 그 소리가 듣기 싫었지만, 감히 아버지께 말씀드리지 못했다.

세월이 흐르고 나도 아버지가 되었다. 아들놈 장난감 조립해주다가 생각대로 되지 않자 무심결에 튀어나온 말이 '이런 젠장'이었다. 순간 아들과 두 눈이 마주쳤고 아들이 못마땅한 듯 나를 쳐다보는 눈빛을 보는 순간 전율을 느꼈다. 어려서 그토록 싫어했던 말이 나도 모르게 학습돼 있었던 것이다.

그날 나는 자식들 앞에서 사용하지 말아야 할 단어들을 생각해 봤다. 욕을 비롯하여 '에이씨', '하지 마라', '안 돼', '그것밖에 못해?', '공부해라', '너는 그게 문제야', '열심히 해라', '최선을 다해라' 등등 격려의 말인 듯하나 어느새 부담스러운 말뿐이었다. 아이들이 들어서 불편한 단어들을 증여하지 않는 방법은 내가 사용하지 않으면 된다.

※ 해기사인 L 선배가 휴가 중 집에서 쉬고 있을 때 일이다. 본인이 자고 있을 때, 아들이 친구를 데려와 신이 나서 다소 시끄럽게 놀았던 모양이다. 그 바람에 잠에서 깬 선배는 짜증 섞인 목소리로 아들을 나무랐다고 한다. 그러자 아들이 대뜸 "아빠는 이상하네요. 친구 아빠는 사이좋게 지내라며 과자를 사주시던데" 그리고 친구를 데리고 나가버렸다.

아들은 평소 아버지가 집에 없었기에 자기도 아빠가 있다는 것을 자랑하고 싶어 친구를 데리고 왔고 친구 아빠처럼 다정하리라 기대했는데 화부터 내는 아빠를 보고 매우 실망이 컸다는 것을 깨닫고 크게 자책했다고 한다.

※ K 선배는 오래도록 승선 생활을 했다. 자신은 그저 평범한 해기사로서 마땅히 육상에 적응하기 힘들어 바다에서 오랫동안 지내왔다고 했다. 그런 그가 자식들에게 특별한 정신적 재산을 증여할 기회가 없었는데도 한 가지 뿌듯한 경우가 있다고 했다.

어느 날 운전을 하면서 별생각 없이 중학생인 아들에게 아빠가 좋다고 생각될 때가 언제였냐고 물었다. 갑자기 질문을 받은 아들은 잠시 생각에 잠기더니 특별히 생각나는 것은 없는데 아빠는 운전할 때 욕을 하지 않아서 좋다고 했다. 아빠는 앞에서 갑자기 끼어들어도, 앞 차가 늦게 출발해도 화를 내거나 욕을 하지 않는 점이 좋다고 했다. 그동안 아들은 교회 권사님을 비롯한 다양한 사람들의 차를 탄 경우가 많았는데 평소에는 온화하시던 분들이 하나같이 운전대만 잡으면 쌍소리를 하고 욕하는 모습을 보고 내심 놀랐다고 했다.

결코 바라지도, 바람직하지도 않은 잠재학습 효과

사랑의 원천인 가정에서도 마찬가지다. 가족끼리 서로가 너무 쉽게 무시하거나 자존심을 무너뜨리기도 한다. 말을 함부로 하거나 무시하는 언행 즉 언어폭력이나 신체적 학대 등 단지 가족이라는 이유로 또는 쉬이 저항하지 못할 입장을 이용하여 함부로 대하는 것이 그렇다. 아내와 남편, 부모와 자식, 형제자매간 서로 막말을 하거나 소외시킴으로써 나중에 회복하기 힘든 상황으로 내몰린다.

몸종에게는 영웅이 없다고 한다. 영웅도 사람이며 사람의 본능에 따른 원초적인 생리현상과 누구나 가질 수 있는 단점을 적나라하게 지켜볼 수밖에 없으니 그럴지도 모른다. 그렇듯 영웅마저 그런 실수나 단점은 다들 가지고 있는 것인데도 불구하고 가족구성원의 장점이나 훌륭한 부분은 그냥 지나치면서 단지 가족이기에 접할 수 있는 그러한 본능적인 단점들을 부각시키며 부지불식간에 무시하고 천대하기도 한다. 어렸을 때 자다가 이불에 오줌 쌌다고, 방을 어지럽혔다고, 옷을 더럽혔다고, 특정 음식을 먹지 않는다고, 학업성적이 떨어졌다고, 값비싼 장난감 사 달라 떼쓴다고 부모로부터 맞거나 심한 욕설을 들은 적이 있을 것이다. 당연한 생리 현상이거나 갖고 싶은 욕망을 표현한 것임에도 불구하고 부모들의 과한 반응이나 체벌은 아이들에게 죄의식을 갖게 하거나 심한 모멸감을 느끼게 했을 것이다.

어려서 가정폭력에 시달렸던 오십이 넘은 아들이 거동이 불편한 팔순 노모를 폭행한다면, 어려서 학대에 시달렸던 오십이 넘은 딸이 음식을 흘리는 팔순 아버지를 욕과 모진 언어로 채근한다면 이들은 분명 부모로부터 부지불식간에 배웠던 것들이 겉으로 바로 드러나지 않지만 내면에 축적되어 있다가, 특정 조건이나 계기가 주어질 때 나타나는 잠재적 학습효과일 것이다. 즉 어려서 부모로부터 받은 폭력과 학대에 대한 보복이 아니라 잘못하면 무시당하고 실수하면 얻어맞았던 것처럼 가족이라도 신체적 우열에 따라 대하는 태도를 부모에게 배운 대로 실행하고 있는지도 모른다. 참고로 잠재학습(latent learning)은 1930년대 톨만(Edward Tolman)의 쥐 실험에서 처음 정리한 개념인데 보상이나 명시적 결과가 없어도, 경험을 통해 내부적으로 학습은 진행되며 나중에 적절한 상황이 오면 그 학습 효과가 드러난다는 이론이다.

가족은 사랑의 결정체이며 서열이나 신체적 우열과 상관없이 서로 눈높이를 맞춰 아껴주고 배려해 주어야 하는 관계임에도 불구하고, 우리는 그러한 가족을 단지 신체적, 정신적인 차이를 빌미로 무력을 사용하고 과한 체벌로 제압했던 것들이, 자연스럽게 잠재학습이나 증여가 되었고 그것이 학습효과로 먼 훗날 나타나게 된 것이다. 그래서 배우자감을 소개할 때 부모들은 상대 부모의 직업이 무엇인지 따져 묻곤 했다. 아버지의 직업에 따른 집안 분위기가 자식들에게 정신적 재산으로 고스란히 증여됐을 것이라고 무의식중에 인지했기 때문이다.

배우고자 했을 때 멘토는 가까이 있었다

몇몇 회사를 전전하다 30대 초반 직접 회사를 설립하여 좌충우돌하며 적잖은 시련을 겪었다. 초기 사업을 시작할 때는 유명한 기업가의 사례를 가이드로 삼았다. 특히 웅진그룹 윤석금 회장님의 말씀 '성공하려면 전문가가 되어야 하고 자신은 방문판매의 전문가'라는 말에 번쩍 눈을 떴다. 일반적으로 전문가라고 하면 전문의, 변호사, 회계사 등을 떠올린다. 그러나 정말 엉뚱한 분야에서도 전문가가 있고 또 그들이 성공한다는 사실에 놀랐다. 당시 방문판매나 배달의 전문가는 생각지도 못했고 그 분야에 비전이 있다고는 더욱 생각지 못했다. 이들은 판매하는 제품의 품질이 좋은지 안 좋은지, 맛이 있는지 없는지는 별개로 필요한 사람에게 많이 팔았고, 단지 빨리 배달했다는 것만으로 유명해졌으며 성공했다. 그때 나는 선박회사의 안전경영시스템 전문가가 되어야겠다는 결심을 했다.

동원그룹 김재철 회장님의 저서 『지도를 거꾸로 보면 한국인의 미래가 보인다』를 읽고 인생을 반대편에서 볼 수 있는 새로운 눈을 갖게 되었고 미력하나마 미래를 볼 수 있는 예지력이 생겼다. 작은 선박수리 조선소를 창업하여 중견 조선소로 성장시킨 P 조선소 김 사장님을 지근 거리에서 지켜보면서 사업을 일구는 방법을 배웠다. 또한 다수의 중소기업을 컨설팅하면서 파악한 합리적인 경영기법들을 벤치마킹할 수 있었다. 중소기업 대표들의 여유로워 보이는 현재는 하나같이 숨 막히는 과거가 있었음을 알게 되었고 이제 막 사업을 시작한 나에게도 엄청난 시련을 통과해야 하는 관문이 기다리고 있다는 것을 예감했다.

이를 극복할 수 있는 대책이라고는 우선 서점을 찾아 성공 사례나 자기계발서를 읽으며 깨닫고 반성하며 지혜를 얻는 것 뿐이었다. 하지만 그들 경험이나 실례는 시대가 다르고 환경이 달랐기 때문에 그대로 수용하기는 힘들었다. 다만 그들의 열정적인 도전과 시련을 극복한 사례에 많은 위로를 받았고 풀죽은 열정을 되살리는 촉매제가 되기도 했다. 많이 지쳐있고 힘이 들 때면 오히려 따뜻한 위로와 격려가 더 큰 힘이 되었다. 그때마다 가족을 비롯하여 주위 친구, 선후배, 은사님들의 조언이 구세주 역할을 했다. 처음에는 달갑지 않았으나 점차 시행착오를 겪으면서 그들을 찾아가 조언을 구하는 나를 발견했다. 비록 세계적으로 저명하지는 못해도, 국내 유명 인사는 아니라도 다행히 주위에서 보석 같은 멘토를 쉽게 찾을 수 있었다.

부산의 K, L 그리고 D 선배님은 마음의 위로가 되는 분들이다. 사업보다는 인생담을 나누며 따뜻한 마음을 얻는다. 사업상 고민이 생기면 C와 K 그리고 P 선배님을 찾는다. 직접적인 해법은 얻기 힘들지만, 과거 유사 경험이나 그분들의 의견을 듣고 나면 해결책이 떠오르기도 한다. AMP 멤버들은 나보다 나이가 3~8세가 높다. 그들과 어울리면서 듣게 되는 삶의 경험이나 지혜는 내가 가야 할 길을 비춰주는 가로등 역할을 해주었다. 가끔 친형님들을 뵈면서 인생의 거울로 삼는다. 나의 뿌리 그리고 나의 분수를 되새긴다.

아직껏 심오한 인생을 논하고 싶은 종교인이나 사회적으로 유명한 분을 멘토로 삼지는 못하고 있다. 하지만 우리 주위에도 훌륭한 분들이 많았다. 애써 그분들에게 저의 멘토가 돼 달라 요구하지도 않았고 멘토라고 말씀드리지도 않았다. 미리 연락드리고 찾아가면 늘 따뜻하게 맞아주셨고 편안하게 대해 주셨다. 그들은 나에게 최고의 멘토로서 충분한 자격을 가진 분들이다. 혹시 나에게도 쌓인 지혜가 있다면 그분들에게 얻어온 것들이다.

자녀에 대한 부모의 최고 책임은 우리 사회에서 무난하게 자립할 수 있는 능력을 길러주는 것이다. 그러려면 의식주 제공과 공교육의 기회를 넘어 스스로 세상을 살아갈 수 있는 능력을 갖추도록 해야 한다. 이것 이외에 증여와 상속분은 보너스다. 그 일환으로 돈을 버는 방법도 이를 관리하는 방법도 가르쳐야 한다. 부모는 대개 물질적 재산의 증여상속만을 고집하지만, 이보다 중요한 것은 자녀가 스스로 세상을 살아가는 데 필요한 건강과 지혜는 물론 경제적 능력을 갖추게 하는 것이다. 이론적 설명도 좋겠지만 부모 생업의 현장을 가감 없이 보여주는 것도 좋다. 스스로 하는 일이 떳떳하지 못하다는 생각에 자녀에게 보여주기를 꺼리는 경우가 많은데 자녀는 생각보다 현명하다. 어떤 일을 하든지 가족의 생계를 책임지는 일은 위대하다는 것을 보여주어야 하고 직업의 귀천을 가리지 않는 긍정적 사고방식을 갖도록 하는 것이 중요하다.

9장

물질적 부자의 길

사람들은 성공한 투기는 투자라 하고 실패한 투자는 투기라고 한다.
둘은 같은 집에 사는 형제지만, 평소에는 구별하기가 쉽지 않다.
시간이 흐른 뒤 그 결과에 따라 형과 동생이 판가름 난다.
그리고 이제껏 형보다 나은 동생을 보지 못했다.

인생 최초로 무참히 발가벗겨질 때

돈을 모으는 방법은 벌어들이는 것과 들어온 돈을 쓰지 않는 두 가지가 있다. 그런데 수입은 상대와 합의에 따라 결정될 일이고 지출은 자신의 의지대로 할 수 있다. 즉 수입은 상대가 나의 능력을 이용하거나 능력을 구매할 의지가 있을 때만 이루어지지만 지출은 자신의 의지대로 얼마든지 줄이거나 늘일 수 있다. 댐의 수위는 들어오고 나가는 물의 양의 차이가 결정하듯 자신의 재산 수위는 결국 수입과 지출의 차이다. 그러나 처음에는 좀체 물이 들어차지 않는다. 졸졸졸 들어오는 물이나마 금새 어디론가 사라져 버린다. 큰돈을 모은다는 것은 불가능해 보이고 내 집 마련은 언감생심이다. 그때부터 부자가 위대해 보이고 모두 괴물처럼 여겨진다.

부자가 되는 방법은 흔히 사업, 투자 그리고 상속 세 가지가 있다고 한다. 나의 경우 지천명의 나이에도 돈을 벌기 위해 고군분투하시는 아버지를 지켜보면서 상속에는 해당 사항 없음을 깨달았다. 또한 주식에 대한 이해도 낮았지만, 주식투자를 할 만한 자금도 없었다. 그렇다면 남은 방법은 사업밖에 없는데 마땅히 사업을 할 만한 아이템도 찾지 못했을 뿐만 아니라 사업을 시작할 아무런 준비도 돼 있지 않았다. 하지만 가난의 고통을 생각하면 포기할 수 없었다. 우선 사업 아이템을 찾아야 했고 시드머니부터 만들어야 했다.

그즈음 결혼하려고 여자 친구의 부모님을 만났을 때 뒤통수를 호되게 맞았다. 여자 친구는 나의 외모나 성격을 보고 선뜻 다가

왔지만, 그녀의 부모는 깐깐한 검사관이 되어 매의 눈으로 구석구석 살펴보기 시작했다. 양친이 살아 계신지, 무슨 일을 하시는지, 어느 지역에 사는지, 형제자매들은 어떻게 되는지, 나의 학력과 직장, 급료, 사는 곳은 어딘지 질문은 끝이 없었다. 단순히 궁금해서 묻는 질문이 아니었다. 손에 땀을 쥐었던 취업 면접과는 차원이 달랐다. 그리고 나는 내가 보지 못한 나의 실체를 발견하게 되었다. 마치 한 번도 열어보지 못한 금고와 창고, 다락방 등을 오픈해서 조사받는 느낌이었다. 사실 보여줄 게 없었다. 나름대로 열심히 살았다고 생각했는데 머리와 가슴 속에 그리고 호주머니에 쌓아둔 것이 미천하게 느껴졌다. 갑자기 사랑이고 뭐고, 결혼이고 뭐고 다 뿌리치고 싶었다. 결국 가진 능력, 정확히는 가진 재산의 평가였지만 스스로 참담함을 느꼈다.

처음으로 내가 형편없다고 느꼈고 앞으로 어떻게 살아가야 할지 걱정이 앞섰다. 지금까지 괴롭혔던 경제적 빈곤을 계속해서 가져갈 수는 없었다. 평생을 빈곤에 시달리느니 과감히 물리칠 수 있다면 다소 희생을 감수하더라도 도전해야 했다. 과거 당당히 바다에 나가 배를 타겠다고 나섰으나 사고위험을 두려워해 서둘러 하선한 것은 섣부른 결정이었다. 또한 당시 중소기업 근로자 월급으로는 큰돈을 모을 가능성이 없어 보였다. 그러나 가난은 가장 먼저 척결해야 할 문제였다. 더구나 가난은 나 혼자만 감당하면 될 문제도 아니었고 끊어내지 못하면 후세에도 계속해서 이어질 것이 뻔했다. 그렇다면 물질적으로 부자가 되는 길은 무엇이며 어떻게 해야 자타가 인정하는 부자가 될 수 있을까?

지피지기 백전불태

손무는 손자병법 3장 모공(謀攻)편에서 '知彼知己, 百戰不殆, 不知彼而知己, 一勝一負, 不知彼不知己, 每戰必殆(지피지기 백전불태 부지피이지기 일승일부 부지피부지기 매전필태)' 라고 했다. 적을 알고 나를 알면 백번 싸워도 위태로움이 없으며, 적을 알지 못하고 나를 알면 한 번 이기고 한 번 지며, 적을 모르고 나를 모르면 싸움마다 반드시 위태롭다는 뜻이다. 오늘날 우리가 부자가 되기 위해 치르는 전쟁 같은 상황을 정확히 꿰뚫고 있는 말이다. 한번 생각해 보라! 사업이나 투자라는 현시대의 경제 전장터에 출전하는 자기 자신을 제대로 알고 있는지 또한 이겨야 할 상대(지식과 정보 포함)는 제대로 파악하고 있는지 그리고 위태롭지 않을 전략을 가지고 있는지 말이다. 돌이켜보면 자신을 알더라도 상대를 모르는 경우와 자신과 상대를 다 모르는 경우가 대부분이었다. 지금껏 최선을 다했다는 사업과 투자에서 이익과 손실을 반복하는 경우가 대부분이었고 무턱대고 투자했다가 손실만 입었던 기억도 아프게 남아 있다.

그러니 위태롭지 않으려면 지피지기가 우선이다. 자신은 사업과 투자에 있어 재능이 있는가? 사업에 재능이 있다면 어떤 사업이 유리한가? 사업에 필요한 준비 즉 전문기술(특허, 자격과 면허), 경력, 시드머니, 가족동의, 재원마련 방안은 있는가? 자신만의 Knowhow가 있고 도전 의지가 충분하며 성공할 때까지 인내심과 포기하지 않을 자신감은 있는가? 반면 투자에 재능이 있다면 어떤 투자에서 가장 높은 수익을 낼 수 있는가? 부동산이나 주식, 채권, 원자재 등 관련 정보와 지식은 충분한가? 감정보다는 이성적인 투자를 할 수 있는가? 투자 금액을 충분히 마련했는지, 위태롭지 않을 투자 전략은 있는가? 투자 전문가나 세무전문가 또는 멘토의 도움을 받을 수 있는가? 만약 부족한 부분이 있다면 언제 어떻게 보완할 것인지 그리고 실패를 두려워하지 않을 용기가 있는가?

사업과 투자에 아무런 재능이 없거나 사업이나 투자 능력이 변변치 않다면 오히려 평생 샐러리맨으로 남는 길도 결코 나쁘지 않은 결정이다. 벌어들이는 적은 금액의 급여라도 따박따박 저축하고 연금과 보험에 가입하여 평생을 모으는 방법도 종국에는 승자가 될 수도 있다. 과감한 사업과 투자를 통해 미래에 부동산이나 금융자산을 많이 가진 부자도 좋을 테지만 평생 직장생활을 통해 마련한 든든한 연금 부자도 훌륭할 테니까 말이다. 예를 들어 평생 직장생활로 월 500만 원의 연금 수급 조건을 갖추었다면 현재 연이율 3%에 못 미치는 상황에서 20억 원의 예금 부자와 동등한 부를 누리는 것과 같다. 더구나 부동산 부자가 겪게 될 대출이자와 재산세 납부의 부담도 없고, 현금 부자의 증여세와 상속세 부담이나 일정한 금융소득을 얻기 위해 끊임없이 투자 노력을 하지 않아도 된다. 부자가 되기 위해 위험이 따르는 재산을 모으는 것도 중요하겠지만, 자신의 능력을 고려하여 위태롭지 않은 재산 형성의 방법을 선택하고 유지하는 것도 지혜롭고 현명한 방법이다.

꿈부터 제대로 꿔야 한다

부자가 되는 길은 사업밖에 없다는 현실을 깨닫고 자본금 하나 없이 서른하나에 컨설팅사업을 하겠다고 나섰다. 아내는 6개월을 말리다가 포기하듯 허락했다. 나는 지인의 사무실에 책상 하나 빌려 경영컨설팅을 시작했다. 2년 후 수요가 줄어 다시 직장 근무를 했지만, 몇 년 후 재도전하여 결국 세 명의 직원과 작은 사무실을 갖게 되었다.

벚꽃잎이 흩날리는 따뜻한 어느 봄날, 점심시간이 되어 김떡순(김밥, 떡볶이, 순대)을 사 들고 직원들과 부산항이 내려다 보이는 민주 공원에 올라갔을 때의 일이다. 흩날리는 벚꽃잎을 반찬 삼아 점심을 맛있게 먹고 따뜻한 커피를 마시며 부산항을 내려다보고 있었다. 여느 때와 같이 잔잔한 바다 위에 꽤 많은 선박이 떠 있었다. 무심결에 '저 많은 선박 중에 왜 우리 배 한 척이 없을까?'라고 중얼거렸다. 그리고 옆에 있던 직원에게 '우리도 선주가 한번 되어 보자'고 소리쳤다. 생각지도 못한 말을 들은 직원은 얼떨결에 '그럽시다'하며 맞장구를 쳤고 나는 아무런 계획도 없이 맨땅에서 선주가 되겠다고 큰소리쳤다. 그러나 그때는 얼마나 많은 돈이 필요하고 어떤 과정을 거쳐야 선주가 되는지 몰랐다. 그저 돈을 많이 벌어서 배를 사면 선주가 되는 줄 알았다. 당시 하는 일의 양을 늘려 이익을 증대하고 그렇게 번 돈으로 언젠가는 배를 사리라 마음먹었다.

선박은 크기에 따라, 선종에 따라 그리고 선령에 따라 그 가격이 천차만별이다. 20여 평 아파트를 구입하는 데도 은행 문턱을 수차례 넘고서야 겨우 해결했는데 그보다 훨씬 비싼 선박을 사겠다고 덤벼들다니 무모해도 너무 무모한 생각이었다. 소형 아파트를 구매하면서 한 가지 알게 된 사실은 세상 사람들이 100% 자기 돈으로 부동산을 구매하지 않는다는 사실이었다. 은행의 도움으로 집을 사는 것이 일반적이고 선박 역시 전적으로 은행의 허가(?)를 득해야 가능한 일이라는 것쯤은 알고 있었다.

선박의 안전관리 업무에 매진하면서 종종 서울에서 내려오는 고객사 영업직원과 만나 선박의 기술적인 부분에 대해 많은 이야기를 나누다 보면 어느새 저녁 식사 자리까지 이어졌다. 어느 날 저녁 식사 자리에서 나도 선주가 되는 게 꿈이라고 내뱉은 순간 그의 표정이 묘하게 바뀌었다. '아차 실수했구나!' 하지만 달리 수습할 묘안이 생각나지 않았다. 다소 어색한 분위기에서 그날 일은 마무리되었다.

그 후 2년이 흘렀다. 관리하던 선박의 오일 메이저 검사를 무사히 통과한 다음 이어진 식사 자리에서 그는 굳은 표정으로 아직도 선주가 되고 싶은 생각이 있는지 물었다. 나는 주저 없이 그렇다고 대답했다. 그는 해맑은 나의 모습을 뚫어져라 쳐다보더니 식사를 마치고 별말 없이 떠났다. 그런데 얼마 지나지 않아 그가 다시 나를 찾아왔다. 대뜸 그는 서울에 올라가 함께 선박회사를 꾸려보자고 제안했다. 그때까지도 나는 선주가 되는 길이 얼마나 험난한지 어떤 시련을 극복해야 하는지 전혀 알지 못했다. 또한 아무런 준비가 돼 있지 않았던 상황에서 제안을 받자 다소 당황스러웠다. 선주가 되고 싶었던 것은 사실이나 어떻게 대답해야 할지 도통 감을 잡을 수가 없었다. 다만 서울에 집을 마련하는 일이 급선무라 생각되었고 서울 집값은 비싸다는데 당장 서울로 이동하는 것이 문제라고 대답했다. 그는 부족한 돈을 빌려줄 테니 서울에 집을 알아보라고 했다. 집에 돌아와 아내에게는 통보하듯 전하고 서울에 근무하는 대학 동기를 찾아가 그의 집 근처 부동산 중개업자를 소개받았다. 사무실이 있는 광화문에서 고양 일산까지 이동하는데 얼마나 멀게 느껴지던지 출퇴근이 가능할까 걱정이 앞섰다. 대학 동기 역시 매일 출퇴근하는 거리라니 나라고 못할 게 없지 않겠는가? 그렇게 아파트 매매계약을 체결하고 서둘러 이사했다.

 초기에는 매입할 마땅한 선박을 찾지 못했다. 선박은 중고 자동차처럼 시장에서 원하는 차량을 곧바로 선택할 수 있는 것과 달리 선주가 매각 의사를 밝히면 운항 중인 선박에 올라가 검선하고 난 뒤 매매 협상을 하여 합의가 이루어지면 계약이 성사되는 것이 관례다. 한마디로 아무도 매각 의사가 없으면 중고 선박은 매입할 수도 없다. 종종 우리는 캐피탈 여신 담당자를 찾아갔다. 우리가 매입할 선박을 찾으면 가장 먼저 달려가 매달려야 할 사람이었다. 하지만 그는 여간 거만하지 않았다. 몇 번을 만나고 나니 그가 속내를 털어놨다. 당장은 대출이 일어나지 못할 것이라고 했다. 선박보다는 화물 운송 계약이 먼저고 회사의 업력이나 매출액이 결정 요인이라고 귀띔을 해 주었다. 신생 회사가 무슨 업력이 있고 매출액이 얼마나 되겠는가? 내심 당황스러웠다. 한 발짝 뗄 때마다 두꺼운 벽을 마주하는 느낌이었다.

당시 선박을 용선하여 시작한 화물 운송에 온 정성을 쏟고 있었다. 몇 개월이 지나자 매출은 일정하게 유지되었고 점차 안정을 되찾았다. 마침 그때 어느 선사에서 일본 국적 선박을 매입하려다 가격 차이를 좁히지 못하고 포기하자 일본 선주가 공개 매각으로 전환했다는 소문이 돌았다. 우리는 기회를 놓치지 않으려 머리를 싸맸다. 선박 가격은 미화 2백만 달러에서 10만 달러의 차이를 좁히지 못해 공개 매각으로 전환한 상황이라서 내가 생각한 가격은 230만 달러였다. 파트너는 250 아니 260으로 확실히 기선을 제압하자고 했다. 밤새 계산하고 또 계산했다. 미화 60만 달러를 더 준다? 대략 원화 7억 원이라는 돈은 수도권의 웬만한 아파트 가격이었다. 우리는 고심 끝에 미화 260만 달러라는 거금(?)을 제시했고 선박은 우리 차지가 되었다. 선주가 되고자 마음먹었던 때로부터 만 3년이 지난 시점이었다.

기회는 기다리는 것이 아니라 찾아서 잡는 것이다.

그렇게 한 척씩 늘려 순식간에 사선을 3척까지 확보할 수 있었다. 추가로 3척을 용선하여 운항함으로써 회사 매출 규모를 키워 나갔다. 매일 저녁 고객들과 술을 마시며 화물 운송계약을 받아냈으며 주말마다 골프접대를 해야만 했다. 기회 있을 때마다 지방과 외국 항만을 찾아 화주와 선주, 해운대리점과 항만관리자들을 만나 안전한 화물 운송 현황을 점검했다. 그렇게 3년이 지나자, 몸이 지치고 정신이 혼미했다. 여기저기 마찰과 잡음이 일고 파트너와 갈등이 깊어졌다. 결국 동업자와 더 이상 이견을 좁히지 못하고 상당한 내홍과 갈등을 겪고서 헤어져야 했다.

다시금 원점으로 돌아가야 했다. 이미 익숙한 길이긴 했으나 필요 선박을 확보하려면 막대한 자기자본이 문제였다. 감가상각이 다한 선박 한 척을 분할받아 시작했으니 당장 운항경비마저 부담스러웠다. 하지만 가만 앉아있을 수만은 없었다.

시장에 나와 있는 중고선 중 매입 가능한 선박을 알아보았다. 마침 O호가 시장에 나와 있었고 한국에 자주 입항한다는 사실을 입수했다. 우리는 주저 없이 검선 하러 올라갔다. 선박에 올라가니 선원들의 반응이 싸늘했다. 이미 수차례 검선이 있었으며 언제 누구한테 팔릴지 모르는 상태라며 시큰둥한 반응이었다. 선교에 올라가 상갑판을 내려다보는데 왠지 편안한 마음이 들었다. 마치 오래전부터 우리 것인 양 익숙한 느낌이었다. 선박 관리 회사에서 선박 상태를 면밀히 점검하고 주요 설비 기능에 이상이 없는지 확인했다. 그리고 우리의 매입 선가를 제시하려는데 내항운송 등록 문제가 불거졌다. 국내 여러 곳에서 수개월 전부터 검선을 마치고도 매매가 이루어지지 못한 이유는 당시 선령 15년이 지난 외국적 선박이라 내항운송 선박으로 등록을 확신할 수 없었기 때문이었다.

국토해양부 고시에는 과거 내항 운항 사업에 투입되었던 선박은 그 선박이 외국으로 매각된 후, 즉 다른 나라 국기를 게양한 것과 선령에 관계없이 내항운송에 투입이 가능하였으나 2009년 8월 24일 국토해양부 고시 제2009-672호의 제2조 2항에 해운업 시행규칙 제19조에 명기된 선령이 15년 이내의 선박, 선령이 15년이 넘었더라도 계속 유지되는 선박(단, 해외에 매각된 선박을 수입해서 등록하는 경우는 제외한다)이라는 고시가 문제가 된 것이었다.

당시 지방해운항만청에 문의한 결과 해외에 매각되었던 선박은 내항운송 선박으로 등록이 불가하다고 했다. 결국 선박이 마지막 고시 이전에 한국 국적을 유지한 적이 있었고 K 해운 소속 당시 내항운송 사업에 투입되었던 이력을 찾아 문의한 후 긍정적인 결과를 기대할 수밖에 없었다. 그런데 과거 선박회사에 문의한 결과 오랜 시간이 흘러 O호에 대한 어떠한 자료도 가지고 있지 않다는 회신이 돌아왔다. 과거 등록했던 지방해운항만청을 방문해 당시 선명으로 검색하였지만, 원하는 기록을 찾을 수가 없었다. O호를 건조했던 H 중공업에 문의했으나 보관된 자료가 없다고 했다. 당시 등록 선급인 독일선급(GL)에 확인을 요청했으나 워낙 오래전 일이라 역시나 보관돼 있지 않다는 회신이었다.

그제야 다른 선박회사 역시 이러한 확인 과정을 모두 마친 상태였으며 내항운송 등록이 어렵다는 판단하에 선박 매매가 이루어지지 못한 상태라는 것을 알게 되었다. 그러나 우리는 포기할 수 없었다. 마지막으로 해양수산부에 공문을 보내 O호의 내항운송 등록 가능 여부를 문의하기로 했다. 공문을 보낸 지 며칠이 지나지 않아 마침내 내항운송 등록이 가능하다는 회신을 받았다.

결국 많은 경쟁사의 관심하에 있었던 O호는 맨 마지막에 검선을 한 우리가 매입할 수 있었다. 그러자 그동안 관심 가졌던 타사에서는 상당한 파장(?)이 있었다는 후문이다. 이번 일을 계기로 우리는 주위에서 '카더라' 하는 정보보다는 관련 담당자에게 직접 확인하는 확실한 검증 작업이 필요하다는 교훈을 얻게 되었다. 기회는 기다리는 자의 편이 아니라 찾아서 잡는 자의 편이었다. 그리스 로마 신화에서 기회를 상징하는 시간의 신 카이로스(Kairos)는 앞머리가 무성하지만, 뒷머리는 대머리며 발에는 날개가 달려 있는 모습으로 묘사된다. 이는 기회를 발견했을 때 쉽게 붙잡을 수 있지만, 지나고 나면 다시는 붙잡을 수 없다는 의미를 담고 있다고 한다.

최선의 선택? 범상치 않은 말썽꾸러기

그로부터 몇 개월이 흘렀다. 부산에 화재로 손상을 입은 LPG 선박이 들어와 있다는 소문이 돌았다. 일본 선주가 운항하다 기관실 화재로 주 엔진을 제외한 나머지 부분이 불에 탄 선박을 운항 경험이 없는 회사에서 매입해 예인선으로 끌고 와 감천항에 정박해 두고 그들이 수습해 직접 운항할 것인지 아니면 매각할 것인지 고민하고 있다는 소문이었다.

서둘러 부산에 내려가 선박의 외형 상태를 확인했다. 외형은 깨끗했다. 겉으로 보기에 화재가 난 선박이라고는 믿기지 않았다. 선박 관리 회사에 들러 당해 선박에 대해 운항 가능한지 기술적인 검토를 요청했다. 검선 후 주기관이 살아있으니 수리 후 운항이 가능하다는 의견이었다. 즉 화재로 인한 주 엔진에 물리적인 영향이 없었고 엔진 시동이 가능하다면 발전기를 포함해서 나머지는 모두 교체 수리가 가능하며 본래의 선박 기능을 회복할 수 있다고 했다.

두 척의 선박이 쉬지 않고 운항하고 있었지만, 그때까지만 해도 사업을 재개한 지 채 1년이 되지 않아 회사의 운영자금은 여전히 바닥이었다. 평소 사업 자금을 유용해 주던 지인에게 차용 가능한 금액을 물었더니 5억 원 정도라고 했다. 곧바로 내려가 일본 선주로부터 선박을 매입해 들여온 S마린 대표를 만났다. 당해 선박은 일본 선주가 운항하다 화재가 발생해 주 엔진 위쪽 기관실 내부를 태웠고 인명사고도 있었다고 했다. 일본 선주는 보험사와 전손 처리로 합의 후 보상을 받고 이를 헐값에 매각한 것이었다. 당시 매입자인 S 마린은 중고 선박으로 매입하여 예인선을 이용해 한국으로 가져온 것이었다.

소문이 무성했던 만큼 역시나 많은 선사에서 관심 갖고 있었다. 하지만 정확한 정보를 얻지 못해 우왕좌왕하고 있었다. 우리는 일본 정보원을 동원해 등기에 필요한 선박 설계와 자료를 확보했다. 또한 S 마린 대표의 지인을 통해 매입 가격을 파악했고 수수료 및 약간의 마진을 고려하여 단도직입적으로 우리의 매입 선가 15억 원을 제시했다. 그들은 내부적으로 추산한 15억 원의 수리비를 들이면 선박을 정상 가동할 수 있다고 믿고 있었으며 그럴 경우 시가 45억 원에 이르는 선박인데 내가 제시한 가격이 터무니없이 적다고 주장했다. 하지만 수리비 15억 원이라는 것은 단지 추정일 뿐 얼마나 더 발생할지 알 수 없는 일이고, 더구나 수리를 마쳤을 때 예상대로 정상 가동 여부는 누구도 장담할 수 없는 상태임을 상기시켰다.

그러자 잠시 머뭇거리던 그들은 매각하겠다며 계약과 동시에 전액 지급을 요구했다. 나는 대뜸 선박을 구매하면서 현금을 다 지급하고 매입하는 사람이 어디 있느냐, 계약금으로 5억 원을 지급하고 나머지는 조선소에서 수리를 마치고 대출자금이 나오면 곧바로 갚도록 하겠다고 했다. 그는 잠시 머뭇거리더니 이내 동의했다. 생각보다 쉽게 선박 매매계약이 체결되었으나 한편으로 걱정이 태산 같았다. 주 엔진을 제외하고 기관실이 모두 불에 타버린 선박의 예상 수리 비용은 15억 원이 아니라 25억 원까지도 감내하겠지만 그렇게 수리를 마치고 정상 가동이 될지는 누구도 보장할 수 없는 상황이었다.

계약금 5억 원이 지급되었고 이제 후퇴는 있을 수 없었다. 캐피탈 담당자를 만나 상황설명을 하고 우리가 원하는 대출금이 나올 수 있도록 설득하였다. 그들은 정상적인 배를 가져와도 대출 여부를 고민할 텐데 화재가 발생한 배를 더구나 폐선 직전인 선박을 매입하면서 당당하게 대출을 요구하니 난감한 표정이었다. 나는 먼저 도입한 O호를 문제없이 운항하고 있으니 이번 선박도 무리 없이 운항할 자신이 있다고 강변하였다. 캐피탈 담당자는 긍정적인 반응이었지만 확신을 주지는 않았다. 그가 조선소에서 수리 중인 선박을 보고 난 이후 다소 의심스러웠는지 종종 찾아가서 설득하는 나에게 뜸 들이는 시간이 길어졌다.

선박을 매입해 수리 작업에 들어갔지만 사실 속으로 한 가지 고민거리가 있었다. 우리는 국내 내항화물운송업체이다. 그러니 이번 선박도 내항운송 허가를 득해야만 했다. 기존에 내항을 운항한 선박이라면 아무런 제약이 없지만 지난번처럼 외국적 선박을 도입할 때는 선령 15년 이내 선박만 내항운송 등록이 가능했다. S 마린에서 국문으로 작성된 가국적 증서를 내밀었다. 외국에서 선박을 매입해 한국에 들어올 때 영사관에서 발급받은 증서다. 그곳에 기재된 선령은 안타깝게도 한국에 들어올 때 내항 등록 기준인 15년을 한 달가량 넘긴 상태였다. 우리는 내항 투입을 체념하고 외항에 투입할 방법을 찾기로 했다.

그런데 우리가 선박등록 문제를 고민하고 있다는 소식을 접한 S 마린 담당자가 내항 등록이 가능할 것 같다는 말을 했다. 당시에는 도저히 이해가 가지 않는 소리로 여겨졌다. 선박수리 작업은 생각보다 오래 걸렸다. 주 엔진을 제외하고 선내 전선 배설 작업부터 기관실 발전기 등 보조 설비를 대부분 새로 설치하는 대공사가 벌어지고 있었다. 과연 선박은 한 달 후 엔진이 힘차게 가동할 수 있을까?

그 후 며칠이 지나서 S 마린 담당자는 내게 또 다른 가국적 증서를 내밀었다. 영문으로 작성된 가국적 증서였다. 거기에는 선령 15년이 넘지 않은 것으로 기재돼 있었다. 선박은 국가마다 건조 일자 기준을 최초 작업 개시일(Keel laying Date) 또는 진수일(Launched)을 선택 적용한다. 통상 최초 작업 개시일과 진수일과는 수개월 이상 차이가 난다. 이를 제대로 이해하지 못한 영사관에서 증서발급을 하면서 헷갈린 모양이었다. 하나는 최초 작업 개시일을 기준으로, 다른 하나는 진수일을 기준으로 발행했던 것이다. 우리는 건조일이 서로 다르게 기재된 두 개의 가국적 증서를 들고 고민에 빠졌다. 평소 알고 지내던 해수부 주무관에게 넌지시 물었더니 그런 경우 정부 기관에서는 민원인의 이익이 우선하는 방향으로 진행해 준다고 했다. 우리는 영문 가국적 증서를 제시하여 무사히 내항 등록을 마칠 수가 있었다.

    선박수리가 막바지에 접어들었다. 그런데 수리 비용이 당초 예상액을 훨씬 넘겨 30억 원에 이르렀다. 아직 확인되지 않은 비용까지 더하면 최종 얼마가 될지 알 수 없는 상황이었다. S 마린 담당자 말처럼 15억 원에 수리를 마친다면 매입 선가가 15억 원이니 30억 원에 배를 갖게 되는 셈이 되고 시가가 45억 원이라 가정했을 때 15억 원에 이르는 차익을 실현할 것이라 은근히 기대했었는데 이미 45억 원을 상회한 것이다. 30억 원 대출을 요청한 캐피탈 회사에서는 여전히 최종 대출금액에 대해 확답을 주지 않고 있었다. 속이 새까맣게 타들어 가고 있었다. 늦은 밤, 기차를 타고 서울로 올라오는 내내 창가에 비친 내 얼굴은 심하게 일그러져 있었다.

    수리가 최종 마무리될 즈음 조선소 담당자가 청천벽력 같은 소리를 했다. 수리 비용이 너무 많아 모두 지급되기 전에는 배를 내보낼 수 없다는 것이었다. 일반 조선소에서는 보기 드물게 K 조선과 열두 장에 이르는 수리 계약서를 작성하고 시작한 작업이었다. 계약서에 따르면 수리가 끝나면 수리 비용의 절반을 지불하고 나머지는 3개월에 걸쳐 나눠 지급하도록 돼 있었다. 나는 화가 머리끝까지 차올랐지만 우선 계약서대로 진행해야 한다며 그를 설득하기도 하고 달래기도 해봤다. 하지만 조선소 담당자는 위에서 지시한 내용이라며 막무가내로 모두 지급해야만 나갈 수 있다고 했다.

소송을 제기할까? 소송을 제기하면 계약서가 있으니 이길 수는 있을 것이다. 하지만 소송하는 동안 운항을 할 수 없다. 더구나 매도인 S 마린에 매입 대금을 지불하지 못하면 모든 것이 수포로 돌아갈 것이다. 언론에 이를 알리고 도움을 요청해 볼까? 그런들 일이 복잡해지기만 할 것 같았다. 산 너머 산이란 생각에 숨이 막혔다.

캐피탈 회사에서도 이를 눈치챈 모양이다. 조선소와 원만히 일을 해결해야 대출 문제도 해결된다고 했다. 더구나 요청한 30억 원보다 5억 원이나 낮은 25억 원의 최종 대출금액을 통보해 주었다. 조선소와 협상은 계속되었다. 계약서는 이제 뒷전이었다. 그들은 수리 비용의 절반을 납입하고 나머지는 그에 상응하는 담보 물건을 제공하라고 양보 아닌 양보를 해주었다. 어떻게든 이를 해결해야만 했다. 앞뒤 잴 겨를도 없이 선박 관리회사 대표님의 손을 잡아끌고 조선소에 들어가 우리 집과 관리회사 대표님의 집을 담보로 설정하기로 약속했다. 설마 했는데 다음 날 우리가 법원에 도착하자마자 담보 설정은 시작됐다. 둘 다 부부 공동명의로 돼 있었던지라 두 부부가 모여 담보 설정을 허락해야 했다. 씁쓸함을 너머 비참한 생각이 들었다.

천만다행인 것은 선박이 바다에 내려 첫 시험운항에서 모든 기관실 기기와 설비가 정상으로 작동했다. 캐피탈 회사의 대출금이 나왔지만 부족했다. 추가로 10억 원에 이르는 자금 융통이 필요했다. 눈앞이 캄캄해졌다. 아무리 생각해도 10억 원이라는 돈을 융통할 만한 곳이 생각나지 않았다. 그때 자금 담당 상무가 협력사에 요청해 볼 것을 제안했다. 그들에게 매월 5~6억 원에 달하는 비용이 지출되고 있으니 두 달만 양해를 구하면 가능할 것 같다는 의견이었다. 결제 대금이 가장 큰 주요 협력사 두 곳을 직접 찾아가 대금 지급 지연에 대한 양해를 요청했다. 회사 영업이나 운항 문제가 아니라 신규 도입선 때문이라며 협조를 당부하자 흔쾌히 동의해 주었다. 배는 무사히 풀려나와 특별한 문제없이 운항을 시작했다. 약속한 대로 운항 3개월 만에 나머지 수리 비용을 모두 상환하였다. 그러자 아파트 담보 설정도 해제되었다. 순간 나는 가슴을 쓸어내렸다.

자식과 돈은 집 나간 순간부터 불안하다.

사람들은 돈을 모으는 데는 총력을 기울이지만 이를 관리하고 사용하는 데는 등한시하는 경향이 있다. 돈을 모으는 데는 의지가 대단해 부지런히 땀 흘려가며 모으지만, 막상 이를 관리하는 데는 특별한 재주가 없어 보인다. 평소 갖고 싶었던 것에 이끌려 낭비하거나 남들에게 빌려주고 받지 못하는 경우도 있고, 엉뚱한 곳에 투자했다가 사기를 당하거나 심지어 잃어버리는 경우도 많다. 재산을 불리기 위해 금융 공부를 하는 사람은 많지 않고 투자를 하거나 재테크를 하는 데는 실패를 두려워해서 제대로 시도조차 못 하는 경우도 많다.

우리나라 전통 부자는 대부분 부동산 부자였고 신흥 부자는 금융투자를 통해 재산을 불린 경우가 많았다. 과거에는 은행이 금융기관의 주축이었기에 저축을 해서 시드머니를 만들고 이를 부동산에 투자하여 재산을 늘려갔다. 반면 현시대는 부동산뿐만 아니라 주식, 펀드, 채권, 원자재 등 투자할 곳이 다양해졌고 부동산보다 가격 등락이 급변하는 특징이 있다. 금융 시스템을 잘 아는 사람들은 시드머니를 만들어 주식, 채권, 원자재, 가상화폐 등 단기간에 많은 수익을 낼 수 있는 곳에 투자하여 부를 이루었다. 그렇다면 미래에는 어떤 종목이 투자하기에 유망할지 궁금하겠지만 누구도 장담할 수는 없다. 어떤 변수가 생길지 예측하기 어려운 세상이기 때문이다. 예를 들어 처음 가상자산인 비트코인이 나왔을 때 지금처럼 급등하리라 어느 누구도 예상하지 못했고 최근 중동과 동유럽에서 전쟁이 발발할 것을 예견한 사람은 없었다. 따라서 세계 정세는 물론 국내 정세, 변화하는 기술과 트랜드, 금융, 자원, 기후와 환경 그리고 자신의 능력과 주변 환경을 파악하고 고려해서 자신만의 투자 방법을 찾아야 하는 시대다. 물론 어려운 문제다. 그게 쉽다면 부자는 누구라도 될 것이다.

자식과 돈은 집 나가면 불안하다. 자식이 나가서 집에 돌아올 때까지는 늘 불안하다. 돈 역시 마찬가지다. 투자든 대출이든 내 통장을 떠나는 순간부터 돌아오는 순간까지 늘 불안하다. 자식이 어딘가에 안전하게 있다고 하더라도, 내 돈이 어딘가에서 높은 수익을 올리고 있다고 하더라도 불안하기는 마찬가지다. High risk, High return이라는 말이 있듯이 어쩌면 불안감만큼 수익을 낼 수 있을 것이다. 은행에 꼭 박혀 있으면 안전하겠지만 그만큼 이자수익이 적다. 집에만 콕 박혀 있는 자식도 안전하긴 하지만 이 또한 썩 내키지 않는 일이다. 요즘은 밖을 쏘다닌다고 뜻밖의 행운을 가져오지도 않는다. 어쩌면 위험을 감수하더라도 결과는 미지수인 High risk, Unknown return이 더 어울리는 세상일지 모른다.

    우리나라는 저축의 시대에서 투자의 시대로 전환된 지 오래고 사람들은 오늘도 좋은 투자처를 찾느라 아우성이다. 저축은 은행에 맡기기만 하면 정한 이자가 쌓이지만, 투자는 잘못하면 원금마저 잃는 사태가 벌어지기 때문이다. 그렇다고 물가상승률보다 낮은 이자 소득으로는 점점 가진 재산이 줄어드는 상황에서 투자에 관심 갖지 않을 수 없다. 하지만 투자는 주위 환경에 따라 색이 변하는 카멜레온을 닮았다. 분명히 투자했는데 대박이 아니라 쪽박을 찰 수도 있으며 본의 아니게 투기꾼이 될 수도 있다. 반대로 투기했는데 엄청난 부를 안기기도 한다. 인생을 들었다 놨다 하는 투자와 투기, 과연 어떻게 해야 할 것인가?

부동산은 막걸리와 베이킹파우더를 섞은 밀가루 반죽이다.

    1995년 부산 초량 산비탈 반지하 같은 곳에 전세로 신혼살림을 차렸다. 이듬해 아이를 낳자 20평형대 아파트를 매입해 이사했다. 5년 후 30평형대 아파트로 이사했을 때, 앞으로 내 나이 연령대 아파트를 갖겠다는 계획을 세웠다. 결국 나이 40이 되던 해 수도권으로 이사해 40평형대를 거쳐 지금은 서울 시내 50평형대에 살고 있다. 초기 아파트를 선택할 때는 자금 사정이 결정적이었다. 자금이 한정된 상황에서 주택을 구매해야 할 때는 환경이나 거리 등 일부 요소는 따져볼 여유가 없었고 출퇴근이 다소 불편하더라도 이를 감수해야만 했다.

사무실 역시 부산역 근처 작은 오피스텔을 임대해 시작했다. 점차 평형대를 늘리기는 했으나 임대였다. 서울에 올라와서도 마찬가지로 오피스텔을 임대해 사용했다. 여유만 생기면 사무실을 매입하기로 마음먹었다. 마침내 사업을 시작한 지 20년이 지난 2017년에 공덕역 근처 오피스텔을 매입했다. 다행히 부동산 가격이 급등하기 전에 이루어졌다.

요즘 어떤 젊은이들은 결혼과 내 집 마련을 포기한다고 한다. 그 이면에는 자신의 경제적 능력이 부족하다고 생각하기 때문일 것이다. 그들을 보면 왜 굳이 서울 시내 아파트가 기준이어야 하는지 의문이 든다. 위성도시의 전월세부터 시작해도 늦지 않는데 말이다. 우리가 20대였던 1990년대에도 집을 마련하는 일은 쉽지 않았다. 전세라면 훌륭했고 월세방에 신혼살림을 차리기도 했다.

요즘 젊은이들과 대화를 나누다 보면 우리 2차 베이비부머 세대에 대해 몇 가지 오해하고 있는 점이 있다. 즉 취업 걱정이 없었던 세대, 30대 내 집 마련이 가능했던 세대, 국민연금, 건강보험, 고용보험, 산재보험 등 4대 보험 혜택을 온전히 누린 세대, 이들 4대 보험으로 노후가 걱정 없는 세대로 알고 있다. 일부는 맞고 일부는 다르다. 우선 취업 걱정이 없었던 세대라는 점을 살펴보자. 우리는 출생아 수가 훨씬 많았던 반면 우리가 취업을 시작한 1990년도 1인당 GDP는 6,610달러에 불과했다. 당시 일자리가 많았던 것은 사실이나 상대적으로 급여가 많았던 대기업이나 공무원(공단 포함), 변호사, 회계사 등 전문 직종은 기회가 많지 않았다. 대기업의 경우 지금보다는 많은 신입직원을 채용했지만, 우리는 대기업, 중소기업, 영세기업, 3D업종을 가리지 않았기 때문에 상대적으로 일자리가 많았다. 지금도 중소기업이든 영세기업이든 3D업종을 가리지 않는다면 그때와 같이 취업 걱정은 없을 것이다. 지금은 그곳에 외국인 근로자가 대부분을 차지하고 있다. 다음은 우리 세대가 취업을 시작한 1990년과 지금 취업 세대가 겪고 있는 2024년의 한국 주요 사회·경제 지표를 비교한 자료이다.

표2) 한국 주요 사회·경제 지표 비교 (1990년 vs 2024년)

항 목	1990년	2024년	비고
1인당 GDP	6,610달러	36,024달러	약 5.5배 증가
경제 성장률	9.8%	2.0%	저성장기 진입
출생자 수 (출생년기준)	약 100만 명 (1970년)	약 72만 명 (1994년)	약 28% 감소
대기업 대졸 신입 채용인원	약 20~25만 명	약 8~10만 명	절반 이하 감소
사법고시/변호사시험 합격 인원	676명	1,745명	제도 변화
9급 공무원 채용 인원	-(확인불가)	5,490명	
7급 공무원 채용 인원	-(확인불가)	700명	
공인회계사(CPA 합격인원	555명	1,250명	2.25배 증가

두 번째 30대에 내 집 마련이 가능했다는 점 역시 어렵기는 지금과 비슷했다. 신혼살림은 전세가 일반적이었지만 곧이어 IMF를 겪으면서 내 집 마련의 꿈은 멀어져갔다. 다행히 1990년대 후반에 아파트 건설 붐이 일었고 2000년대에 들어 금융위기 극복과 경제성장에 따라 급여도 대폭 인상되었기 때문에 은행 대출을 일으켜 내 집 마련이 가능했다. 당시 은행에서는 주택가격의 50%까지 대출해 주었으며 나머지 50%는 제2금융권이나 자기 부담으로 해결해야 했다. 다음은 1990년과 2024년의 평균 주택가격을 비교한 자료이다.

표3) 평균 주택 가격 비교 (1990년 vs 2024년)

항 목	1990년	2024년	비고
전국 아파트 평균 분양 가격 (3.3㎡당)	-(자료없음)	2,039만 원	
서울 아파트 평균 분양 가격 (3.3㎡당)	546만 원(시세)	5,065만원	약 9.3배 상승

그렇다면 급여 수준은 어땠을까? 우리 세대가 취업을 시작한 1990년도 최저시급은 690원, 월급은 144,210원이었던 반면 2025년 최저임금 시급은 10,030원에 월급은 2,096,270(주 40시간 기준)이다. 대략 14.5배가 상승했다. 다음은 1990년과 2024년의 일반 직장인 평균 급여를 비교한 자료이다.

표4) 일반 직장인 평균 급여 비교 (1990년 vs 2024년)

항 목	1990년	2024년	비고
월 평균 급여	약 500,000원	약 3,900,000원	약 7.8배 상승
연 평균 급여	약 6,000,000원	약 46,800,000원	
최저임금 (시간당)	690원	9,860원	14.3배 상승

위의 표에서 보듯이 급여 상승률과 주택을 대표하는 아파트 가격 상승률은 크게 차이 나지 않는다. 즉 내 집 마련은 그때나 지금이나 어렵기는 마찬가지라 할 수 있겠다. 우리 세대는 집을 마련할 계획으로 적은 월급이나마 꼬박꼬박 저축했다. 그러한 노력으로 원하는 곳에 집을 마련할 것이라는 희망은 결코 크지 않았다. 다행히 정부에서도 부족한 주택을 늘리기 위해 노력했고 급격한 경제성장과 더불어 주택시장이 활기를 띠었다. 분양 열기가 뜨거워지면서 투기가 성행하고 웃돈이 오갔다. 2002년 말, 마침내 주택보급률이 100%를 넘어섰다. 그렇다고 모든 사람들이 주택을 소유하지는 못했다. 복수의 주택을 소유한 사람들이 많았기 때문이다. 어느 정부든 주택보급과 주택가격 안정을 위해 최선을 다했지만, 다수의 국민은 실망했고 상당수가 원하는 곳에 집을 갖지 못했다. 특히 젊은 사람들은 혼란한 주택시장의 변화를 보며 점차 내 집 마련을 포기하기 시작했다.

그런데 포기하는 것도 반복하다 보면 어느새 습관이 되고 이는 가난 습관에 해당한다. 수학, 취업, 연애, 결혼, 내 집 마련 등등 포기가 당연한 듯 생각될 테지만 한때 유행에 불과하다. 어떤 일이라도 묵묵히 준비하고 방법을 찾으면 얼마든지 있다. 우리 세대는 많은 시간 일을 했고 절약했으며 내 집 마련을 위해 틈나는 대로 임장을 다녔다. 반면 요즘 세대는 자가용부터 마련하고 브랜드 커피를 즐겨 마시며, 고급 까페와 맛집을 찾고, 반려 동물을 키우며, 가격대가 높은 음식점(오마카세, 미슐랭 스타 레스토랑 등)에 가고, 명품을 구매하는가 하면, 골프와 해외여행을 즐기면서 내 집 마련이 어렵다는 투정은 이해하기 힘들다. 우리 젊었을 때 자동차와 명품구매, 해외여행은 아주 먼 이야기였다. 동서고금을 막론하고 절약하지 않으면서 부자가 되기란 불가능하다. 기본적인 재산을 모으고 나서 즐겨도 늦지 않다. 일반적으로 직장인이 평생 벌어들이는 돈이 대략 25억 원에 이른다고 한다. 벌어놓고 쓰면 부자지만 먼저 쓰고 갚아나가면 늘 허덕이게 된다. 벌어 놓고 쓰면 적금이자를 덤으로 얻게 되지만 먼저 쓰고 나중에 갚는다면 대출이자까지 부담해야 하기 때문이다. 양자의 차이는 적금이자에 대출이자를 더한 만큼 크게 벌어진다.

    어느 시대를 막론하고 다수가 희망하는 곳에 내 집 마련은 쉬운 일이 아니었다. 하지만 변두리 작은 집에서 시작해 우직하게 준비하고 노력하는 사람에게 기회는 거짓말처럼 다가왔다. 단언컨대 정도의 차이는 있겠지만 앞으로도 그러한 기회는 반복해서 찾아올 것이다.

특별한 듯 특별하지 않은 부동산 투자 원칙

　최고 경영자 과정에 부동산 투자전문가의 강의가 들어있었다. 원우들은 어느 강의보다 그 강의를 기다리고 있었고 나 역시 내심 기대가 컸다. 마침내 강사가 강단에 섰다. 그는 부동산 투자 비법을 알려주고 유망한 곳도 찍어주겠다고 했다. 성급한 사람은 본격적인 강의가 시작되기도 전에 그곳이 어디인지 캐물었다. 나도 궁금하기는 마찬가지였다. 강사는 마지못해 한 곳을 알려주었다. 하지만 다들 실망한 눈초리가 역력했다. 기대치가 너무 컸던 탓이다. 그렇게 부동산 투자가 쉬울 것 같으면 누가 실패하고 누가 망설이겠는가!

　그동안 부동산 투자와 관련 터득한 나만의 투자 원칙이 있다. 모든 사람의 공감을 얻을지 모르겠으나 적어도 나에게 유효했다. 물론 상당한 투자 이익도 있었다. 앞으로도 이러한 투자 원칙을 고수할 것이다. **첫째 자신이 활용할 것을 전제로 부동산을 매입한다.** 주택의 경우 거주를 목적으로 안전과 환경을 따져 자신의 능력에 조금 과한 조건을 매입해도 무방하다는 생각이다. 사업장인 사무실과 현장 물건은 결코 무리하지 않는 선에서 매입하는 것이 좋다. 물가는 전반적으로 우상향하기 때문이다. **둘째 자신이 감당할 수 있는 대출을 일으키되 재산을 늘리는 레버리지를 이용한다.** 무리한 대출은 과도한 금융비용을 수반하고 이를 감당키 어려운 경우에 직면하기도 한다. 그러나 지금까지는 대부분의 경우 가격상승이 이를 해결했다. 토지의 경우라면 레버리지 이용으로 많은 수익을 낼 수도 있다. 그렇다 하더라도 기획부동산과 같은 특별한 경우에 뛰어드는 일은 위험하다. **셋째 엄청난 수익의 유혹에 빠지지 않는다.** 부동산은 장기적인 투자의 개념을 넘어서 단기간에 과도한 수익을 목적으로 하는 투기가 되면 안 된다. 이익이 나면 달콤하겠지만 손해가 발생하면 모든 것이 무너질 수도 있다. 부동산 가격은 세월을 먹고 자란다. 우리 인생은 한때 잘 나가는 인생보다는 평생 안정적인 자산 유지가 훨씬 중요하다.

해도 후회, 안 해도 후회하는 주식투자 이야기

젊어서는 주식에 대한 관심을 갖지 않았다. 투자할 여력도 없었고 또한 가끔 성공한 투자자의 사례도 있었지만, 주위에는 오히려 실패했다는 소식들이 더 많았다. 더구나 주식을 하게 되면 본업은 뒷전이고 주식에 빠져 헤어나지 못한 경우를 봐왔다.

30대 초반 사업을 시작하면서 한 푼이 아쉬웠다. 그때도 주식시장은 상당한 반향을 불러일으키며 투자자들을 자극했다. 하지만 나는 주식투자를 하지 않았다. 투자할 여유자금도 없었지만 주위 주식투자자를 지켜보니 주식에 과도하게 몰입하거나 중독에 빠져 있었고 일부는 본업을 등한시하는 모습이 썩 내키지 않았다. 개인적으로 투자수익을 얻는 것도 중요하지만 본업을 지키는 것은 더 중요하다고 여겼다.

당시 어느 여객선사에 안전경영시스템 컨설팅을 했던 적이 있었다. 그때 근무하던 직원은 주식투자로 수억 원을 벌었다가 이내 곧 잃고 말았다고 했다. 그는 틈만 나면 주식 이야기를 했고 잃어버린 돈을 찾겠다고 벼렸다. 그의 과도하게 몰입된 표정에서 주식투자에 섣불리 뛰어들 용기를 내지 못했다.

　40대 중반이 돼서야 경제적으로 점차 안정되자 주식에 관심 갖기 시작했다. 그동안 주식에 대해 여기저기서 주워들은 정보를 정리해서 체계적인 투자를 해보리라 마음 먹었다. 우선 주식에 대한 기초지식을 쌓아야 했기에 추천 도서 네 권을 구입하여 읽었다. 그리고 중국의 우량주로 알려진 4곳을 골라 투자했다. 얼마 지나지 않아 80% 수익을 냈다. 투자 금액이 크지 않아 실이익금은 적었지만 만족스런 결과에 크게 도취 되었다. 이후 중국 경제 사정이 불안하게 전개되자 모두 처분하고 중국 주식은 더 이상 투자하지 않았다.

　이후에도 꾸준히 주식이나 경제 동향에 관한 정보를 읽고 주식투자에 대한 관심을 갖게 되었다. 하지만 단순히 주식에 관한 책을 많이 읽은 것만으로 그에 비례한 주식투자 결과가 나타나지는 않았다. 더구나 공부를 하면 할수록 경제와 주식은 어렵게 느껴졌다. 마치 다 잡은 토끼를 놓치고 또 열심히 따라가 잡으려면 달아나는 느낌이 들었다. 특히 기업평가는 읽어봐도 모르는 내용이 훨씬 많거나 제대로 이해하기 힘들었다. 그래서 편법(?)을 동원했다. 추세선을 보고 판단하거나 경제 뉴스나 찌라시를 보고 투자를 결정하게 되었다. 하지만 언 발에 오줌 누기처럼 잠시 성과는 있었지만 이내 하락 폭은 커졌고 주식투자는 어렵게만 느껴졌다.

　시간이 지날수록 우리가 아무리 열심히 공부해도 투자 전문가를 따라잡기 어렵다는 것을 그리고 기관투자가를 이겨낼 재간이 없다는 것을 깨달았다. 그래서 투자 전문가의 방송이나 조언에 따라 투자했다. 어쩌면 그들이 얘기하는 내용이 교과서처럼 여겨졌다. 장기투자, 우량주, 배당주, 유망주, PER, PBR, ROE, EPS 그리고 ETF 등 그럴싸한 내용들이 등장할 때마다 그동안 책으로 알게 된 내용들을 직접 예를 들어 설명을 하니 훨씬 설득력 있게 다가왔다. 그리고 곧 투자 이익이 생길 것 같은 착각에 빠져들었다. 하지만 시간이 지날수록 손실의 폭은 늘어났고 심지어 끝없이 떨어지는 하락추세를 보노라면 머지않아 휴지 조각이 될 것 같은 불안감이 엄습해 왔다. 그러한 불안감이 두려워 이내 관심을 두지 않게 되었다. 그런데 두어 달 후 열어보니 주가는 매입했을 당시 가격을 회복하고 서서히 치고 올라가고 있었다. 일희일비하는 자신이 실없어 보였다. 마치 화면 너머에 나의 마음을 읽고 있는 누군가가 있는 듯했다.

늘 널뛰기 하는 주가의 움직임에 동요되어 장기투자의 다짐은 모두 사라지고 테마주 위주로 단타를 치기로 했다. 투자 금액 대비 10%만 오르면 바로 매각할 생각이었다. 하지만 이익은 찔끔, 시간이 갈수록 손실은 점점 늘어만 갔다. 나도 모르게 점점 투기꾼의 기질이 자라나고 있었다. 투자전문가의 조언은 많은 시간을 인내하라고 하지만, 현실은 즉각적인 실행의 연속에 마치 고양이가 움직이는 조형물에 헛발질하듯 허우적거리는 자신을 발견했다. 그래서 또다시 주식투자를 끊어야겠다고 마음먹었다.

내 주위에도 주식 전문가들은 많았다. 너도나도 전문가임을 자처했고 그들의 정보가 처음에는 그럴듯해 보였다. 하지만 '비밀인데~'로 시작하는 그들의 정보 역시 이미 비밀스러운 정보가 되지 못했다. 결국 믿을 사람은 자신밖에 없었다. 초심으로 돌아가 나 자신을 살펴보기로 했다. 우선 자신이 투자에 소질이 있는지 따져 물었다. 아무리 자신을 발가벗겨 살펴봐도 투자의 재능이나 투기의 순발력은 찾을 수 없었다. 평소에 잡기에도 능하지 못해 늘 돈을 잃은 기억밖에 없었다. 그래서 투기나 단기투자의 민첩성은 승산이 없다고 판단했고 우량주, 배당주 중심의 장기투자가 제격임을 깨달았다. 순간적인 감정에 휘둘리지 않고 리스크 관리를 하면서 우량주나 배당주를 골라 투자하거나 개별 종목보다는 ETF에 최소 1년 이상 묻어두기로 했다. 전문가들의 원론적인 조언에 충실하기로 한 것이다. 즉 방어적 투자자가 되기로 했다. 또한 수익률이 아무리 좋아도 투자 금액이 적으면 수익금은 적을 수밖에 없다. 그러니 오랜 시간에 걸쳐 투자 금액을 늘려가기로 했다. 물론 100% 성공 투자를 믿지는 않는다. 그렇지만 이미 접어든 투자의 시대에 투자가 위험하다고 외면만 하고 있을 수는 없었다.

결국 세계 또는 국내 1등 기업 그리고 향후 유망하다고 하는 업종에 장기 투자하기로 하고 주기적으로 적은 금액이나마 반복적으로 투자 금액을 늘려가고 있다. 또한 연금저축펀드나 국내 상장 해외 ETF를 통해 간접투자를 하고 있다. 미래에 수십 배 투자 이익을 꿈꾸지는 않는다. 더불어 휴지가 되는 최악의 결과도 바라지 않는다. 다만 은행 이자보다는 높은 수익률을 안겨준다면 만족할 것이다.

진정한 주식 투자자는 대표이사

초기 주식투자는 소액 투자를 원칙으로 경제 공부를 하며 흐름을 읽기 위한 목적이었다. 중국 주식에 투자해 80% 이익을 낸 적이 있고 국내 주식은 비상장 주식을 구입해 상장과 더불어 상당한 수익을 내기도 했다. 물론 소액이기에 주식투자로 돈을 벌었다고 할 정도는 아니다. 지금도 상장회사 주식에 많은 자금을 투자하지는 않는다. 주식투자는 여전히 조심스럽다.

어느 순간 나 자신이 운영하는 주식회사를 키우는 것이 가장 훌륭한 주식투자라는 것을 깨달았다. 상장회사는 아니지만 회사가 이익을 내면 그만큼 회사의 주식 가치도 상승하고 있었다. 굳이 다른 회사 주식에 관심 갖지 않아도 비록 소기업이지만 우리 회사 주식을 가진 대주주였다. 즉 비상장기업이라도 기업을 운영하는 대표이사는 누구보다 확실한 주식 투자자인 것이다.

모건 하우절(Morgan Housel)은 그의 저서 『돈의 심리학』에서 돈 문제는 재무관리가 아닌 역사와 심리학을 통해 이해할 수 있음을 깨달았다고 했다. 즉 그는 수많은 부자를 만나면 만날수록, 경제위기에 관한 기사를 쓰면 쓸수록 다음 몇 가지를 깨달았다고 한다.

사람들이 빚더미에 앉은 이유를 이해하려면 금리를 공부할 게 아니라 인간의 탐욕, 불안정성, 낙관주의의 역사를 연구해야 한다. 하락장 바닥에서 주식을 매도한 이유를 알려면 기대 수익률에 대한 수학 공식 대신 인간의 고뇌를 알아야 한다. 가장 크게 성공한 투자자, 가장 크게 파산한 투자자 모두를 만나보고 깨달은 한 가지는 진정으로 부를 이해하고 부를 얻고 싶다면 인간의 심리를 알아야 한다는 것이다.

그는 취재와 조사 그리고 연구를 통해서 깨달은 것이라고 했다. 반면 나는 다양한 삶의 현장에서 경제활동을 하면서 60이 다 된 나이에 하나둘 깨닫고 있다. 내가 젊었을 때 깨달았다면 하는 아쉬움은 있지만 이제라도 늦지 않았다고 믿는다.

금융전문가들은 부자가 되기 위해 유명해져라, 전문가가 돼라, 주식이나 부동산에 투자해라, 사업을 해라 등 다양한 조언을 쏟아내지만, 현실적으로 그들의 말을 따르기도 힘들고, 성실히 따른다 해도 부자가 되기는 힘들다. 각각의 환경이나 능력, 의지 등이 서로 다르기 때문이다. 어떤 분야의 전문가가 됐다고 해서, 유명인이 됐다고 해서, 주식과 부동산 투자를 했다고 해서, 사업에 도전했다고 해서 반드시 부자가 된다는 보장은 없다. 반대로 가진 게 없고 전문가가 아니고 과감한 투자를 하지 않는다고 부자가 되지 말라는 법도 없다. 어쩌면 부자가 되기 위해 보통 사람들에게는 꾸준히 저축을 하고 거주할 집을 사는 전통적인 방법 즉 막고 푸는 방법이 제격일지 모른다.

분명 자신에게 최적화된 경제활동이 있고 투자 방법이 있다. 그것부터 찾아야 한다. 나는 아직도 바보 같은 방법을 믿고 있고 또한 나처럼 투자에는 특별한 재능이 없는 사람들에게 추천한다. 투자와 관련 시행착오를 최대한 줄이거나 제거하는 동시에 고전

적인 방법인 저축과 내 집 마련만으로도 미래에 부자가 될 수 있다는 것을 말이다.

10장

부자의 삶

시간은 신이 인간에게 내린 가장 공평한 것 중에 하나다.
하지만 부자에게는 하루해가 짧고 가난한 사람에게는 길다.
각자 사용하는 방법이 다르기 때문이다.

부자는 지속성이다

부자는 자신의 그릇을 키우는 노력을 아끼지 않는다. 부자가 된 이후에도 마찬가지다. 주위에서 일어나는 상황을 주의 깊게 보고 듣고 관찰하면서 계속해서 그릇을 키워야 함을 깨달았기 때문이다. 가뭄이라도 묵묵히 그릇을 키우는 사람은 불현듯 소나기가 지나가더라도 충분한 물을 담을 수 있는 반면, 장마철이라도 그릇이 작으면 흘러넘치고 만다.

젊어서 남다른 노력으로 부자가 됐지만 도박으로 한순간에 나락으로 떨어지는 경우도 보았고, 불철주야(不撤晝夜) 이룬 엄청난 성과에 소문이 자자했지만 오래지 않아 자신은 건강 악화로 유명을 달리하는 경우도 보았다. 또한 부모로부터 막대한 토지를 상속받았으나 지키지 못한 경우도, 평생 일군 재산이나마 친손자가 없어 안타까워하는 경우도 있었다.

홍수는 먹을 물조차 모두 쓸어가듯 오히려 갑작스러운 행운은 있는 재산마저 모두 앗아가는 경우도 보았고, 초년 대운이었으나 말년에 초라한 신세가 되는 경우도 있었다. 거액의 복권당첨자들이 오래지 않아 나락으로 떨어졌다는 뉴스도 종종 보았다. 가끔 유명 연예인, 프로선수들이 수백억 원에 달하는 자산을 탕진한 뉴스도 안타까움을 안겨주었다.

반면에 수십억, 수백억 원의 재산을 가진 자산가들은 시대의 흐름에 순응하면서 아무 일 없듯이 지켜가고 있다. 늘 그래왔듯이 그리고 앞으로도 그들은 막대한 재산을 유지관리하면서 풍요롭고 여유로운 삶을 누리다가 자식들에게 순조롭게 증여와 상속을 이어갈 것이다.

앞에서 살펴봤듯이 겉은 여유로워 보일지라도 물속의 발은 열심히 휘젓고 있는 오리처럼, 부자는 남다른 노력으로 재산을 모으고 유지하며 불리고 있다는 사실을 알게 되었다. 하루아침에 벼락부자가 된 것이 아니라 오랜 세월 동안 근검절약으로 부를 축적한 사실도 알게 되었다. 그러면 부자는 어떻게 그 많은 재산을 관리, 유지하면서 살아갈까?

부자는 평생 공부하는 학생이다.

부자는 경제 흐름을 끊임없이 파악하고 그 흐름에 뒤처지지 않으려고 노력한다. 경제와 금융 공부에 대해 한시도 게을리하지 않는다. 년 말이면 달라지는 경제 관련 정책이나 세법을 꼼꼼히 따져 해당 사항들은 미리미리 대비한다. 자신이 속한 협회, 단체, 거래 은행 등에서 마련한 경제 세미나에 새벽이든 저녁 시간이든 가리지 않고 말끔한 차림으로 참석하는 노력을 아끼지 않는다. 대부분 나이 지긋한 사람들이 그 많은 자리를 꽉 메꾼다. 많은 대학이 최고경영자과정을 개설하고 사회적 지위와 부를 이룬 사람들을 모집하여 맞춤형 교육을 실시하고 상호 유대관계를 맺도록 프로그램을 설계하였는데 역시나 대다수 머리 희끗한 부자들이 열정적으로 참여한다.

하지만 부자는 단지 경제와 금융 공부를 하는 데만 그치지 않는다. 그들은 조세제도나 자신에게 부과될 세금에 대해서도 관심을 갖고 절세를 위한 방안은 물론 가업승계에 대해서도 현명한 방법을 찾느라 분주하다. 부자의 지위를 유지하는데 있어서 재산을 모으는 것도 중요하지만 이를 지키고 불리는 일은 더욱 중요하게 생각한다. 앞서 5장에서 언급했듯이 21세기 세맹(稅盲)은 조세제도를 모르는 것이 아니라 조세제도를 이용할 줄 모르는 사람이다. 또한 자녀에게 자신이 터득한 부자의 방법을 부지불식간에 전수하고 있었다. 근검절약하는 모습은 기본이고 자녀 명의로 통장을 만들어 저축하는 습관을 기르도록 하거나 주택부금에 가입하여 미래를 대비하는 것을 넘어 증여 전략을 통해 주식통장을 만들어 주고 투자를 함께하고 있었다. 가족 법인을 만들어 합법적인 증여 즉 급료와 이익 배당을 하고 있었다. 자녀들이 경제가 뭔지 모를 시기부터 부자로 만들기 위해 작은 것부터 하나씩 실천하고 있는 것이다. 특히 최소한의 세금으로 증여와 더불어 이를 키워가는 법을 가르치는 것을 잊지 않는다. 즉 어려서부터 부자가 되는 습관을 길러주는 것이다. 부의 대물림은 단순히 가진 부를 통해 사교육이나 공교육의 기회를 제공하는 것만으로 끝나지 않았다. 그들은 자연스레 차세대 부자를 만들어 가고 있었다.

부자는 훌륭한 파수꾼이다.

보통 재산이 많다는 소문이 돌면 주변 사람들의 관심이 집중된다. 그와 친해지고 싶은 마음은 인지상정이고 어떻게든 연결고리가 맺어지면 자신도 부자의 기회에 닿을 것이라는 기대감도 있기 때문이다.

　대표적으로 고액의 복권 당첨자들은 국내외를 불문하고 주위로부터 과한 관심 즉 위협을 받기도 하고 협박을 당하는 경우가 있다고 한다. 돈을 빌려달라고 윽박지르기도 하며 거저 달라고 하는 사람들도 많단다. 여기저기 기부 요청이 쇄도하는가 하면 마구잡이로 사용하다가 결국 재산을 모두 탕진하는 경우가 종종 언론에 소개되기도 한다. 또한 부자라고 입소문이 나면 투자 유혹이 많이 따른다. 은행에서 투자전문가가 자산관리를 해주겠다고 접근하고 여기저기 주변 사람들이 돈을 빌리거나 사업에 투자해 줄 것을 바라기도 한다. 사업자금을 빌려달라는 사람도 있고 자신의 사업체를 인수해달라는 사람도 있을 테다. 하지만 부자들은 신중하다. 웬만한 유혹에는 흔들리지 않는다. 그들이 막대한 부를 유지하고 있는 데는 그만한 이유가 있다. 그리고 자신만의 고집스러운 투자 원칙도 있으며 섣불리 유혹에 넘어가지 않는다. 어쩌면 답답해 보이기도 하지만 그러한 신중함이 부를 유지하는 비결이기도 하다.

　사업을 하겠다는 사람들은 100% 성공을 확신하며 은행을 찾는다. 하지만 은행 담당자는 의외로 신중하다. 설사 사업계획서가 100% 만족스럽다 하더라도 대출은 일정 비율만 허가 한다. 경기 상황이나 개인의 신용도에 따라 달라지지만, 통상적으로 부동산의 경우 감정가에 80% 정도, 선박매입의 경우 감정가의 60%까지만 대출이 가능하다. 아마도 그들이 오랫동안 대출을 담당해 온 과정에서 얻은 경험치일 것이다. 나머지는 제2금융권이나 자담으로 충당해야 한다. 부자들도 마찬가지다. 찾아오는 사람들의 말을 전적으로 신뢰하지 않는다. 주위에 신뢰할 만한 정보처가 많아 그에 대한 검증을 쉽게 얻을 수 있다. 또한 제안은 신빙성이 있다고 하더라도 주위 환경은 전혀 예측하기 힘든 불확실성이 존재하기 때문이다. 더구나 세상은 예기치 못한 일들이 부지불식간에 일어나고 있으니 더욱 그렇다. 전쟁과 팬데믹 그리고 금융위기, 기후 위기 등 예측 불가한 일들이 우리 경제에 직간접적으로 영향을 미치기에 누구의 말도 액면 그대로 믿을 수 없는 세상이 된 것이다.

부자는 냉철한 철학자다

부자는 돈에 대한 자기 철학을 가지고 있다. 우리가 아는 박사 Ph.d(doctor of philosophy)는 전문 분야에서 자기 철학이 있는 사람이다. 철학(Philosophy)이 붙는 이유는 초기 유럽 대학에서 모든 학문이 철학의 한 갈래라고 여겼고 모든 학문적 탐구의 뿌리로 간주했기 때문이다. 즉 모든 학문의 근본을 탐구하는 사람은 본질적으로 철학자라는 중세 학문관에서 비롯됐다. 그가 연구한 자료에는 반드시 객관적이고 타당성이 있어야 한다. 즉 사람들이 이를 인정하는 합리적 근거가 들어있어야 한다는 것을 의미한다.

부자도 마찬가지다. 자기만의 철학으로 일군 재산이다. 물론 적법하고 공정한 방법으로 얻은 이익이어야 한다. 부정한 방법으로 또는 빼앗은 재산으로 부를 일구었다면 부자라고 할 수 없다. 그래서 악행으로 많은 재산을 일군 사람을 부자라 하지 않고 흔히 마피아라고 부른다.

유대인들은 돈은 버는 게 아니라 늘려가는 것이라고 가르친다고 한다. 물론 과거 고리대금업에서 얻은 돈에 대한 그들만의 철학이겠지만 탈무드에서조차 경제 능력을 최고로 삼는다. 즉 '사람이 존경할 만한 가치가 있는지 여부는 자기의 힘으로 생활할 능력이 있는지에 따라 달라진다. 자신의 힘으로 생활하는 자는 하늘을 두려워하는 종교인이나 어느 학자보다 더 위대하다'라며 철저히 경제 능력을 강조하고 있다.

세계적으로 가장 많이 팔린 신약성경의 절반을 쓴 사도바울은 학문을 수련한 엘리트였지만, 그의 생업 중 하나는 천막을 만드는 일이었다고 한다. 잘 알려진 바와 같이 그는 성경에 다음과 같은 명언을 남겼다. '일하기 싫거든 먹지도 마라.'

물류업에 종사하는 K대표는 증여상속에 매우 회의적이었다. 그는 근본적으로 물질적 재산을 증여, 상속하면 안 되는 사유 네 가지를 들었다. **첫째 똑똑한 상속인이라면 물려주지 않아도 스스로 부자로 살 것이며 반면 멍청한 상속인이라면 물려줘도 이를 지키지 못할 것이다. 둘째 피상속인의 정신적 재산을 제대로 물려받지 않았거나 받을 의지가 없다면 물질적 재산도 받을 자격이 없다.** 물질적 재산을 통제할 능력이 있어야 증여상속을 고려할 텐데 선행되어야 할 정신적 재산을 받지 못했다면 물질적 재산 역시 받을 자격이 없다는 것이다. **셋째 미래에 부의 이동 경로는 피상속인의 기대와는 전혀 다르게 흘러간다.** 통상적으로 증여는 자손의 경제적 자립을 위해 필요하고 상속은 후손 대대로 이어지기를 기대하는데 이를 신뢰할 수 없는 세상이 됐다는 것이다. 따라서 증여 상속은 자식의 기본적인 경제적 문제만 해결하는 선에서 마무리 짓는 것이 바람직하다고 했다. 또한 K 대표는 증여상속은 상속인이 이를 지킬 능력이 있을 때에 그 능력만큼 이루어져야 하고 그렇지 않다면 나머지는 사회에 환원되어야 마땅하다고 강조한다.

마지막으로 증여와 상속이 '당연하다는 생각'은 바람직하지 **않다**. 즉 가족이 다른 가족에게 일방적으로 희생하거나 재산의 무상 증여가 당연하다는 생각은 잘못된 것이다. 이것 또한 갚아야 할 엄연한 빚이고 자칫 잘못하다간 불행의 씨앗이 될 수 있기 때문이다. 또한 처음에야 감사하는 마음으로 받게 되지만 증여가 반복될수록 점차 감사하는 마음은 사라지고 종국에는 권리로 자리 잡는 안타까운 사례가 많다고 한다. 따라서 증여와 상속의 형식일지라도 이는 증여 상속인의 정당한 노력의 대가로 지급돼야 한다는 것이다. 그러한 방법에는 공부와 효도, 노력과 도전, 면허와 자격취득, 국가 고시 합격 등 다양한 것들이 있다.

부자는 셈이 빠른 수학자다

부자는 수학적 계산이 빠르다. 적어도 원가와 비용 그리고 남겨야 할 부분을 철저히 챙긴다. 또한 경우에 따라서는 이를 모두 포기한다. 다음 수를 읽었기 때문이다. 소탐대실(小貪大失) 하지 않는 경우도 부자들의 특징이다. 반드시 이익을 남기는 장사는 없다. 때로는 손해를 입기도 한다. 부자는 이익을 챙기는 것도 중요하게 생각하지만, 손실을 최소화하는 데도 신중하다.

부자에게 4칙 연산은 따로 있다. 1+1=2라는 공식보다는 1+1= 3이나 5가 될 수 있는 방법을 알고 있다. 시차나 거리를 이용하여 차등적인 수익체계를 만들기도 한다. 성수기 할증과 비성수기 할인제가 그렇고 신선도에 따라 가격 차이를 두는 것이 그렇다. 채소 과일의 경우 처음 가격은 높지만 시간이 흐를수록 떨이로 팔아야 하는 경우가 생긴다. 더구나 더하기나 빼기보다는 곱하기와 나누기를 좋아한다. 2배 또는 5배를 남기는 게임은 곱하기다. 음식점을 하더라도 원가 몇 %, 비용 몇 % 그리고 이익이 얼마나 남아야 되는지 계산이 빠르다. 하나의 점포에서 이익을 더하기 하면서 재산을 늘려가다가 더 많은 이익을 낼 방법을 연구해 곱하기 게임인 프랜차이즈를 만들었다. 매점 평균 이익에 매점 개수만큼 곱하면 그게 바로 이익이 되는 게임이다. 이익을 늘릴 수 없다면 나누기를 통한 비용 절감 효과를 이용한다. 대량으로 원자재를 구입해 원가를 낮춤으로써 나누기에 해당하는 반사이익을 얻는다. 또한 사업을 하면서 고안한 방법은 고객 만족이라는 명분으로 이용하지만 사실은 단리가 아닌 복리의 셈법에서 만들어진 것이 대부분이다. 선결제와 후불제, 중도금, 신용카드, 교통카드, 회원가입비, 상품권, 예약금, 포인트 적립, 인센티브, 마일리지 적립 등이 복리의 셈법에서 나온 것들이다. 지금 이 시각에도 눈을 뭉치듯, 그들은 가진 재산을 기하급수적으로 늘려가는 방법을 찾느라 고군분투 중이다.

부자는 장거리 운동선수다.

건강을 유지하는 비결은 부지런히 움직이는 것이다. 식사 후 양치질을 한 다음 가벼운 운동을 한다. 운동을 할 상황이 아니라면 주위 청소나 정리 정돈을 한다. 의무감에 일하면 노동이지만 좋아서 하는 일은 운동이다. 운동을 별도로 시간 내고, 돈 들여서 하는 것은 현명한 방법이 아니라고 생각한다. 피트니스센터는 운동을 빌미로 장삿속이 밝은 사람이 만든 것이다. 그렇게 돈과 비용을 들이면 근육 만들기는 훨씬 빠를 수 있다. 하지만 지속적인 관리를 하지 않으면 역시 근육은 쉽게 사라진다. 어쨌든 많이 움직이면 부지런해지고 소화가 잘되며 땀으로 불순물을 배출할 수 있고 그만큼 신진대사도 잘 된다. 우유를 마시는 사람보다 배달하는 사람이 더 건강하다는 말을 믿는다.

젊은이가 늙은이보다 건강한 것은 자연적, 생리적인 원인도 있지만 그만큼 많이 웃고 그만큼 많이 움직이기 때문이다. 나이가 들수록 웃는 횟수가 줄고 움직임이 줄어든다. 점차 특정 부위에 지방이 쌓이고 인체 기능은 퇴화를 거듭한다. 주위를 둘러보면 나이 들어도 건강한 사람은 많이 움직인 사람이다. 특히 부자는 하나같이 부지런했다. 새벽 일찍부터 산책길, 골프장, 여행, 봉사활동, 작업 현장 또는 사무실로 이동한다. 그들은 나이와 상관없이 습관처럼 움직였다. 일도 많이 하지만 친목 모임도 많고 동호회도 많다. 만나면 운동하고 먹고 떠들며 웃음이 끊이지 않는다. 그들의 머릿속에는 은퇴나 퇴직이라는 단어는 없었으며 고령이라도 열정이나 의지 그리고 활동력은 결코 시들지 않는다. 늘 변함없이 장거리 운동선수처럼 우직하게 움직이고 있었다.

부자는 절약의 전략가다.

대개 부자는 자신이 부자라 생각하지도 않았으며 몸에 밴 절약 정신을 꾸준히 지켜나간다. 그래서 있는 놈이 더 한다는 얘기가 절로 나오게끔 한다. 부자는 의외로 절약 정신이 특별하다. 아니 절약 정신이 특별한 사람이 부자가 되는 것이다. 부자를 꿈꾸는 사람들은 돈을 벌면 사고 싶은 거 다 사고, 먹고 싶은 것 마음대로 먹고 여행도 마음대로 다닐 거라고 생각하지만, 부자는 생각이 다르다. 그렇게 해서 언제 돈을 모으고 언제 부자가 될 수 있는가 반문한다. 사실 그들은 이미 부자가 됐는데도 말이다.

미국의 부자들뿐만 아니라 한국의 부자들의 첫 번째 공통점은 역시 절약 정신이 투철하다는 점이다. 무조건 안 쓰고 안 먹는 게 절약이 아니다. 돈을 소비하는 시기를 조정하는 전략이 절약이다. 부자는 한 해 성과의 정해진 부분만큼 즐기고 소비한다. 즉 덮어놓고 쓰는 게 아니라 벌어들인 금액의 일정 부분을 자기 보상 개념에서 소비한다. 즉 이득이 생겼을 때 그리고 그에 비례하여 소비한다. 그러니 매번 소비하는 양과 질이 다른데도 주위 사람들 눈에는 때로 자린고비처럼 보이거나 어떤 때는 마구잡이로 사치하는 것처럼 보일 수도 있다.

또한 평소 적절한 소비를 미덕으로 알며 필요할 때 기부도 서

습지 않는 소위 돈을 쓸 줄 안다. 미국 부자들은 대개 4만 달러를 넘지 않은 자가용을 소유하고 필요 이상의 지출은 하지 않는다고 한다. 한편 대한민국의 부자들은 물질적 재산에 대해서는 겸손하며 실제로도 자신을 부자라 생각하는 사람은 극히 드물었다. 소비에 있어서 안전과 건강에 직접 관련된 제품은 값이 나가도 선호하지만, 그 외에는 과소비를 하지 않는다. 즉 안전이나 건강에 대해서는 과한 소비를 마다하지 않는 경우가 있다. 예를 들면 자가용은 비교적 안정성이 입증된 고가를 선호하고 먹는 음식은 유기농 제품이나 신선한 농축수산물을 찾는다. 하지만 그 외에 생활필수품은 가성비가 높은 제품을 선호한다. 특히 명품이나 고가의 제품은 최소한으로 가지고 있었다. 대신 금이나 주식, 부동산 등에 투자를 해두고 미래를 대비하는 성향이 강했다.

돈은 끊임없이 돌고 돈다. 다만 자신에게 머무는 시간이 많을수록 부자다. 부자는 돈이 머물 수 있는 다양한 방법을 알고 있었고 머무르는 동안 증식하도록 적절한 환경을 조성하는 방법으로 돈을 불리고 있었다.

부자는 평생 직업인이다.

부산에서 사업을 영위할 때 보험사에서 주최하는 조찬 세미나에 매달 참석했다. 사업에 대한 별다른 노하우가 없었던 나의 경우 열심히 배우고 익혀야 한다지만 이른 새벽 시간에 그 많은 좌석을 꽉 메운 나이 지긋하신 사장님들을 보며 꽤나 놀랐다. 이미 성공과 상당한 부를 이룬 사람들이 뭐가 아쉬워 이렇게 이른 시각에 배우러 나오는 것일까?

나중에 안 사실이지만 사업에 성공하거나 부자가 된 사람들은 하나같이 독서를 많이 했고 꾸준히 공부하고 있었다. 단순히 금융이나 경제를 떠나 세상을 지혜롭게 살아가는 방법을 제공하는 곳이면 시간과 장소를 가리지 않았다. 그들은 선제적으로 경제 흐름을 파악하느라 애를 썼으며 새로운 경제정책에 따라 그들만의 경영 방향을 열어가고 있었다. 고객 응대를 하는 것도 적극적이었고 여가 시간에는 운동으로 건강을 챙기는 것도 부지런했다. 그들을 지켜보면서 왜 부자가 됐는지 고개가 절로 끄덕여졌다.

어느새 나도 그들처럼 행동했고 그들처럼 부지런을 떨었다. 나의 행동은 어설펐지만, 그들은 나를 점차 인정했다. 그들도 처음에는 나처럼 어설펐기 때문에 내가 다소 서툴러도 너그럽게 이해해 주었다. 그들과 협력관계를 만들어 가는데 중요한 것은 능력 이전에 도전하는 자세와 근면하고 성실한 모습이었다. 스스로 도전하는 사람, 그리고 최선을 다하는 자세만으로 그들은 받아들이기 시작한다. 결과도 중요하지만, 최선을 다하는 과정이 더 중요하다는 것을 깨달았다. **처음 사업을 하겠다고 했을 때 주위 지인들은 반대하고 말렸던 반면, 사업을 영위하고 있는 사람들은 오히려 응원하고 격려했다. 주위 사람들은 가보지 않는 길을 스스로 두려워하고 있었으나 길을 아는 사람들은 친절하게도 안전한 길을 안내해 주었다.**

부자의 사전에 은퇴란 없다. 공부나 일에서 은퇴를 언제 하느냐 하는 문제는 자신이 선택할 일이다. 다만 잘 살려면 은퇴하면 안 된다. 더구나 일은 단지 돈을 위한 수단이 아니라 인생의 보람을 느끼게 하고 삶을 알차게 한다. 심심풀이로 사는 노후는 너무나 지루하고 외롭다. 노인들의 제일 큰 문제가 외로움과 소외감이라고 한다. 외로움과 소외감은 대개 할 일이 없어지면서 찾아온 감정이다. 우리가 예단하는 것과 실제 상황은 많이 다르다는 것을 그때 가서야 깨달으면 늦다.

부자는 자신이 스스로 부자라고 생각 하지 않는다. 마치 자기 이름을 다른 사람이 불러주듯 부자는 주위 사람이 지레짐작으로 부르는 말이다. 이 땅의 부자는 주위에서 부자, 준재벌, 땅 부자, 부동산 재벌 등 무엇으로 불리든지 상관없이 여느 사람들처럼 열심히 살아가고 있었다. 마을 앞 커다란 느티나무도 오래전 작은 나무부터 시작해 오늘날 그렇게 서 있는 것이다.

11장

무엇을 남길 것인가?

어른들은 듣기 싫은 잔소리를 해대면서 아이들이 말을 잘 안 듣는다고 불평하지만, 아이들을 집중시키지 못한 책임은 여전히 어른에게 있다. 증여하고자 하는 마음은 분명 사랑일 텐데, 잔소리부터 넘겨주려니 아이들은 거부한다. 우리가 자녀에게 가장 먼저 넘겨주어야 할 재산은 따뜻한 마음과 다정한 언어 그리고 건강한 생활 습관이다.

지켜야 할 것과 남겨야 할 것

자녀는 부모의 발자취를 따라간다. 겨울철 눈이 많이 쌓인 길을 가자면 앞 사람의 발자국을 따라 가게 된다. 처음 마주하는 세상은 자녀들에게 마치 눈 쌓인 길을 걷는 것과 같을 것이다. 자녀들이 눈 덮인 길을 걸을 때면 앞사람의 발자국이 가장 안전한 곳이다. 부모는 인생 선배로서 지나온 길이 무슨 대단한 길인가 하겠지만 처음 눈길을 나서는 자녀들에게는 가장 안전하고 편안한 길이다. 지금 우리는 자녀를 위해 어떤 발자취를 남기고 있을까?

우리나라 국민의 평균수명이 80대 중반에 도달함으로써 100세까지 사는 사람들이 꽤나 많아졌다. 또한 머지않아 평균수명이 100세 시대에 진입한다고 예견된 상황이고 일부는 120세까지 사는 세상이 올 수 있다고 한다. 흔히 '재수 없으면 120세까지 산다'는 말을 종종 듣는데 우리 세대는 그것이 현실로 다가올 수 있다.

의학의 발달로 인해 생각한 것보다 훨씬 장수를 누리고 사는 세상이 되었다. 평소 건강한 생활을 영위할 체력을 기르는 것만으로도 이제 신체적 재산은 충분한 세상이 되었다. 따라서 가족력에 대한 주의와 팬데믹과 같은 비상 상황에 대비만 돼 있다면 신체적 재산의 증여와 상속은 문제가 없어 보인다.

정신적 재산의 경우는 여전히 숙제로 남아 있다. 신체적 재산에 비해 상대적으로 증여와 상속이 충분치 않다는 것이 공통된 의견이다. 요즘도 젊은이들은 사가지가 없다는 얘기가 종종 들린다. 더구나 지식과 정보는 어느 시대 어느 세대보다 앞서 있다는 평가에 반해 세상을 살아가는데 필요한 지혜는 상대적으로 미미하다는 것이 중론이다. 여전히 많은 젊은이들이 사기 피해를 입고 사이비 종교에 빠지거나 투기에 허우적거리는 경우가 이를 방증하는 듯하다. 그에 반해 기성세대는 지식과 정보가 상대적으로 부족하고 과학기술의 발달에 따른 급변하는 세상을 따라가지 못함에 따라 후세대에게 이렇다 할 모범을 제시하지 못하면서 그동안 쌓아온 경험과 지혜마저 위협받고 무시당하는 처지가 되고 말았다.

그렇다면 물질적 재산은 어떨까? 물질이 지배하는 세상이다 보니 자녀와 정서적 교감이나 정신적 재산의 증여에는 신경 쓸 겨를이 없고 어떻게든 풍요로운 생활과 더불어 한 푼이라도 더 증여하고픈 마음뿐이다. 하지만 물질적 재산은 생각만큼 불리지 못했고 인플레이션이 가속화되면서 오히려 상대적으로 빈곤한 신세가 되고 말았다. 대부분 자녀들이 대학 진학을 하는 시대에 교육비용을 해결하기에도 부족하고 아직 살날이 많이 남아 있는데 노후 대비도 여의치가 않다. 가진 재산이라고 해봐야 겨우 생활하고 있는 집이 전부인 상황에서 노후에 특별한 소득이나 연금이 없다면 이마저 지키기 쉽지 않은 상황이다. 이렇듯 수명은 길어지고 세상은 급변하는 시점에 우리가 지켜야 할 재산은 무엇이며 후손에게 남겨야 할 재산은 무엇일까?

고매하신 선비정신과 이율배반적인 갑질

조선시대 선비들은 유교적 가치관에 따라 올바른 삶을 실천하고 이를 바탕으로 사회의 도덕적 질서를 유지하는 지식인 계층을 형성했다. 왕실의 자문 역할을 비롯하여 지방의 유력한 관리로서 백성을 다스리고 사회의 도덕적 기준을 설정하는데 중요한 역할을 했다. 이들이 갖추어야 할 선비정신은 인격적 완성을 위해 끊임없이 학문과 덕성을 키우며 세속적 이익보다 대의와 의리를 위해 목숨까지도 버리는 정신이라고 정의한다.

하지만 학문만 한 사람이 선비이고 벼슬길에 나아가면 사대부라 칭했는데 이는 양반 가문으로 조선 초기에는 전 국민의 10%에 불과했다. 그러나 이들은 자국민 50%를 노비로 부리는 사람들이었으며 그들이 주창한 선비정신과 다르게 권력과 재산을 향유하며 갑질을 일삼았다. 세계사를 살펴보더라도 자국민을 공식적으로 노비로 부리는 경우는 찾아보기 힘들다고 한다. 결국 말로만 하는 선비정신이라는 것이 평시에는 부귀영화를 누리며 자기 나라 백성들을 노예로 부리다가 왜란, 호란 등을 겪으며 위상은 무참히 무너지고 도망가기 바쁜 양반들이 그 시대의 리더들의 모습이었다.

선조 때에는 사무라이의 날카로운 칼날에 무참히 베이고 왕이 궁을 버리고 도망가는 상황, 백척간두에 있는 나라를 이순신 장군과 백성들이 구해놓으니 돌아와서 별다른 반성과 대책도 없이 되풀이되는 양반들의 권력다툼과 백성들에 대한 갑질, 그러니 또다시 36년 동안 일제강점기라는 암흑의 시대를 맞게 된다.

비록 일부이긴 하나 현대에도 이러한 분위기는 계속되고 있는 현실이 안타까울 뿐이다. 말로는 국가와 국민을 위한다고 큰소리치지만 뒤로는 자신과 가족을 위한 부귀와 특권을 누리는 표리부동의 모습은 여전하다. 권력과 부를 가진 자들의 갑질, 특권의식, 이중국적, 군 면제, 낙하산 인사, 채용 비리(음서제) 등 그때와 다를 게 뭔가? 늘 백성을 위한다는 말을 수백 년 동안 반복하지만, 실제는 개, 돼지 취급하는 모습을 언제쯤 벗어던질 수 있을까? 후손을 위해 무엇을 남기는 것도 중요할 테지만 청산되어야 할 것들을 과감히 끊어내는 것은 더욱 급선무이고 중대한 과제다.

개인적인 문제도 역시 마찬가지다. 술 담배를 즐기면서 정작 자녀들에게는 해로우니 하지 말라는 경우다. 자신이 끊어내는 결단을 보이는 것이 솔선수범이고 단순히 '하지 마라'는 잔소리보다 훨씬 효과적일 테다. 안전운전을 강조하면서 정작 어른들은 종종 과속과 음주운전을 일삼는다. 이제라도 책임자고 리더라면 뒤에서 훈수만 둘 것이 아니라 앞서서 행동할 때다. 무엇을 남길 것인가 고민하며 조사한 몇 가지 사례를 소개한다.

어른들의 일그러진 영웅

우리 역사에서 어떻게 살 것인가 고민할 때 대표적인 사례를 들자면 나는 황희정승과 정약용 두 사람을 꼽는다. 우리가 그들의 삶을 비평할 자격이 있는가는 별도로 하고 이들의 삶을 들여다보면 우리에게 어떤 시사점을 주고 어떤 방향을 가리키고 있는지 그리고 어떤 삶을 살아야 하는지 많은 생각을 하게끔 한다.

황희정승은 천문, 지리, 역사, 문학 등 다방면의 지식을 갖춘 대표적인 청백리로 알려져 있다. 고려 말부터 관직을 시작해서 도승지, 6조 판서, 정승을 모두 거쳤다. 지금으로 치며 대통령 비서실장, 행정각부 장관, 부총리, 국무총리까지 모두 거친 셈이다. 그는 또한 영의정 18년, 좌의정 5년, 우의정 1년 – 정승만 24년을 지냈다. 향년 89세 관직 생활만 73년을 한 전무후무(前無後無)한 기록을 세웠다. 어려서부터 황희정승의 일화는 우리에게 익숙하다. 누렁소와 검은 소 그리고 여자 하인의 다툼에 모두 옳다고 한 일화가 유명하다.

이렇게 모두가 인정하는 유능한 명재상으로 이름을 날렸지만, 군국정사에서 보여준 본인의 대쪽 같고 강직한 성품과 처신답지 않게 가족의 부정행위나 범죄에는 약한 모습을 보이는, 고위공직자로서 치명적인 인격적 결함이 있었다고 한다. 무엇보다도 가족과 친족의 대형 범죄를 덮다 들키거나 두둔한 것이 알려짐으로써 높기만 했던 명예가 많이 실추되었다. 현대에 이르러서는 일방적으로 훌륭한 인물이라기보다는 당시의 현실 정치가이자 권력자로서 공과가 분명한 인물로 평가된다. 즉 평시에는 강직하고 청렴했지만, 가문을 위해서는 얼마든지 더러워질 수도 있었던 복합적인 인물상이었다고 하겠다.

예를 들면 사위가 자신을 알아봐 주지 않는다는 이유로 아전을 폭행한 사건이 있었는데 이를 무리하게 없던 일로 했다는 것이 알려지게 되자 이를 은폐하려 수단과 방법을 가리지 않았다고 전해진다. 아마도 사위는 아전에게 "내가 누군지 알아?"하고 시비를 걸지 않았을까? 또한 서자인 황중생이 세자궁에서 금잔을 훔쳐내어

적자인 황보신에게 준 사실이 알려져 이를 조사하는 과정에서 황보신은 궁중 창고에서 더 많은 재물을 횡령했다는 사실도 밝혀진다. 자신의 동생이 과전을 반납할 때에 척박한 자기 땅을 대신 반납한 일도 있었다고 한다. 청백리, 공직과 관련 최고의 기록을 가지고 있지만 자식 교육은 빵점이라고 해도 과언이 아닐만한 기록이 있고 이렇다 할 저서나 후세에 가이드가 될 만한 내용은 찾아보기 힘들다.

지금의 대한민국 고위공직자 중에서 위와 유사한 경우를 흔히 볼 수 있다. 마치 나라를 위해 헌신하는 모양새지만 정작 자신의 영달 그리고 자식의 학교폭력을 덮고 입시 비리를 자행하며 군대 면제와 엄청난 재산의 불법 증여에 혈안이 돼 있는 모습은 또 후세에 어떻게 평가될까?

다산 정약용(丁若鏞, 1762년 ~ 1836년)은 조선 후기의 문신이자 실학자·저술가·시인·철학자이다. 정약용은 18년간 경상도 장기, 전라도 강진 등지에서 유배 생활을 했다. 유배 기간에 《목민심서》, 《경세유표》 등을 저술하였고 도합 500여 권에 달하는 저작들을 남겼다. 정약용이 자녀들에게 신신당부로 이른 말은 "한양을 벗어나는 순간 기회는 사라지니 무슨 일이 있어도 한양에서 버텨라"는 편지 내용이 요즘도 간간히 회자되고 있다.

정약용은 방대한 저술을 남겼으나 대부분을 한문으로 썼으며 가족과 주고받은 편지도 한문을 사용했다. 어떤 학자는 정약용이 철저히 한글을 외면했음을 지적하며, 사상의 위대함이 표현과 소통의 위대함으로 이어지지 못한 점을 아쉬운 점으로 평가했다. 또한 정약용 역시 성리학과 실학의 한계를 벗어나지 못한 양반 사대부였음을 비판하기도 했다. 하지만 개인적으로 장기간 수난의 과정에도 불구하고 그가 남긴 자료는 훌륭한 교육적, 역사적 가치가 있다고 하겠다. 만약 정약용이 수많은 저서를 남기지 않았다면 오랫동안 유배 생활을 한 그저 그런 공직자로 남았을지도 모를 일이다.

희극인의 안타까운 사연

배삼룡은 1969년 MBC 코미디언으로 데뷔하여 구봉서, 송해 등과 함께 1세대 코미디언으로 활약했다. 바보 연기와 개다리 춤으로 많은 인기를 얻어 '비실이'라는 별명을 얻었다. MBC 개그 프로그램인 「웃으면 복이 와요」를 통해 코미디계의 간판스타로 인기를 끌었으며 1970년대 중반 《배삼룡의 나는 울었네》를 시작으로 10여 편이 넘는 영화에도 출연했다. 하지만 1980년대 초 군사정권이 들어서면서 코미디를 저질로 몰아세웠고 배삼룡은 방송 출연을 금지 당한다. 설상가상으로 잇단 사업 실패와 두 번의 결혼 모두 사별을 해야 했으며 세 번째 결혼 후 부인과 처조카가 모든 재산을 관리했는데 2004년 처조카의 사기행각에 모든 재산을 잃고 충격으로 쓰러진다.

세 번째 결혼도 결국 병석에서 이혼을 하게 된다. 시대 최고의 희극인이었지만 현실은 비극적이었다. 그러한 불운한 현실을 뒤로

하고 무대에 서면 관객들을 웃겨야 하는 직업에 참으로 안타까운 심정을 어떻게 감당하며 살았을까. 국민을 울고 웃긴 당대 최고의 희극인도 보통 사람들이 겪는 일상사를 피해 가지 못했다. 국민의 인기를 얻는 일보다 자신의 가정을 다스리는 일이 더 중요한 일이라는 것을 일깨운다.

이주일은 1980년 동양방송의 코미디 프로그램인 <토요일이다 전원출발>을 통해 브라운관에 얼굴을 드러내면서 단 2주일 만에 선풍적인 인기를 끈 이후 한국 코미디의 간판스타로 떠올랐다. 널리 알려진 대로 '이주일'이란 예명은 방송 2주 만에 떴다고 해서 붙여졌다. 숱한 코미디 프로그램에서 '못생겨서 죄송합니다' '뭔가 보여드리겠습니다' '콩나물 팍팍 무쳤냐?' 등 그가 남긴 유행어는 오랫동안 사람들의 입에 회자되며 어록으로 남아있다. '수지 Q' 음악의 경쾌한 리듬에 맞춰 엉덩이를 흔들며 춤추던 모습도 그의 트레이드 마크가 됐다.

또한 1992년 국회의원에 당선됐는데 당시 그는 44억 원의 재산 신고(현재 500억 상당)를 했다. 그런 그가 2001년 폐암 선고를 받고 다음 해 생을 마감한다. 그리고 2017년 사망 15주기 때 안타까운 소식이 전해졌다. 일 년에 백만 원에 불과한 묘지 관리비를 미납하여 묘소는 사라지고 묘비는 나뒹굴고 있다는 것이었다.

평생 고생으로 일군 재산이었고 엄청난 재산을 남겼지만, 후손들은 상속재산의 분할 분쟁으로 오히려 불행한 일을 겪고 말았다. 비록 본인은 죽고 없지만 만약 이러한 사실을 알게 된다면 천추의

한으로 남을 일이 아니겠는가? 이 시대 최고의 희극인들이 물질적 재산 문제로 말년에 겪는 비극적인 현실에서 우리가 심사숙고해야 할 사항은 무엇일까?

보장받은 장수, 챙겨야 할 건강한 삶

앞 장에서 말했듯이 재산은 신체적, 정신적 그리고 물질적 재산 세 가지로 구분할 수 있다. 신체적 재산은 다시 자녀의 건강 그리고 자신의 노후 건강 이렇게 크게 두 가지 관점에서 관련이 있다.

결혼하게 되면 자녀를 갖게 되고 그 자녀가 건강하게 태어나기를 바라는 마음은 누구나 똑같다. 또한 태어나면 자녀가 건강하게 자라기를 기원한다. 아이를 갖게 되면 임산부는 특별히 몸 관리에 신경을 쓰고 좋은 것만 보고 좋은 것만 들으려 노력한다. 불손하다고 생각되는 것은 멀리하고 주기적으로 병원에서 건강검진을 받으며 아이가 이상 없이 자라고 있는지 확인한다.

이미 태어난 자녀의 건강은 부모와 정부에서 지속적으로 관리에 들어갈 것이며 성인이 되면 스스로 건강을 챙길 수 있다는 점에서 한시름 놓게 된다. 하지만 아이에게 어려서부터 장애와 질병이 나타나면 자녀는 물론 부모에게도 평생 숙제로 남는다. 이를 해결하는 과정에서 신체적, 정신적 재산의 타격은 물론 물질적 재산의 손실도 불가피하다.

한편 사람은 나이가 들면 활동이 줄어들어 비만해지고 고혈압, 고지혈증, 당뇨 등 각종 성인병에 노출되기 쉽다. 더구나 관절, 눈, 치아 등 신체기능이 전반적으로 저하되어 활동이나 식생활에 많은 제약을 받게 된다. 오랫동안 흡연, 음주 등 좋지 않은 습관으로 건강을 위협받는 경우 이미 건강 이상 경고를 받은 사람들도 있고 유명을 달리한 사람도 있다. 앞서 보았지만, 이러한 모든 과정에서 비용이 수반된다는 점에서 건강에 해로운 생활 습관(신체적 재산)은 물론 건강 이상은 부자의 길에 적잖이 방해 요소가 되고 있다는 것을 알 수 있다.

우리는 다양한 노력으로 할아버지 세대보다 두 배나 긴 인생을 보장받을 수 있는 시대에 살고 있다. 또한 우리의 손자들은 우리 평균 연령보다 두 배에 이르는 인생을 보장받을 수도 있을 것이다. 즉 200세 시대가 올지도 모른다. 하물며 미국의 어떤 회사에서는 사람이 오백 년을 살 수 있는 연구에 착수했다는 소문이 들린다. 이 얘기를 들으니 우리의 민요 「한오백년」이 생각난다. 우리 조상들은 아마도 선견지명(先見之明)이 있었는지도 모른다.

하지만 물질적 재산이 부족한 장수는 불행하다고 난리다. 특히 건강마저 잃고 나면 노년의 삶은 더욱 괴롭다. 선진국이든 후진국이든 평균수명의 길이와 상관없이 공통적인 현상은 마지막 10여 년은 병상에서 보낸다고 한다. 그래서 오래 사는 것이 문제가 아니라 건강하게 그리고 물질적 재산이 뒷받침되는 노년의 삶을 꿈꾸게 된다. 자신은 물론 자식들마저 건강한 삶을 영위하는 것은 무엇보다 중요한 증여상속 대상이기 때문이다.

증여해야 할 정신적 재산

우리의 경우 후손에게 물려줄 정신적 지주가 될 만한 것이 무엇일까? 과거에는 유교와 불교의 교리에 따라 국민 정서가 형성되었다고 봐도 과언이 아니다. 고려 때 불교 그리고 조선의 국교였던 유교는 현재까지도 지대한 영향을 미치고 있다. 하지만 이어서 기독교, 가톨릭 기타 종교들도 들어와 안착했다. 종교의 자유가 보장된 나라이기에 당연한 결과다. 하지만 그 사이에 민간 종교뿐만 아니라 사이비 종교도 섞여 있다. 일부 사이비 종교단체는 종교라는 탈을 쓰고 있지만 실상은 신도들에게 금전 갈취, 인권 침해, 성범죄, 가정 파괴, 정치적 선동 등의 사회적으로 심각한 폐해를 끼쳐왔다. 종교의 선택과 종교활동도 부모나 선배의 지혜와 도움이 필요한 시대가 되었다.

우리나라에 주체적인 철학을 설파한 철학자는 누가 있었을까? 어려서 우리는 공자와 맹자의 말씀을 듣고 자랐다. 이후 서양의 철학사상을 접하며 인간 세상뿐만 아니라 신의 영역까지 일깨우는 계기가 되었다. 하지만 대학을 졸업하고도 자신을 발견하는데 한계가 있었고 어떻게 살 것인가 하는 인생철학보다는 당장 경제적이고 현실적 문제에 집중하면서 정신적 문제는 늘 뒷전으로 밀려나 있었다. 그리고 중년의 나이에서야 삶을 뒤돌아보기 시작했고 자신을 찾기 위해 노력한다. 가족과 동떨어진 자리에 있었다는 것도 사회에서 밀려나고 있다는 것도 그때 깨닫기 시작한다.

삶의 방향을 제시할 만한 구세주는 찾기 힘들었다. 일부 종교인들이 있었지만, 존경의 대상이었지 그들과 교감하는 자리는 흔치 않았다. 교육자들이 시대정신을 설파했지만, 독자적인 철학이 아니라 동서양의 철학을 전파하는데 그쳤다. 그러는 사이 사회 변화의 파고는 높았고 현실의 벽은 두꺼웠다. 이 시대의 가장들은 가족의 생계에 매달리느라 이렇다 할 가훈 하나 제대로 만들어 제시할 겨를도 없이 서서히 사회와 가족에게서 멀어지고 배제되고 있다. 어쩌랴 늦었지만 지금이라도 시작해야 하지 않겠는가? 자신의 과거를 성찰하여 현재 위치를 발견하고 위태롭지 않는 미래를 위한 지혜로운 계획을 구상해 보자. 스스로 깨우쳐 지혜로운 삶의 방향을 정하고 그에 따라 가족이 함께 동참할 수 있는 가훈을 만들어 지금부터라도 솔선수범의 자세로 살아보자.

위대한 지도자와 훌륭한 선수

현재 은퇴 세대가 부자가 되지 못한 이유는 수없이 많을 것이다. 가난한 습관부터 금융 지식 부족, 전략적 사고와 도전 의식의 부재, 사기 피해, 투자 실기 등 다수의 시행착오에 안타까운 마음을 술로 달래기도 하고 이제 다 부질없는 일이라 털어버리기도 할 것이다. 비록 반면교사가 될 테지만 이제라도 이를 정리하여 자녀에게 훌륭한 교육 자료로 이용하면 어떨까? 곰곰이 생각해 보면 우리도 할아버지나 아버지에게 이렇다 할 경제금융 교육은 제대로 받지 못했다. 그저 착하게 살라 하거나 남에게 피해를 주지 않는 삶을 강요받았고 학교 교육만으로 풍요롭고 지혜로운 삶을 펼쳐나갈 줄 믿었다. 하지만 학교에서는 부자 되는 법을 가르치지 않았다. 아니 인지하지 못한 채 졸업을 맞았고 그저 선배들을 따라 죽어라 일만 하며 살았다. 그렇게 같은 시대를 달려왔지만, 반세기 후 소수만 부자가 되었다. 부자가 된 친구들과 차이점은 무엇이었을까?

운이 없었다거나 그저 다 지난 일이라고만 치부할 게 아니라 이제 우리가 해야 할 일은 우리 자녀를 부자로 만드는 일이 남아 있다. 자녀의 나이에 상관없이 시작해야 하고 자녀의 의도와 상관없이 진행돼야 한다. 하루라도 먼저 깨닫고 서둘러 실천해야 한다.

첫째, 올바른 돈의 인식을 갖게 하자. 돈의 필요성과 역할을 알려주고 잘못 사용할 경우 빚꾸러기나 범죄행위에 해당할 수 있다는 사실을 알려주자. 또한 경제와 금융 시스템에 대해 설명해 주고 은행에서 통장을 만들어 용돈 관리부터 함께 해보자.

둘째, 실제 생활에 필요한 금융 지식을 익히게 하자. 우선 이자와 환율부터 단리와 복리 계산은 물론 대포통장, 보이스피싱, 온라인 거래 사기 등 금융 범죄의 유형과 대응책을 알려주어 금융피해자가 되지 않도록 하자.

셋째, 부자 습관을 늘리고 가난 습관을 줄이는데 함께 동참하자. 6장에서 설명한 가난 습관을 줄이되 부자 습관을 늘려가도록 솔선수범과 함께 실천하자.

넷째, 부자의 길을 걷도록 안내하자. 부자 습관이 정착되면 증여 전략을 통해 투자와 포트폴리오 기법을 전수하여 재산을 불리고 건실한 재정 관리를 통해 부자의 지위에 오를 수 있도록 안내해 보자. 마냥 재벌 아들을 기다리기보다는 이제라도 솔선수범과 지혜를 모아 재벌 아들을 만들도록 노력해 보자. **훌륭한 선수는 현명한 스승이 키워낼 수 있다.** 나의 실패가 타산지석이 되고 나의 노력이 자녀들에게 울림을 주고 그래서 자녀를 훌륭한 선수로 키울 수 있다면 이 또한 현명한 스승이요, 부자 인생이라고 할 수 있겠다.

현명한 증여상속의 길

증여는 쓰다가 남은 일부분을 넘겨주는 것이고 상속은 쓰다가 미처 다 쓰지 못한 것을 한꺼번에 넘겨주는 것이다. 증여는 내 의사에 따라 그 양을 조절할 수 있지만 상속은 죽은 뒤 내 의사와는 상관이 없다. 따라서 증여는 살아가는데 든든한 디딤돌이 되도록 하고 상속은 감사의 마음을 갖도록 신중해야 한다. 자칫 잘못하다간 남겨준 것은 자신의 피와 땀이 밴 재산이지만 남는 것은 가족들의 감정이 들끓는 원수지간이 될 수 있다. 행여 잘못된 증여상속으로 자식들끼리 싸우는 경우보다는 부모인 자신을 원망하게 하는 편이 더 낫다. 상속 분쟁이 일어나면 남은 가족 간 파탄지경에 이르고 유산을 놓고 싸우는 자식보다 재산을 물려준 부모의 책망이 더 클 수밖에 없다. 싸울 구실을 만들어 줬기 때문이다. 내 자식이나 형제는 다른 사람들과 다를 것이라는 생각은 크나큰 착각이라고 한다. 따라서 남겨줄 사람이 명확한 기준을 정해서 합리적으로 정리해 주고 떠나야 뒤탈이 없다. 또한 물질적 재산을 물려주는 것에만 몰두하지 말고 물려준 재산으로 후손들이 화목하게 살 수 있도록 훌륭한 가풍을 갖춰 진정한 부자의 기틀을 마련해주는 방법을 강구해야 한다.

문제는 자신이 언제 죽을지 얼마를 남기고 죽을지 알 수 없다는 것이다. 그래서 우리는 살아있는 동안 정신적 재산을 충분히 증여해야 한다. 부자가 될 수 있는 길을 가르치고 부자 습관을 기르도록 해야 한다. 그리고 생전에 작으나마 물질적 재산을 나눠주고 그 종잣돈을 바탕으로 자식들이 자립할 수 있는 기틀을 마련하도록 해야 한다. 그리고 자신이 죽을 때 얼마의 재산을 남기든 남은 가족이 감사하는 마음을 갖도록 한다면 최고의 인생으로 평가받을 것이다.

평소 친하게 지내며 존경하는 K선배는 물질적 재산의 증여에 남다른 주관을 가지고 있었다. 교육에는 어느 자식이든 100% 비용을 지급하고 여행이나 운동 등 취미생활에는 50%를 지급했다. 학위와 관련 자격, 면허 취득에 대해서는 특별보너스를 주고 취득한 학위와 자격, 면허를 가지고 취업이나 창업을 하면 필요한 자금의 일정 부분을 지원한다. 결혼을 하면 동일하게 약정 금액을 지급한다. 즉 노력에 대한 보상 개념으로 증여하고 있었다. 또한 자녀들이 찾아와 집안일을 돕거나 시간을 함께 보내면 그때마다 용돈을 지급한다. 즉 증여의 방법은 무상 지급보다는 온전히 자녀의 노력에 대한 대가로 지급하고 있었다. 사람들은 죽을 때까지 자기가 쓴 돈만이 자신의 돈이라고 말한다. 그러니 자식의 노력에 보상 개념으로 돈을 쓰면 자신의 재산을 자기가 사용하는 기쁨을 누리게 되고 자식은 정당한 노력으로 증여를 받게 되니 일거양득인 셈이다.

죽을 때 남긴 돈은 자기 돈이 아니라 남은 가족의 돈이다. 하지만 생각해 보라. 우리도 부모로부터 많은 증여상속을 받았다. 그리고 차용증서는 없지만 빚으로 남았다. 이를 부모에게 갚고 미처 다 갚지 못한 것은 자식에게 물려줘야 한다. 그래서 필요한 만큼 벌 줄도 알아야 하고 쓸 줄도 알아야 한다. 그것이 이상적인 증여상속이고 현명한 재산의 관리 방법이다.

다시 한번 살펴보면 신체적 재산과 정신적 재산은 살아있는 동안 넘겨줘야 할 증여 대상이며 물질적 재산은 자립의 기회를 줄 수 있도록 증여와 상속 대상이다. 그리고 인생 전반에 걸쳐 물질적 재산의 증여상속도 중요하지만 이를 남은 가족이 지혜롭게 나눌 수 있는 정신적 재산이 더욱 중요하다. 물질적 재산은 정신적 재산에 의해 좌지우지될 수 있기 때문이다.

위에서 일부 유명 인사들의 경우를 예로 들었지만 실제로 우리 주변에서는 찾아보기 힘든 경우다. 더구나 일반 사람들이 추앙받는 철학자나 고위공직자 또는 유명 연예인처럼 살기를 희망하는 것은 말 그대로 희망 사항에 불과하다. 따라서 우리 형편에 맞는 철학적 사고와 삶을 영위하는 것이 그들을 넘어서는 현명한 부자로 사는 방법이라고 생각한다. 우리 주위에도 어울려 잘 사는 사람들이 있고 신체적, 정신적 그리고 물질적 재산이 넉넉한 진정한 부자로 살아가는 사람들이 많다. 그런 사람들의 영향을 극대화하고 그들과 교감하면서 자신도 진정한 부자로 살아가는 지혜로운 노력이 필요하다 하겠다.

남의 일? 우리의 현실

중국 절강성 출신의 유명 기업가인 왕쥔야오 회장이 2004년 38세에 사망하자 상속자인 부인이 회장 운전기사와 재혼했다. 이때 운전기사는 이런 말을 남긴다. "과거에는 왕회장을 위해 일했다고 생각했는데 지금은 왕회장이 나를 위해 일했다는 것을 알게 되었다." 이렇게 언론에 오르내릴 사건은 극히 일부겠지만 달리 생각해 보면 우리 주위 아니 어쩌면 우리의 경우와 별로 다를 것이 없다. 즉 한국의 많은 부모들이 예비 며느리와 예비 사위를 위해서 죽기 살기로 삶을 영위하고 있는 것이다.

한국의 어머니는 자식을 낳아서 맛난 것 먹이고 좋은 옷 입히며, 비싼 학원 보내고 거대한 치맛바람까지 일으키며 끝내 좋은 대학에 보낸다. 중국의 맹모삼천지교(孟母三遷之敎)가 있다면 우리에게는 한모치풍지교나 강모학원지교가 있다. 치풍은 치맛바람을 말하고 강남 어머니들의 깐깐한 학원 선택이 결국 자녀의 미래를 결정짓는다. 그리하여 자식이 판검사나 의사가 되면 어느새 약삭빠른 사돈이 낚아채 간다. 결국 사돈 자식이 되고 마는데 그때 며느리는 '저희 시부모는 나를 위해 뼈 빠지게 살았어요' 또는 사위는 '저희 장인과 장모님이 나를 위해 죽기 살기로 일만 했어요.'라고 생각할지 모를 일이다.

황창연 신부는 최근에 SNS를 통해 자식에게 재산을 넘겨주지 말라고 강조한다. 자식 학원 다 끊으라, 집 잡혀서 맘껏 쓰라고 강변한다. 하지만 그것도 정답이 아니다. 자식이 학원에 가지 않고 빈

둥대는 것도 보기 힘들며, 적당히 넘겨주지 않으면 나중에 듣게 될 원망이 두려울 테니까. 그러니 어떻게든 자신만의 현명한 증여상속의 길을 찾아야 한다. 그리고 그러한 문화가 정착돼야 대한민국이 행복해질 것이다.

무릇 돈은 사람을 일으켜 세우지만 사람을 망가뜨리거나 허물기도 한다. 몇몇 사례들에서 자신은 돈으로 일어섰지만, 후손은 돈으로 처참히 망가지는 경우를 볼 수 있었다. 그래서 물질적 재산을 많이 남기는 것도 중요하지만 이를 지키고 후손들이 화목하게 살아갈 수 있도록 훌륭한 가풍을 전수하는 것은 더욱 중요하다.

군주제가 막을 내리고 불과 1세기가 지났을 뿐인데 우리는 조선시대 왕보다 더 많은 물질문명의 혜택과 문화적 향유를 누리며 살고 있다. 하지만 정신적 재산은 여전히 일반 백성의 범주를 벗어나지 못하고 산다. 어떻게든 남들보다 하나라도 더 가지려고 노력하고 하나라도 더 쌓으려 애쓴다. 신은 인간의 부푼 욕심을 잠재울 수 없으니 마지못해 죽음을 선물했는지도 모른다. 인간은 살면서 욕심이 커지는 것을 잠재우기 힘들다. 그러니 신은 인간의 삶이 언젠가는 끝이 있고 그때 모든 것을 내려놓고 가도록 했는지 모른다. **천하를 가진 왕이나 작은 집 한 채를 가진 백성이나 떠날 때는 아무것도 가지고 가지 못한다는 것을 알면서도 진정으로 잘 사는 방법은 아직껏 서툴다.**

나가면서

 실패한 일이나 목표는 있어도 실패한 인생은 없다. 실패와 성공은 도전했던 일의 결과에 대한 평가일 뿐이다. 그러한 결과로 인생까지 평가할 바는 아니다. 인생을 굳이 성공과 실패로 구분 지어야 한다면 얼마나 의미 있게 그리고 얼마나 주위와 어울려 잘 살았는지 따져볼 일이다.

 어떻게 죽을 것인가?
 살면서 종종 자신에게 어떻게 살 것인가 질문을 던졌다. 인간은 태어날 때 두 손을 꼭 쥐고 나왔다가 죽을 때는 두 손을 쫙 편 상태로 죽는다고 한다. 두 손을 꼭 쥔 것은 세상을 다 가질듯한 기세지만 죽을 때 쫙 편 모습은 다 포기하고 다 내려놓은 모습이다. 우리는 반드시 언젠가는 죽고 그때는 모두 두고 떠나야 한다는 사실을 잘 알고 있다. 그러니 어떻게 살 것인가 하는 문제만 남는다. 갈 때 모든 것을 내려놓아야 함을 잊지 말고 얻은 것을 어떻게 유의미하게 사용하며 서로서로 어울려 즐겁게 살다 갈 것인지 고민해야 한다. 저명한 철학자의 말을 빌리기보다 우리 스스로가 지혜로운 철학자가 되어 살아보자. 어차피 100년 후면 나를 기억할 사람은 없다. 다들 무명씨로 와서 명찰하나 달고 활동하다가 다시 무명씨로 돌아간다. 그러니 동시대에 사는 사람들과 함께 어울려 잘 사는 사람이 최고다. 후대에게 뭔가를 바라는 것은 한심한 처사다. 그래서 이제는 다르게 질문을 던져봐야 한다. **어떻게 죽을 것인가? 잘 죽기 위해서는 어떤 준비가 필요한가?**

우리가 돈을 모으는 이유는 주위 사람들과 어울려 잘 살기 위함이지 돈을 세력화해서 남에게 과시하거나 위화감을 주기 위한 것이 아니다. 굳이 유명한 철학자의 생각을 빌리지 않더라도 행복은 사람의 마음속에 있는 것이지 결코 돈이나 재물의 친구가 아니다. 누구나 행복할 권리가 있고 물질적 재산의 유무와 상관없이 행복할 수 있다. 미국의 경제학자 리처드 이스털린(R. Easterlin)은 1974년 발표한 논문에서 재물의 유무는 행복에 제한적으로 영향을 줄 수밖에 없다고 했다. 즉 소득이 일정 수준을 넘어 기본 욕구가 충족되면 소득이 증가해도 행복은 더 이상 증가하지 않는다는 것이다. 일부 학자들은 이스털린의 역설에 반박 이론을 제시하기도 했지만, 나는 충분히 설득력이 있다고 생각한다.

우리 몸에 피가 흐르듯 인생은 돈이 강물처럼 끊임없이 흘러야 한다. 어떤 때는 빨리 어떤 때는 천천히 그리고 강폭이 좁아지거나 넓어지듯 또는 깊거나 얕은 곳이 있듯 각각의 시기마다 돈의 쓰임도 각양각색이다. 계획적인 돈 관리란 그런 것이다. 우리는 부모의 삶을 통해 돈의 활용을 지켜보았고 인생의 중요한 시기마다 목돈의 쓰임을 예견할 수 있게 되었다. 거창한 경제학이나 금융학이 아니라도 우리는 평소 삶에서 실물경제를 체득할 수 있었다.

개인적으로는 이러한 의미를 포괄하는 부자 모델과 부자 정의도 새로이 정립할 필요가 있다고 생각한다. 단순히 물질적 재산의 기준 말고 주어진 환경에 만족할 줄 알며, 주위와 잘 어울려 살 수 있는 마음의 여유가 조화를 이루는 부자, 그리고 사회적으로 존경받을 수 있는 부자의 이미지가 조성되어야 한다. 그리고 거기에는 행복한 죽음을 위해서는 어떠한 준비가 필요한지도 포함되면 좋겠다.

젊었을 때는 많은 돈을 모으는 것이 어려워 보였기에 어떻게 하면 돈 없이도 잘 살까 고민을 가끔 했다. 경제적 부담 없이 주위 사람들과 어울려 즐거운 시간을 보내고 사회에 기여하는 삶을 살 수 있을까 하는 고민 말이다. 하지만 자본주의 사회에서 특히나 한국 사회에서 경제적 뒷받침 없이는 불가능하다는 결론에 이르렀다. 무엇보다 우리는 세금을 많이 낼수록 사회에 기여하는 바가 크다는 것을 깨달았다.

당시 경제적 여유를 가지려면 내 입장에서는 사업을 하는 수밖에 없다고 믿었다. 그래서 삼십 대 초반 무모하게 사업을 시작했다. 자본금이 없어도 할 수 있는 컨설팅업을 시작해서 점차 선원관리업, 선박관리업 그리고 해운회사로 확장시켜 나갔다. 시작은 초라했으나 확장 속도는 생각보다 빨랐다. 사십 대 초반 학수고대하던 선박을 매입했을 때, 수리 조선소에 올려놓고 밑에서 올려다보며 느낀 감격스러운 기분은 참으로 표현하기 어려울 정도였다. 서울 시내에 사무실과 아파트를 마련했을 때는 역시나 내가 꿈꿔왔던 목표였기에 기쁨의 눈물을 흘렸다. 하지만 그 과정에서 수많은 시련과 고난의 시간도 이겨내야 했고 주위 사람들과 다툼과 법적 분쟁도 있었다. 동업을 하면서 우리나라 최고의 기업을 꿈꾸었지만, 몇 년 후 파트너와 갈등 끝에 헤어지고 말았다. 사업을 하면서 부득이 협력업체와의 갈등도 빚었고 경쟁업체와 보이지 않는 경쟁심에 분노했던 적도 있고 고객과도 감정의 골이 깊어 고민했던 적도 있었다.

사실 경제적 이해관계가 없는 주위 사람들과 어울려 잘 지내는 삶도 쉽지 않다. 아파트에 살면서 어디까지 이웃인가? 왜냐하면 이사 갔을 때 어느 집까지 떡을 돌려야 하는지 애매했다. 시골에서는 이사하면 마을 전체를 돌며 떡을 돌렸다. 소문은 삽시간에 퍼졌으며 사람들과 금새 친해졌다. 떡이 맛있어서가 아니라 떡을 돌리는 마음이 맛있어서 그랬다. 아파트에 처음 이사 갔을 때 같은 라인 전체에 떡을 돌렸다. 대부분은 의외라는 반응이었다. 다음 이사를 갔을 때는 고민 끝에 앞집과 윗집 그리고 아랫집으로 좁혀졌다. 물론 경비실은 포함되었다. 이웃 사람들과 소통도 거의 없었다. 그것이 인과관계는 아니었지만 염려했던 층간소음 문제로 수차례 분쟁을 겪어야 했다.

사회활동을 하면서는 여러 친목 모임에 참여하면서 취미생활도 즐기고 만나서 사는 얘기도 나눈다. 하지만 불가피하게 불편한 관계가 형성되기도 하고 자신과 코드가 맞지 않는 사람도 생겨난다. 모두 포용할 수도 없고 포용하려 해서도 안 되는 것이었다.

곰곰이 생각해 보니 살아오면서 주위로부터 많은 도움을 받았다. 비록 세금을 부담했지만 공공기관의 도움을 비롯해서 가족, 친구, 이웃과 직장동료, 동창회, 동호회, 친목 모임에서 크고 작은 도움을 받았다. 사고를 당했을 때 지나가던 배에 의해 구조되었고 태풍에 집이 무너졌을 때 적십자의 도움을 받았고 학교 다닐 때는 선배나 독지가의 장학금을 받았다. 긴급한 상황이 발생했을 때는 이웃과 119의 도움을 받았으며 몸이 불편할 때면 의료진이 치료해 주었다.

각종 모임이나 행사에 가면 작은 선물을 나눠주는 경우가 있다. 특히 체육행사에 가면 다양한 상품들을 볼 수 있다. 나눌 줄 아는 사람들의 기부나 협찬이었다는 것을 뒤늦게 알았다. 그리고 이 모든 것은 곧 갚아야 할 빚이었다. 사회적 위치가 달라질수록 그 빚을 갚아야 할 때가 되었음을 느낀다. 미력하나마 모교에 장학금을 지급하고 불우이웃을 위해 기부하고 봉사활동에 참여하는 삶을 살고 있다.

어떻게 행복해질 수 있을까?

사회 통념상 부자는 아니지만 나 스스로는 내가 대견하고 만족할 만한 성과를 만들어 냈다고 자부한다. 그리고 나는 스스로 행복한 사람이라고 생각했다. 그러던 중 막연히 행복하다는 것보다 왜 행복한 사람인지 그 이유를 차례대로 정리해 보기로 했다. 그렇게 내가 행복한 이유 10가지를 정리했는데 그 내용은 다음과 같다.

첫째, 전라도, 경상도, 경기도, 서울에서 각각 10년 이상 살아봄으로써 그곳의 정서, 문화, 음식, 사투리 등을 이해할 수 있다는 점 그래서 이들 지역 사람을 만나면 쉬이 대화가 가능하고 공감대가 형성된다는 점이다. 둘째, 시골과 도시에서 20여 년 이상 살았다는 점이다. 도시와 시골 문화 그리고 생활을 이해하고 공감할 수 있다는 점과 시골에서의 어렸을 때 추억, 도시에서 문명의 이기를 누렸다는 점이다. 셋째, 가난과 부자의 삶을 경험한 점이다. 가난과 부자의 속성을 이해함으로써 섣불리 부자와 빈자에 대해 사회적 편견이나 비난을 하지 않는다는 점과 어느 환경이든 행복한 마음의 부자가 될 수 있다는 점이다. 넷째, 수십 개국을 여행했다는 점이다. 비록 승선 근무 중에 가 본 경우가 대부분이지만 이국의 풍경과 생활, 문화 등을 경험할 수 있었다는 점과 바다, 하늘, 육지 등 다양한 여행을 했다는 점이다. 다섯째, 다양한 현지 음식, 문화 체험을 했다는 점이다. 새로운 세계, 새로운 문화, 새로운 음식 등에 대한 갈증을 해소할 수 있었던 점이다. 여섯째, 박사학위 그리고 AMP까지 배움의 기회를 가질 수 있었다는 점이다. 배움의 갈증 해결은 물론 겸임교수, 멘토링, 특강 등의 기회를 얻어 나의 짧은 지식과 경험이나마 후배들과 공유할 수 있었다. 일곱째, 다양한 업무, 직무 수행 기회를 가졌다는 점이다. 해운의 다양한 직무는 물론 컨설팅, 선박 검사원, 기자, 작가, 교수, 농업인 등 해보고 싶은 일들을 경험해 보았다. 여덟째, 해운회사와 신문사 경영을 통해 다양한 분야의 사람들을 만날 수 있었다는 점이다. 아홉째, 경영 공부를 했고 해운회사 경영자가 된 점이다. 부자를 꿈꾸며 사업을 시작했을 때 경영 공부를 시작해 경영자로서 부족한 부분을 조금이나마 보완할 수 있었고, 경영 공부와 실무를 함께 진행함으로써 회사경영에 많은 도움이 되었던 것이다. 마지막으로 운이 좋았다. 노력만으로 만족할 만한 성과를 보장받지 못하는 것이 현실인데 공부, 사업 등 노력한 만큼 또는 그 이상 성과를 이루었고 작으나마 주위 사람들에게 베풀 수 있었다. 행복한 이유를 적으면서 내가 이렇게도 행복한 이유가 많다는 것을 깨달았다. 그리고 실제로 행복한 마음이 더욱 일었다. 반면 불행한 이유도 정리해 봤다. 하지만 행복한 마음이 충만할수록 불행한 이유는 무시되었다. 그리고 행복한 이유를 확대재생산하고 불행한 이유를 누구나 있을 수 있는 것으로 해석하게 됐다.

행복은 마음속에 쌓은 최고의 재산이다. 아무리 많이 가지고 있다 한들 세금이 없으며 결코 잃어버리거나 남들이 훔쳐가지도 빼앗기지도 않을 재산이다. 스스로 차버리거나 버리지 말고 작은 행복이나마 차곡차곡 보석처럼 쌓고 언제라도 꺼내 즐기면서 살아야 한다. 결국 성공은 이룰 수 있다고 생각한 만큼 해낼 수 있고, 행복은 행복하다고 생각한 만큼 커진다고 믿게 되었다.

가장 흔한 시행착오, 더 이상 되풀이하지 않기를

간혹 어떤 젊은이들의 선택이 영특한 것 같지만 헛똑똑일 때가 많다. 우리 젊은 시절과 달리 지식과 정보는 많으니 상대적으로 영특한 선택을 할 수 있다지만 종종 지혜롭지 못한 결정과 예상치 못한 피해를 당하는 경우를 보면서 헛똑똑이라는 생각이 들게 한다. 다단계 판매 사기, 보이스 피싱, 유사(사이비) 종교, 대포 통장, 취업 사기, 과음과 흡연, 투기(비트코인이나 주식) 유혹에 빠지거나 금전적 손해를 입은 경우 등이 여전히 목격되고 있다.

어떤 친구는 노예의 삶을 살지 않겠다며 입사를 거부한 경우가 있는데 정작 나중에 돈이 없으면 비참한 삶을 살 수도 있다. 정당한 계약과 보수를 정해놓고 하는 일을 노예의 삶이라 단정하는 것은 바람직하지 않다. 일은 누구를 위해 삶을 받치는 것도 아니며 단순히 재산을 모으는 목적이 전부가 아니라 주인의식을 갖고 자기 주체적인 삶을 살 수 있게 한다.

젊어서 고생을 많이 한 쇠약한 부모님이 평생동안 번 돈을 치료비로 다 쓰는 그러한 전철을 밟지 않겠다고 여행이나 다니며 살겠다는 경우, 그래서 무조건 부모님과 반대되는 삶을 선택할지라도 생각지 못한 후유증이 따를 수 있다. 평생 노동으로 점철된 부모님의 삶이 부정적으로 비칠 수도 있겠지만 사실 당시의 시대적 상황은 생존이 가장 큰 문제였고 달리 선택의 여지가 없는 삶이다 보니 생존 이외의 문제는 미처 대처하지 못했거나 준비하지 못했을 것이다. 자식의 입장에서 보면 그런 부모가 답답하게 느껴질 수도 있을 것이다. 그렇지만 부모님은 그것이 최선은 아니라도 차선이었을 수도 있고 나름 보람을 느끼는 삶일 수도 있을 것이다. 다만 세상이 너무 급변했고 그에 따른 혜택을 누릴 준비가 돼 있지 않아 시기를 놓쳤거나 방법을 몰라 지나쳐 버린 경우가 많을 것이다.

답답하게만 느껴지는 부모의 삶을 되풀이하지 않는 방법은 무조건 도외시할 게 아니라 부모의 삶을 자세히 관찰하여 문제의 원인을 파악하고 해결해 나가는 것이 가장 현명한 방법이다. 자식은 부모의 유전인자를 증여받았으니 외형이든 정신이든 가장 유사하게 닮은 사람이라서 부모의 전철을 밟을 가능성이 가장 높다고 할 수 있다. 따라서 부모님과 교감을 통해 그분들의 장점을 파악하여 장점은 살리고 단점은 반면교사로 삼아 지혜로운 해결책을 구할 수 있을 것이다. 하지만 부모님의 현실을 도외시함으로써 대화가 없는 불편한 관계를 지속하다 단점과 시행착오를 파악할 기회를 잃어버린 경우를 종종 봤다. 비록 부모님의 삶이 성공과 부자와는 거리가 멀다고 할지라도 분명 오랜 경험에서 얻은 지혜가 많은 분들이다. 또한 부모, 선배들의 지혜는 언제든 꺼내 사용해도 사용료와 세금이 없다. 다만 소나기는 천둥과 벼락을 동반하듯, 약간의 잔소리, 꾸중을 동반하거나 식사비용을 부담해야 할 수는 있다. 특히 부모님과의 공유할 수 있는 세월을 놓치고 뒤늦게 후회하는 일이 없기를 바라는 마음 간절하다.

우리가 돈을 모으는 이유 중 하나는 기본적으로 인간다운 생활을 영위하는데 필요한 수단과 방법을 갖추기 위함이다. 마음대로 사고 마음대로 쓸 수 있는 사람은 부자가 아니라 재벌이나 억만장자라고 했다. 그렇다고 무리하게 재벌이나 억만장자가 되기 위해 노력할 필요는 없다. 오히려 주어진 상황에서 그들이 부럽지 않는 삶을 사는 것이 현명하다 하겠다. 즉 자신의 욕망을 통제할 수 있는 자제력과 주어진 환경에 만족하며 가족과 즐거운 시간을 보내고 주위 사람들과 어울려 지내는 행복한 인생을 사는 것 말이다.

우리가 성공하고 부자가 되려는 이유가 뭔가? 돈이 목적이 아니라 행복한 인생이 목적이다. 그러니 물질적 재산축적에만 급급하지 말고 신체적, 정신적 그리고 물질적 재산이 조화를 이루는 진정한 부자가 되기 위해 노력해야 한다. **부자들은 단지 돈이 많아서 행복하다고 생각하는 사람은 소수에 불과했지만 가난한 사람은 돈이 없어서 불행하다고 생각하는 사람이 대다수였다.** 안타깝게도 스스로 빈곤의 굴레에 갇혀 행복한 삶을 놓치는 사람이 많았다.

세상은 나를 중심으로 부자와 빈자로 나뉜다.

대다수 사람들은 부자와 가난한 사람 사이에 존재한다. 나는 부자라고 생각한다. 물론 사회 통념상 부자는 아니다. 내가 스스로 부자라고 생각하는 이유는 내가 일차 목표로 정한 부자에 이르렀기 때문이고 또한 스스로 신체적, 정신적 그리고 물질적 부자의 삶을 살자는 뜻이기도 하다.

통계를 보면 미국 부자나 한국 부자들은 젊어서부터 꾸준히 재산을 모아 30년 후인 60세에 이르러 부자가 되었다. 적은 금액이라도 모으고 저축하고 안전한 곳에 투자하며 평범한 삶을 살아도 커다란 시행착오만 겪지 않는다면 많은 사람이 물질적으로 부자가 됐을 것이다.

어쩌면 스스로 자신의 노후 경제를 지킬 수 있다면 그래서 가진 만큼 누릴 수 있다면 부자라 할 수 있다. 즉 물직적 부와 거리가 있는 노년의 삶도 자신의 체력으로 활동할 수 있는 건강 상태를 유지하며 더 가진 사람을 부러워하지 않고 덜 가진 사람을 무시하지 않을 마음의 여유를 가졌다면 충분히 부자의 삶이다. 그러자면 굳이 서둘러 자녀에게 과도하게 재산을 넘겨줄 필요는 없다. 그리고 은퇴 시기에 이른 우리 세대가 사회 통념상 부자가 되기는 어렵다고 하더라도 우리의 자녀가 우리의 전철을 밟지 않도록 하기 위해 그동안 쌓은 경험과 지혜, 즉 정신적 재산을 통해 자식들은 진정한 부자로 살 수 있도록 이끌어 줄 필요가 있다.

그럼 노년의 가난은 무엇인가? 결핍에서 오는 자존감의 하락이다. 모 방송국 프로그램 『자연인』의 출연자들을 보면 물질적으로 부족한 현실에도 불구하고 하나같이 자족하며 행복한 모습이다. 건강과 긍정적 마인드가 충만하기에 물질적으로 다소 부족하더라도 그들은 정신적 부자로 살아간다. 그러니 인생 후반기에 단지 물질적 재산이 부족하다고 스스로 패배자로 낙인찍을 필요는 없으며 신체적, 정신적 재산만으로도 여유로운 삶을 살아가는 지혜가 필요하다 하겠다.

부자에 대해 공부하면서 시작부터 마지막까지 나의 뇌리를 관통한 말은 인생은 정답이 없고 세상은 공짜가 없다는 말이다. 지금도 마찬가지다. 부자에 대해 더 깊이 들어가 볼수록 이 말은 나의 뇌리에 더욱 선명하게 새겨져 뚜렷하게 남아 있다.

인생은 정답이 없다. 서로가 살아온 삶이 다르고 펼쳐가는 인생이 다르고 미래에 어떤 상황이 기다리고 있을지 모르니 정답이 없는 것이다. 그래서 누군가에게 이렇게 해야 한다느니 저것을 골라야 한다느니 이 직업이 유망하다느니 저 길을 가야 한다느니 하는 조언은 맞다, 틀리다 단언할 수 없다.

하물며 투자에 있어서도 마찬가지다. 좋은 정보든 나쁜 정보든 그 결과는 누구도 모를 일이다. 다만 가능성이 높고 낮은 정도일 뿐이다. 그러니 조언은 참고가 될 정도로만 해주는 것이 좋고 조언을 구하는 사람은 조언을 참고하되 결정은 자신의 주관대로 하고 결과에 대한 책임도 자신이 져야 한다.

또한 세상에는 공짜가 없다. 모든 일에는 희생과 대가가 따르기 때문이다. 우리가 얻는 모든 재화와 서비스는 노력과 희생이 수반되어야 하고 그에 따른 물질적 또는 정신적 대가가 주어지는 것이 세상의 이치다. 남에게 봉사하고 착한 일을 하면 복을 받는다는 말은 젊어서는 막연했는데 50대가 되니 확신으로 다가왔다. 그래서 공짜라고 하더라도, 그냥 준다고 하더라도 우리는 마음의 부담을 느끼게 되고 언젠가는 그 빚을 갚을 생각을 하게 된다.

물질적 재산은 모을수록 불어나고 덕(정신적 재산)은 베풀수록 쌓이며 몸은 움직일수록 건강해진다. 인생은 공수래공수거(空手來空手去)라지만 우리는 그 사이 많은 것을 얻기도 하고 잃기도 한다. 얻은 만큼 만족하고 잃은 만큼 실망하기도 한다. 그렇듯 부자는 어느 일정 기간 누리는 지위에 불과하다. 얻었다고 한들 영

원히 가지고 가지 못하고, 쌓았다고 한들 다 누리지 못하며, 잃었다고 한들 본래 내 것이 아니었다.

    모든 일을 달성해야 하고 모든 것을 가져야 하며 모든 문제를 해결해야 하는 인생은 늘 숨이 턱밑에 있다. 신은 인간을 지치게 할 심산이 아니었다. 아름다운 지구별에서 자연을 만끽하며 느긋하게 살기를 바랐는데 우리 스스로 부자의 굴레를 뒤집어쓴 채 숨통을 죄고 있지는 않은지 돌아볼 일이다.